20-40 도시기본계획 분석

토지투자의 보물지도

20-40 도시기본계획 분석
토지투자의 보물지도

이인수 (코랜드연구소장) 지음

미래가치를 판독하는 보물지도

어느 지역이든 개발정보나 투자에서 가장 기본이 되는 것은 바로 그 지역의 도시기본계획이다. 각 시·도 홈페이지에 접속하면 누구나 확인할 수 있는 정보다. 만약 자신이 가지고 있는 토지의 소재지 또는 투자하고자 하는 지역의 개발정보를 얻을 수 있다면 어떨까? 해당 토지의 가치와 성장 가능성을 평가하는 데 큰 도움을 얻을 수 있을 것이다.

사실 과거에는 소수만 이런 정보를 독점하고 있었다. 하지만 이제는 누구에게나 공평하게 동시간대에 인터넷을 통해 접근할 수 있다. 즉 이제는 정보를 얻는 것보다 해석하는 능력이 투자 성패를 좌우하는 시대가 된 것이다.

국토계획법에 따라 모든 시·군은 해당 시·군의 발전계획을 수립하고, 일반인들에게 관련 정보를 제공한다. 이것을 '도시기본계획'이라고 하고, 5년 단위로 해당 시·군의 도시 지역과 비도시 지역에 대한 개발정보를 단계별로 제시하고 있다. 즉 투자 유망지를 판단할 때 가장 기본적인 정보가 바로 도시기본계획이다. 종종 언론에서 '어느 지역, 어느 곳이 유망하다'는 등으로 보도하는 투자정보는 모두 도시기본계획을 참조한 것들이다.

최근 토지시장에서 가장 두드러진 특징들 중 하나는 바로 비도시 지역 가운데 관리지역에 포함된 농지와 산지에 대한 투자자들의 수요가 늘고 있다는 점이다. 그런 관리지역에 속한 토지의 수요가 증가하는 요인 중에는 다음의 중요한 몇 가지 예가 있다.

첫째, 소액 투자자들에게 거액의 자금이 소요되는 도시 지역에 대한 투자는 불가능하다.

둘째, 정부에서 연이어 발표하는 개발계획들이 국토의 균형발전 등의 이유로 비도시 지역을 중심으로 이루어지고 있다.

셋째, 그러한 비도시 지역에서 개발을 하는 데 가장 용이한 곳은 용도지역 특성상 관리지역에 국한될 수밖에 없다.

넷째, 개발계획이 실행되면서 용도지역이 도시 지역으로 바뀌게 될 가능성이 높고 그에 따른 기대심리가 작용한다. 특히, 소액투자자들에게는 적은 자금으로도 투자가 가능하며 요구수익률을 충족시켜 줄 수 있는 토지들이 주요 대상이 된다.

일반적으로 비도시 지역에서 개발이 가능한 토지라 함은 극히 제한적인 개발만 가능한 농림지역과 보전 성향이 강해서 개발이 어려운 자연환경보전지역보다는 개발이 수월하고 도시 지역에서 주거·상업·공업지역의 일부 기능을 담당하고 있는 비도시 지역 관리지역을 의미한다. 따라서 이들 토지가 관심 대상이 되는 것은 극히 자연스런 현상이다.

국토계획법이 제정돼 시행되면서, 2006년 이래 비도시 지역 난개발의 주범이 되었던 준농림지역과 준도시 지역이 폐지되고, 이 용도지역을 통합해 관리지역이라는 용도지역이 신설되었다. 이 관리지역은 잠재적으로 도시 지역 용지, 개발이 가능한 토지로 전환될 여지를 가지고 있어 개발자나 투자자들의 관심이 집중되는 것은 당연하다.

그러나 개발이 가능한 토지라고 하더라도 전체 관리지역을 대상으로 미래의 시장가치를 살펴볼 수 없는 요인들이 있으므로 각각의 개별 필지를 대상으로 보는 것이 일반적이다. 따라서 이 책에서는 도시기본계획 분석의 틀을 통해 관리지역으로 바뀌게 될 가능성이 크거나 도시 지역으로 편입이 예상되는, 미래가치가 풍부한 토지를 발굴하고 분석해보고자 한다.

투자, 나무보다 숲이 먼저

투자상담을 하다보면 늘 느끼곤 하는 것이 있다. 초보 투자자는 물론 어느 정도 경험을 쌓은 투자자들조차도 숲은 보지 못하고 나무만을 쳐다보다가 실패를 경험하는 사례를 자주 발견하게 된다는 것이다.

성공적인 부동산 투자를 위해서는 지금 당장 눈에 보이는 것만 봐서는 안 된다. 다시 말해 지금은 눈에 보이지 않지만 장래 실현될 가치를 미리 내다볼 줄 아는 안목이 있어야 한다.

예컨대 부동산의 미래가치를 꿰뚫어보기 위해서는 국토종합계획, 광역도시계획, 도시기본계획, 수도권정비계획 등 서너 가지 정도만 숙지해 두어도 투자에서 절반 이상의 점수는 따고 들어간다고 봐도 무방하다. 가장 기본적인 요소임에도 초보자나 중급자들이 놓치기 쉬운 부분이기도 하다.

앞에서 예시한 4가지 계획이 중요한 이유는 간단하다. 바로 이 4가지 계획들 속에 적어도 향후 10, 20년 동안 전국의 부동산 개발 지도를 확 바꿔 놓을 만한 굵직한 개발계획들이 모두 담겨져 있기 때문이다.

따라서 토지투자자들은 이들 계획에 대해 거시적인 안목을 가지고 세심하게 숙지해야 한다. 이것은 토지투자에서 다른 무엇보다도 중요한 필수적인 항목이라고 할 수 있다.

대한민국 정부는 국토를 체계적으로 개발하기 위해 여러 가지 계획을 수립하여 시행하는데, 바로 이런 계획들이 앞에서 언급한 4가지 계획, 그리고 더 세밀하게 들어가면 지구단위계획 등이다.

2003년 국토계획법 체계가 도입되기 전까지 도시기본계획은 일반투자자들의 관심을 끌지 못했다. 그러나 비도시 지역을 포함한 도시기본계획 수립이 의무화되고, 해당 시·군의 '개발계획'이 포함되어 있어서 이제는 토지투자자라면 누구나 반드시 확인해야 할 필수적인 요소가 되었다. 특히 '도시기본계획'의 목차를 보면 '토지이용계획' 편이 나오는데, 바로 이 부분에 토지투자에 유용한 해당 시·군의 개발계획이 집약되어 있다.

이제 정보는 누구에게나 공개된다. 하지만 그 정보를 활용하여 좋은 옥석을 골라내는 것은 투자자의 몫이다. 아래의 질문 사례에서 그 중요성을 절감할 수 있을 것이다.

"토지투자를 하고 싶은데, 개발계획구역의 지번을 알려고 해도 말씀해 주지 않더군요. 일단은 도시기본계획을 알면 구체적인 것까지는 몰라도 해당구역 정도는 알 수 있다고 하는데, 시청 도시과에 가면 기본계획 자료를 복사할 수 있나요?

누군가는 그런 내용을 상세히 알고 있으니 땅값도 들썩이고 그러는 것 같은데, 어떻게 그런 정보를 얻을 수 있나요? 그리고 도로가 뚫린다는 것은 알겠는데, 어디에서부터 어디까지 뚫린다는 정보 외에는 알 수 없더군요. 자세한 내용을 알 수 있는 방법은 어떤 것이 있는지 알고 싶습니다."

지금부터 이런 질문에 대한 답을 구하기 위한 투자공부를 시작해보기로 한다.

차 례

제4장 투자 유망 지역의 도시기본계획 분석

제5장 도시기본계획 관련 법규

제1장

도시기본계획이란 무엇인가

도시기본계획의 개념 분석

'도시계획'이란 도시의 바람직한 미래상을 정립해 이를 시행하려는 일련의 과정을 말한다. 또한 도시의 미래 발전 수준을 예측해 바람직한 형태를 상정해 두고 이에 필요한 규제를 하거나 개발을 유도하기 위한 정책, 혹은 정비 수단 등을 통해 도시를 건전하고 적정하게 관리해 나가고자 하는 도구이기도 하다.

우리나라의 모든 도시계획은 국토의 계획 및 이용에 관한 법률(이하 '국토계획법')에 근거해 시행되며, 국토계획법 제1조에서는 '공공복리의 증진과 국민 삶의 질 향상'을 목적으로 삼고 있다.

그렇다면 도시계획은 우리나라 국토 공간계획 체계상 어느 위치에 해당될까?

우리나라 국토 공간계획의 체계

우리나라의 국토 공간계획 체계는 '국토 및 지역계획-도시계획-개별 건축 계획'의 3단계로 나뉜다. 도시계획은 상위계획인 국토 및 지역계획과 하위계획인 개별 건축계획을 연결하는 중간 단계에 해당된다. 즉 도시계획은 상위계획인 국토계획 또는 지역계획에서 정하는 방침을 수용하고 하위계획인 개별 건축계획의 지침을 제시하는 계획이다. 그리고 도시계획은 다시 적용 대상과 범위 그리고 성격에 따라 광역도시계획과 도시기본계획, 도시관리계획 등으로 구분된다.

도시계획의 수립은 먼저 두 개 이상의 시·도를 대상으로 하는 광역계획권에서 장기적인 발전 방향을 제시하는 광역도시계획을 수립하게 되며, 상위계획 내용을 수용하여 도시의 바람직한 미래상을 제시하는 도시기본계획을 수립한다. 그 후 도시기본계획의 각 단계별로 발전 방향을 도시 공간에 구체화하고 실현시키는 도시관리계획의 수립 과정을 거쳐 법적인 구속력을 가지게 된다.

광역도시계획

광역도시계획이란, 인접한 두 개 이상의 시·도(수도권의 경우 서울, 인천, 경기)를 대상으로 광역계획권으로 지정된 지역에 대해 공간구조 및 기능을 상호 연계시키고 환경을 보전하며, 광역시설을 체계적으로 정비하기 위해 장기적인 발전 방향을 제시하는 계획이다.

광역도시계획은 도시계획의 위계상 최상위 계획이다. 도시계획 수립시점으로부터 20년 내외를 기준으로 수립되는 장기계획으로서 도시의 범위와 기능이 외연적으로 확산됨에 따라 이들 지역을 하나의 계획권으로 묶어 효율적으로 관리함으로써 무질서한 도시 확산을 방지하고자 하는 목적을 가지고 있다. 또한 이웃한 도시와 도시기능을 서로 연계하면서 광역 시설들을 합리적으로 배치해 중복투자를 방지하고 투자 효율성을 높이기 위한 목적을 가지고 있다. 그렇게 함으로써 쾌적한 도시 환경을 조성하고 광역계획권의 지속가능한 발전을 도모하고 주민의 삶의 질을 높이고자 하는 것이다.

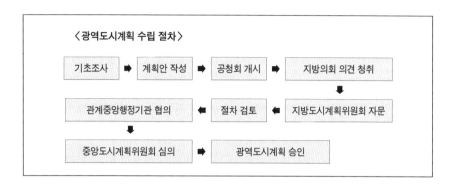

광역도시계획은 국가계획과 관련된 경우에는 국토교통부장관이, 그밖에는 시·도지사, 시장 또는 군수가 수립한다. 그리고 그 광역도시계획안에 대한 공청회를 열어 지역 주민 및 관계전문가 등으로부터 의견을 듣고 타당하다고 인정된 의견에 대해서는 광역도시계획에 반영하게 된다. 그 다음에 광역도시계획안 수립권자는 관계 지방자치단체의 의견을 반영해 지방도시계획위원회 자문을 거쳐 국토교통부에 승인을 요청하며, 국토교통부장관이 검토한 다음 관계가 있는 중앙행정기관의 장과 협의 및 중앙도시계획위원회의 심의를 얻어 승인하게 된다. 이후 시·도지사는 결정된 내용을 공고하고 30일 이상 일반에게 열람하도록 해야 한다.

2022년 현재 전국적으로 서울-인천-경기도 지역을 광역계획권으로 하는 2040 수도권 광역도시계획을 비롯해 2030 부산권 광역도시계획, 2020 대전권 광역도시계획, 2040 대구권 광역도시계획이 수립되어 있고, 2040 광주권 광역도시계획의 수립이 추진되고 있으며, 2025 광양만권 광역도시계획 등이 수립되어 있다.

도시기본계획

　도시기본계획은 국토종합계획·광역도시계획 등 상위계획을 바탕으로 해당 도시가 지향하는 바람직한 미래상을 제시하고 장기적인 발전 방향을 제시하는 정책계획이다. 도시의 물적·공간적 측면뿐 아니라 환경·사회·경제적인 측면을 모두 포괄하여 주민들의 생활환경의 변화를 예측하고 대비하고자 하는 종합계획이다. 또한 도시 행정의 바탕이 되는 주요 지표와 토지의 개발 및 보전, 기반시설의 확충 및 효율적으로 도시를 관리하기 위한 전략을 제시함으로써 하위계획인 도시관리계획 등 관련 계획의 기본이 되는 전략 계획이라고 할 수 있다.

　따라서 해당 도시 내에서 다른 법률에 의한 환경, 교통, 수도, 하수도, 주택 등에 관한 부문별 계획을 수립할 때에는 반드시 도시기본계획의 내용과 부합되게 하여야 한다.

　각 지자체마다 각각의 목표년도로 하는 '도시기본계획'이 수립되어 있으며 주요 내용은 다음과 같다.

① 계획의 기조
② 공간구조 구상 및 생활권 설정에 관한 사항
③ 토지의 이용 및 개발에 관한 사항
④ 환경의 보전 및 관리에 관한 사항
⑤ 공원·녹지 및 경관에 관한 사항
⑥ 교통·물류체계의 개선과 정보통신의 발전에 관한 사항
⑦ 주택·재개발·재건축 등 도심 및 주거환경의 정비에 관한 사항
⑧ 경제·산업·사회·문화의 개발 및 진흥에 관한 사항
⑨ 방재 및 안전에 관한 사항

⑩ 단계별 사업추진에 관한 사항 등

종류	광역도시계획	도시·군 기본계획	도시·군 관리계획
의의 및 목적	2. 이상의 도시의 기능연계로 환경보전·광역시설의 체계적 정비를 위한 계획	도시의 장기발전방향 제시를 하는 계획으로 도시의 성격(특질)을 가장 잘 나타내는 계획으로 장기적 계획이고 수립기간은 개정으로 삭제(20년 ×)	• 용도구역·지구·구역지정 • 개발제한, 시가화. 수산자원보호, 도시자연공원구역 • 기반시설의 설치·정비·개량 • 도시개발/ 도시주거환경정비사업 • 지구단위구역의 지정 및 변경에 관한 계획, 지구단위계획(기반시설, 지구단위, 개발진흥지구 주민 입안 제안 가능) • 입지규제최소구역의 지정 및 변경에관한 계획 • 기반시설, 개발사업, 정비사업 : 사업수반 있음
수립 대상 지역	1. 광역계획권에서만 수립 2. 광역계획권 지정: 국장, 도지사	특·광·특·특·시·군을 대상으로 함. 단, 전부 or 일부 인접포함 可	대상지역 : 특·광·특·특·시·군
수립 면제 지역	없음. 광역계획권으로 지정된 지역에서만 수립한다	1. 수도권에 속하지 않음. 광역시 경계를 같이 하지 않음. 인구 10만 이하 시·군 2. 관할구역 전부 광역도시계획 수립 →시·군	없음
수립 기준	국토계획에 적합하게 수립	1. 광역도시에 수립된 지역에선 광역도시계획에 적합하게 수립 2. 광역도시계획 우선(충돌시)	광역도시계획과 도시·군 기본계획에 적합 수립하여야 한다.(부합성)
권한자	수립권자(개정) 1. 시장·군수 공동 2. 시·도지사 공동 3. 도지사 단독 4. 국장 단독 5. 국장 + 시·도지사 공동 6. 도지사 + 시장·군수공동	수립권자 • 특·광·특·특·시장·군수·국토교통부장관과 도지사는 수립권자가 될 수 없다.	• 입안권자 　원칙 : 특·광·특·시장·군수 　예외 : 국장: 국가, 2↑ 시·도, 조정× 　도지사 : 광역계획. 2↑ 시·군 • 결정권자 　예외 : 시·도지사 　1. 국토교통부장관이 직접 입안 　2. 개발제한구역, 시가화조정(국가) 　3. 수산자원 : 해양수산부장관 　4. 입지규제최소구역
수립 절차	① 기초초사 ② 공청회(주민, 전문가) ③ 의견청취(지방의회 : 30일 내 의견제출. 시장·군수) ④ 수립 ⑤ 협의(30일 의견 제출) ⑥ 심의(도계위원회)	① 기초초사 ② 공청회(주민, 전문가) ③ 의견청취(지방의회 : 30일 내 의견제출. 시장·군수) ④ 수립 ⑤ 협의(30일 의견 제출) ⑥ 심의(도계위원회) ⑦ 승인(국장, 도지사)	① 직권 또한 주민제안(기반시설, 지구단위, 개발진흥지구) ② 기초조사(Must 단, 생략가능) ③ 주민의견청취(공청회 절차 대신 14일 이상) 　→ 하자시 무효(판) 　• 의견청취 60일 내에 통보 ④ 지방의회 의견 청취(용광기)

	⑦ 승인(국장, 도지사) ⑧ 공고·공람 : 송부 받아 　(30일 이상)	⑧ 공고·공람 : (30일 이상) · 구체적인 집행계획은 없다. 　즉 실시계획은 없다.	(용도지역, 지구, 구역, 광역시설, 기반시설에 관하여) 지구단위× ⑤ 협의(생략 - 국방상 기밀+경미) ⑥ 심의(생략 - 국방상 기밀+경미) 　공동심의(건축위+도계위) : 지구단위계획관 　련된 사항에 대하여 ⑦ 결정·고시 → 공람기간 명문 × : 지형도면 고 　시 후 효력발생, 기득권 보호 규정
효과	· 행정기관 : 구속력 有 · 일반국민 : 구속력 無 　→(광역, 기본 종합) 들어가면 무조건 비 구 속적 계획)		· 행정기관 : 구속력 有 · 일반국민 : 구속력 無 → (행위제한 적용) · 토지의 수용은 도시·군계획결정고시의 효과 가 아니라 실시계획인가의 효과임을 주의
행정 쟁송	· 행정쟁송 불가 → 행정 처분이 아님(행정규칙 의 성질)	· 행정소송 불가 → 행정처분 이 아님(행정규칙의 성질)	· 행정심판, 행정소송 제기가능→ 행정처분에 해당
타당성	없음	5년마다 타당성 검토	5년마다 타당성 검토
비용 부담	수립권자	수립권자	수립권자 (단, 주민이 제안시 부담시킬 수 있다)

도시기본계획의 수립 절차

　도시기본계획의 수립을 위해서는 우선 도시의 전반적인 부분에 대한 기초 조사를 실시한 다음 도시기본계획(안)을 작성하여 지역 주민과 관계전문가 를 대상으로 공청회를 개최해 의견을 수렴해야 하며, 타당한 의견에 대해서는 도시기본계획에 반영해야 한다. 또한 도시기본계획의 수립 내용은 해당 시 · 군 · 구의회의 의견을 듣고 관계 행정기관의 장(국토교통부장관 포함)과 협의한 후 시(도) 도시계획위원회의 심의를 거쳐 확정되며, 이렇게 수립된 도시기본 계획은 매 5년마다 타당성을 검토하여 계획의 보완 또는 변경 계획을 수립하 기도 한다.

도시관리계획

도시관리계획은 광역도시계획 및 도시기본계획에서 제시하고 있는 도시의 장기적인 발전 방향을 도시 공간에 구체화하고 실현시키는 중기계획이다. 도시의 개발·정비 및 보전을 위해 수립하는 법정 도시계획으로서 용도지역·지구·구역, 기반시설, 도시개발사업 및 정비계획, 지구단위계획 등을 일괄적인 체계로 종합해 단계적으로 집행토록 하는 계획이다. 목표년도는 계획을 수립한 해로부터 장래 10년을 기준으로 하며, 연도의 끝자리는 0 또는 5가 된다.

도시의 급격한 여건 변화 등으로 인하여 상위 계획인 도시기본계획을 다시 수립하는 경우에는 도시관리계획을 재검토하고, 목표년도는 도시기본계획의 재검토 시점으로부터 장래 10년이다.

도시기본계획은 광역도시계획 내용을 수용하여 시·군 행정의 바탕이 되는 주요 지표와 토지의 개발·보전, 기반시설의 확충 및 효율적인 도시관리전략을 제시하는 계획으로 행정적인 구속력을 가진다.

도시관리계획은 시·군의 제반 기능이 조화를 이루고 주민이 편안하고 안전하게 생활할 수 있도록 하면서 해당 시·군의 지속가능한 발전을 도모하기 위하여 구체적으로 수립하는 계획으로 시민 개개인에 대한 법적인 구속력을 갖는다.

도시관리계획 해설

도시관리계획이란 도시의 개발·정비 및 보전을 위하여 수립하는 토지이용·교통·환경·경관·산업·안전·보건·후생·정보통신·안보·문화 등에 관한 계획을 말한다.

도시관리계획은 용도지역·지구·구역, 지구단위계획, 도시계획시설 등의 계획 내용에 의해 주민들의 사적인 토지 이용, 즉 건축에서의 건폐율, 용적률, 층수 등과 도시계획시설의 저촉 여부에 직접적인 적용을 받게 되는 법정 계획이며, 광역도시계획 및 도시기본계획에서 제시된 도시의 장기적인 발전 방향을 공간에 구체화하고 실현하는 계획이다.

도시관리계획의 내용은 크게 다음의 4가지로 구분된다.

① 용도지역 · 지구 · 구역의 지정 및 변경에 관한 계획
② 기반시설의 설치 · 정비 · 개량에 관한 계획
③ 도시개발사업 및 정비사업에 관한 계획
④ 지구단위계획과 지구단위계획 구역의 지정 · 변경

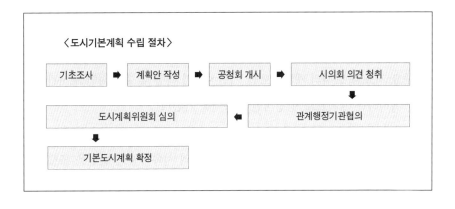

용도지역은 토지의 이용 및 건축물의 용도, 건폐율, 용적률, 높이 등을 제한함으로써 토지의 경제적 · 효율적 이용과 공공복리의 증진을 도모하기 위하여 도시관리계획으로 결정하는 것을 의미한다. 크게 도시지역, 관리지역, 농림지역, 자연환경보전지역 등 4가지로 구분되며, 도시지역은 다시 주거지역, 상업지역, 공업지역, 녹지지역으로 분류된다.

주거지역은 기능과 성격에 따라 전용주거지역, 일반주거지역, 준주거지역

으로 나뉘며, 다시 주택의 형태 및 층고 등에 의하여 제1종 전용주거지역과 제2종 전용주거지역으로, 그리고 일반주거지역은 제1종, 제2종, 제3종으로 세분된다.

상업지역은 지역의 기능에 따라 중심상업, 일반상업, 근린상업, 유통상업지역으로 구분되며, 공업지역은 전용공업, 일반공업, 준공업지역으로 세분되고, 녹지지역도 그 용도에 따라 보전녹지, 생산녹지, 자연녹지지역으로 세분된다.

용도지구 및 용도구역은 토지의 이용 및 건축물의 용도 등에 있어서 용도지역의 제한을 강화하거나 완화해 적용함으로써 기능을 증진시키거나 장래의 토지이용을 종합적으로 조정·관리하는 역할을 담당한다.

용도지구는 경관지구, 미관지구, 고도지구, 방화지구, 방재지구, 보존지구, 시설보호지구, 취락지구, 개발진흥지구, 특정용도 제한지구 등 총 10개의 분류로 구분되어 있고, 용도구역은 개발제한구역, 시가화조정구역, 수산자원보호구역, 도시자연공원구역 등 4개가 있다.

기반시설이란 시민의 공동생활과 도시의 경제·사회활동을 원활하게 지원하기 위하여 설치하는 물리적 시설로서 도시 전체의 발전 및 여타 시설과의 기능적 조화를 고려하여 설치하게 된다. 국토계획법에서 정하고 있는 기반시설로는 교통시설, 공간시설, 유통공급시설, 공공문화체육시설, 방재시설, 보건위생시설, 환경기초시설 등 총 7개 유형 53종의 시설이 있다. 여기에서 도시관리계획으로 결정해 설치하는 시설을 도시계획시설이라고 한다.

이러한 도시계획시설은 도시관리계획으로 결정 고시한 후 단계별 집행계획에 의해 사업이 시행되며, 만일 도시관리계획을 결정 고시한 날로부터 10년 이내에 도시계획시설 사업이 시행되지 않을 경우에는 당해 도시계획시설 부지 중 지목이 '대지'인 토지소유자는 관할 지자체에 해당 토지의 매수를 청구할 수 있다.(매수청구제도) 또한 도시계획시설의 결정 고시 후 20년이 지나도록 도시계획시설사업이 시행되지 않으면 20년이 지난 다음날 도시관리계획 결정 효력이 상실된다.

도시 관리 계획	용도지역	주거지역 (제1종 전용 · 제2종 전용 · 제1종 일반 · 제2종 일반 · 제3종 일반 · 준 상업지역 중심 · 일반 · 근린 · 유통) 공업지역 (전용 · 일반 · 준) 녹지지역 (보전 · 생산 · 자연) 관리지역 (보전 · 생산 · 계획) 농림지역
	용도지구	경관지구 (자연 · 수변 · 시가지) 미관지구 (중심지 · 역사문화 · 일반) 고도지구 (0m 이상 · 이하 또는 0층 이상 · 이하) 방화지구 · 방재지구 보존지구 (문화자원 · 중요시설물 · 생태계) 시설보호지구 (학교 · 공용 · 항만 · 공항) 취락지구 (자연 · 집단) 개방진흥지구 (주거 · 산업 · 유통 · 관광휴양 · 복합) 특정용도 제한지구 아파트지구, 위락지구, 리모델링지구 기타
	용도구역	개발제한 구역, 시가화조정 구역, 수산자원보호 구역
	도시계획시설	도로 · 공원 · 기타
	지구단위계획구역	건폐율, 용적률, 층수, 건축물용도 (자세한 사항 별도 확인 : OO 과)
	기타	개발밀도관리 구역, 기반시설부담 구역, 개발행위허가제한 구역, 도시 개발구역, 재개발 구역, 도시계획 입안사항

도시개발사업과 정비사업은 각각 도시개발법 및 도시 및 주거환경정비법에 의하여 시행하는 단지개발사업으로서, 국토계획법에 의한 도시관리계획으로 결정 고시되어야 사업을 시행할 수 있다.

지구단위계획이란 도시계획수립 지역 내 일부 지역의 토지이용을 합리화하고 기능증진 및 미관개선을 통해 양호한 환경을 확보하고, 체계적이고 계획적인 관리를 위해 수립하는 도시관리계획을 말한다. 도시의 정비 · 관리 · 보전 · 개발 등 계획의 목적과 주거 · 산업 · 유통 · 관광휴양 · 복합 등 중심 기능 및 해당 용도지역의 특성을 고려하여 수립하게 된다.

지구단위계획은 기존 시가지 내 용도지구 및 도시개발구역, 정비구역, 택지개발예정지구, 대지조성사업지구 등 양호한 환경의 확보 및 기능, 미관의 증진을 위하여 필요한 지역을 지구단위계획구역으로 지정한 후 계획을 수립하게 된다. 용도지역의 건축물 그 밖의 시설용도, 종류, 규모 등에 대한 제한을 완화하거나 건폐율 또는 용적률을 완화하여 수립할 수 있다.

도시관리계획의 수립 절차

도시관리계획의 수립 절차는 도시기본계획과 유사하다. 다만 도시기본계획을 수립할 때처럼 공청회를 개최하는 대신 일반인을 대상으로 14일간 공고하여 열람을 하게 된다. 이 기간 동안 당해 도시관리계획(안)에 대하여 이해관계인등 주민들이 의견을 제시하면 타당한 의견에 대해서는 도시관리계획에 반영하게 되며, 도시관리계획이 결정 고시되면 이후 토지의 이용 및 개발 등에 관한 사항은 국토계획법 등의 적용을 받게 된다.

시장·군수는 도시관리계획 결정 고시와 동시 또는 2년 이내에 지적이 표시된 지형도(축척 1/500~1/1,200)에 도시관리계획 사항을 표시하여 지형도면을 고시하고 이때 도시관리계획 결정 효력이 발생하게 된다. 주민들은 지형도면 고시의 내용을 기반으로 하여 작성된 토지이용계획확인서를 민원으로 발급받거나 '토지이용규제정보시스템'을 열람하여 개별토지에 대한 각종 법적 규제 내용을 확인할 수 있다.

도시관리계획은 필요에 따라 주민들이 제안할 수도 있다.(주민제안제도) 즉 국토계획법 제24조에 의하면 주민은 다음 2가지 사항에 대하여 도시관리계획을 입안할 수 있는 자(지자체)에게 도시관리계획의 입안을 제안할 수 있도록 규정하고 있다.

① 기반시설의 설치·정비 또는 개량에 관한 사항

② 지구단위계획구역의 지정 및 변경과 지구단위계획의 수립 및 변경에 관한 사항

주민이 도시관리계획의 입안을 제안할 경우 일정 양식의 도시관리계획도서와 계획설명서를 제출해야 하며, 주민으로부터 도시관리계획의 입안을 제안 받은 구청장은 제안을 받은 날로부터 60일 이내에 제안자에게 도시관리계획 입안 여부를 통보해 주게 된다.

도시관리계획 입안을 제안 받은 구청장은 도시관리계획 입안 여부를 결정하는 데 있어 필요한 경우 지방도시계획위원회의 자문을 구할 수 있으며, 제안된 도시관리계획의 입안 및 결정에 필요한 비용의 전부 또는 일부를 제안자에게 부담시킬 수 있다.

도시계획시설

도시계획시설이 도시와 군의 행정구역에 있기 때문에 도시 · 군 계획시설이라고 언급하지만 일반적으로는 도시계획시설이라 말하고 있다.

도시·군계획시설

제도의 개요

도시·군관리계획으로 결정된 53개 도시·군계획시설을 국토계획법의 절차에 따라서 설치하는 사업.

▶ 사업 주체
- 관할 시장·군수
- 시장·군수로부터 시행자 지정을 받은 자
- 국가사업 등의 경우 국토교통부장관 또는 국토교통부장관이 지정하는 자

▶ 재원 조달
- 시행자가 부담함을 원칙으로 하되, 지자체·공공시설 관리자가 일부 부담할 수 있다.

도시 · 군계획시설의 종류 (53개)

구분	시설명
교통시설 (10개)	도로, 철도, 항만, 공항, 주차장, 자동차정류장, 궤도, 운하, 자동차 및 건설기계검사시설, 자동차 및 건설기계운전학원
공간시설 (5개)	광장, 공원, 녹지, 유원지, 공공용지
유통 · 공급시설 (9개)	유통업무설비, 수도공급설비, 전기공급설비, 가스공급설비, 열공급설비, 방송 · 통신시설, 공동구, 시장, 유류저장 및 송유설비
공공 · 문화체육시설 (10개)	학교, 운동장, 공공청사, 문화시설, 공공 필요성이 인정되는 체육시설, 연구시설, 공공 직업훈련시설, 도서관, 사회복지시설, 청소년수련시설
방재시설 (8개)	하천, 유수지, 저수지, 방화설비, 방풍시설, 방수설비, 사방설비, 방조설비
보건위생시설(7개)	화장시설, 공동묘지, 봉안시설, 자연장치, 도축장, 장례식장, 종합의료시설
환경기초시설(4개)	하수도, 폐기물처리시설, 수질오염방지시설, 폐차장

도시·군계획시설 설치 절차

구체적인 결정 및 설치기준은 도시·군계획시설의 결정·구조 및 설치기준에 관한 규칙에 규정되어 있다.

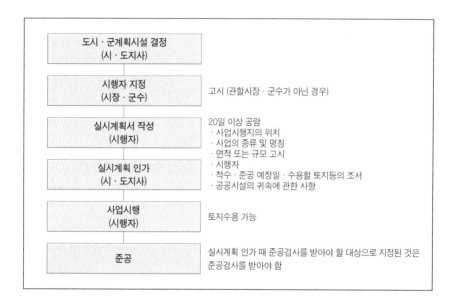

용도지역별로 제한받는 도시·군계획시설

아래에 표기되지 않은 시설은 용도지역의 구분 없이 설치가 가능하다.

시설		전용주거		일반주거			준주거	상업지역				공업지역			녹지지역			관리지역			농림지역	자연환경
		1종	2종	1종	2종	3종		중심	일반	근린	유통	전용	일반	준	보전	생산	자연	계획	생산	보전		
교통시설	철도(철도역)	×	○	○	○	○	○	○	○	○	○	○	○	○	○	○	○	○	○	○	×	○	○
	여객자동차터미널, 여객자동차운수 사업용 공영차고지	×	×	×	×	×	○	○	○	○	○	×	○	○	×	×	○	×	×	○	×	×	×
	시내버스 운수사업용 여객자동차 터미널	×	×	×	○	○	○	○	○	○	×	○	×	×	○	×	○	○	○	○	×	×	×

분류	시설																					
교통시설	시외/전세버스, 공용차고지 (버스)	×	×	×	×	×	○	○	○	×	○	×	×	○	×	×	○	○	×	×	×	×
	화물터미널/공영차고지 (화물)	×	×	×	×	×	×	○	○	×	○	×	○	○	×	×	◐	○	×	×	×	×
	자동차 및 건설기계 검사시설	×	×	×	×	×	○	×	×	○	×	×	×	×	×	○	×	○	×	×	×	×
	자동차 및 건설기계 운전학원	×	×	×	×	×	×	×	○	×	×	×	×	×	×	×	×	○	×	×	×	×
	복합환승센터	×	○	○	○	○	○	○	○	○	○	○	○	×	○	○	○	×	×	○	○	
공간시설	유원지	×	×	×	×	×		○	×	○	○	×	×	×	×	×	○	○	×	×	×	×
유통 및 공급시설	유통업무설비	×	×	×	×	×	×	○	○	○		○	○	×	×	×	◐	○	×	×	×	×
	전기공급설비	×	×	×	×	×	×	×	×	×	×	×	×	×	×	×	×	×	×	×	×	×
	가스공급설비	×	×	×	×	×	×	×	×	×	×	×	×	×	×	×	×	×	×	×	×	×
	시장 (대규모 점포 제외)	×	×	×	×	○	○	○	○	○	○	×	○	×	×	×	○	○	×	×	×	×
	시장 (대규모 점포 포함)	×	×	×	×	○	○	○	○	○	○	×	○	×	×		○	○	×	×	×	×
	유류저장 및 송유설비 (배관 제외)	×	×	×	×	×	×	×	×	×	×	×	×	○	○	×	○	○	×	×	×	×
	열공급 설비 (열원시설)	×	○	×	○	○	○	×	○	○	○	×	○	×	○	×	○	○	×	×	×	×
공공문화체육시설	운동장	×	○	○	○	○	○	○	×	×	×	×	×	○	○	×	○	○	×	○	×	×
	청소년 수련시설	×	×	○	○	○	○	○	×	×		○	×	○	○	×	○	○	×	×	×	×
	체육시설	◐	○	○	○	◐	○	○	○	×	×		○	○	×	○	○	○	×	○	×	×
보건위생시설	장례식장	×	×	×	×	×	×	×	×	×	○	○	○	○		○	○	○	×	○	×	×
	도축장	×	×	×	×	×	×	×	×	×	×	×	×	○	○	×	○	○	○		×	×
	종합의료시설	×	×	×	○	○	○	○	○		○	○	○	×	×	○	○	×	×	×	×	×
환경기초시설	폐기물처리시설	×	×	×	◐	◐	◐	×	◐	×	×	○	○	○	○	○	○	○	○	◐	○	
	수질오염방지시설	×	×	×	×	×	×	×	×	×	×	×	×	○	×	×	○	○	○	○	×	×
	폐차장	×	×	×	×	×	×	×	×	×	○	×	○	○	○	×	×	◐	○	×	×	×

〈범례〉 ×: 불허, ◐ : 예외적 허용, ○ : 입지허용

도시·군 계획시설 관련법 해설

도시 · 군계획시설		관련법
교통시설 (10)	도로	고속국도법, 도로법, 도시교통정비촉진법, 자전거 이용 활성화에 관한 법률
	주차장	주차장법
	자동차 정류장	여객자동차운수사업법, 물류시설의 개발 및 운영에 관한 법률, 화물자동차운수사업법, 도시철도법, 한국철도시설공단법, 한국철도공사법
교통시설 (10)	철도	철도건설법, 도시철도법, 한국철도시설공단법, 한국철도공사법
	궤도	궤도운송법
	운하	
	항만	항만법, 어촌 · 어항법, 마리나 항만의 조성 및 관리 등에 관한 법률
	공항	항공법
	자동차 및 전기기계검사시설	자동차관리법, 건설기계관리법
	자동차 및 건설기계운전학원	도로교통법, 학원의 설립 · 운영 및 과외교습에 관한 법률
공간시설 (5)	광장	
	공원 녹지	도시공원 및 녹지 등에 관한 법률
	유원지	관광진흥법
	공공공지	
유통 및 공급시설 (9)	시장	유통산업발전법유통산, 농수산물 유통 및 가격안정에 관한 법률, 축산법
공공문화체육시설 (10)	유통업무설비	유통산업발전법, 자동차관리법, 물류시설의 개발 및 운영에 관한 법률, 축산물위생처리법, 농수산물 유통 및 가격안정에 관한 법률, 여객자동차운수사업법, 철도법, 항만법
	수도공급설비	수도
	공동구	소방시설 설치유지 및 안전관리에 관한 법률
	전기공급설비	전기사업법, 신에너지 및 재생에너지 개발이용보급 촉진법
	가스공급설비	고압가스 안전 관리법, 도시가스사업법, 액화석유가스의 안전관리 및 사업법
	유류저장 및 송유설비	석유 및 석유대체연료사업법, 송유관안전관리법, 위험물안전관리법
	열공급설비	집단에너지사업법
	방송통신시설	전기통신사업법, 전기법, 방송법

공공문화 체육시설 (10)	운동장	체육시설의 설치 이용에 관한 법률
	공공청사	-
	학교	유아교육법, 초 · 중등교육법, 고등교육법, 경제자유구역 및 제주국제자유도시의 외국교육기관설립 · 운영에 관한 특별법
	도서관	도서관법
	연구시설	-
	문화시설	공연법, 박물관 및 미술관 진흥법, 지방문화원진흥법, 문화예술진흥법, 문화산업진흥기본법, 과학관육성법
	사회복지시설	서회복지사업법
	공공직업훈련시설	근로자 직업능력 개발법
	청소년수련시설	청소년활동진흥법
	체육시설	체육시설의 설치 이용에 관한 법률
방제시설 (8)	하천	하천법, 소하천정비법
	저수지	하천법, 댐 건설 및 주변 지역 지원 등에 관한 법률
	방풍설비	-
	방수설비	하천법, 소하천정비법, 하수도법
	방화설비	소방시설 설치 유지 및 안전관리에 관한 법률
	사방설비	사방사업법
	방조설비	항만법, 어촌 · 어항법, 방조제관리법
	유수지	-
보건위생 시설 (7)	도축장	
	공동묘지, 화장시설, 장례식 장, 봉안시설, 자연장치	장사등에 관한 법률
환경기초 시설 (4)	하수도	하수도법
	폐기물처리시설	폐기물관리법. 자원의 절약과 재활용 촉진에 관한 법률, 건설폐기물의 재 활용 촉진에 관한 법률
	수질오염방지시설	수질 및 수생태계 보전에 관한 법률, 하수도법, 가축분뇨의 관리 및 이용 에 관한 법률, 광산피해의 방지 및 복구에 관한 법률, 석탄산업법
	폐차장	자동차관리법

토지적성평가로 입안되는 도시계획

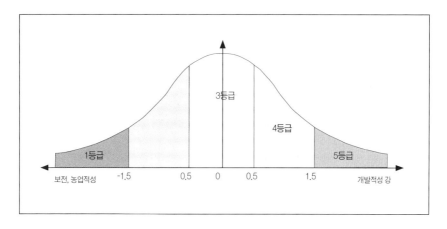

도시기본계획 수립지침에서는 아래 그림과 같이 토지적성평가와 도시기본
계획과의 관련성을 정하고 있다. 이것은 계획 수립시기에 관한 것으로 도시
기본계획을 도시관리계획과 동시에 수립하는 경우에만 토지적성평가 결과를
활용할 수 있도록 하고 있으며, 이미 수립된 도시기본계획의 경우에는 새로
계획이 수립될 때 이를 반영하게 되어 있다.

토지적성평가와 도시관리계획의 관계

① 도시관리계획 수립지침에서 관리지역의 지정을 위해서는 기초조사와
   토지적성평가에 따라 보전관리지역, 생산관리지역 및 계획관리지역으로
   세분화 하도록 정하고 있다.
② 관리지역을 세분화하기 위해서는 먼저 관리지역에 해당하는 토지에 대
   해 토지의 적성평가에 관한 지침에 따라 토지적성평가를 시행하여야 한
   다.

도시기본계획상 토지적성평가의 적용 가능 대상

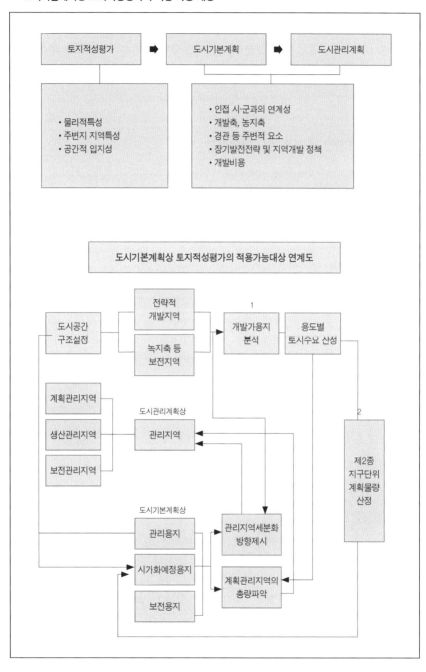

③ 도시관리계획 수립지침에는 토지적성평가의 결과를 활용하는 방법을 세부적으로 정하고 있어 토지적성평가 결과가 그대로 관리지역 세분화로 이어지는 결과를 초래하며, 이는 때때로 계획을 제한하는 요소로 작용하기도 한다.

토지적성평가와 개발 가능지 분석기준

토지적성평가 표준 프로그램의 이해

LH는 토지적성평가 검증기관으로서 국토교통부의 요청에 따라 2003년 6월 '토지적성평가 표준 프로그램'을 개발하고 이를 전국 지자체 및 관련 기관에 무료로 배포해 제도 운영을 지원하고 있다.

토지적성평가

토지의 환경 생태적·물리적·공간적 특성을 종합적으로 고려하여, 보전 또는 개발이 가능한 토지를 체계적으로 판단할 수 있도록 실시하는 기초조사를 말한다. 2015년 5월 1일자로 시행된 개정 지침에 의거 새로운 평가방식을 적용하기 위한 표준 프로그램을 고도화하여 "표준프로그램 New 1.0"을 개발 배포하였다.

토지적성평가의 도입 배경
① 비도시지역인 준농림지역의 농지 잠식으로 인한 무분별한 국토 난개발 발생
② 대도시 주변의 난개발을 방지하고, 개발과 보전의 조화를 유도하기 위함
③ 도시관리계획 입안을 위한 합리적 기초수단 필요

토지적성평가의 개념

① 토지의 토양, 입지, 활용 가능성 등에 따라 토지의 적성을 평가

② 도시관리계획 입안을 위한 기초자료

③ 법적 근거 : 국토계획법 제27조 제3항 및 시행령 제21조

④ 평가 단위 : 필지 단위(자료의 효율성 고려)

⑤ 평가 주체 : 도시관리계획 입안권자(국토교통부장관, 시 · 도지사, 시장 · 군수)

　　및 도시관리계획 입안 제안자(주민 및 이해관계자 등)

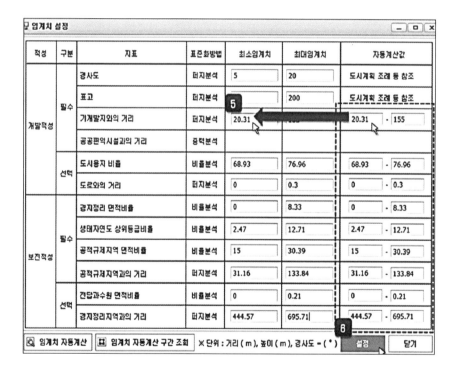

제2장

도시기본계획을 투자에 활용하기

투자하기 전에 먼저 도시기본계획을 이해하라

　사람마다 토지에 대한 생각과 투자 방식은 다르겠지만 토지거래 현황과 소유 편중 현상이 달라지지 않는 것을 보면 방법을 몰라서 투자를 기피하는 사람들이 많다는 이야기가 사실인 것 같다.

　어쨌든 부동산 투자에 관심이 있다면 정부에서 공개하는 일정 부분의 정보만 잘 활용한다고 해도 확실한 성공투자를 이끌어 낼 수 있다. 만약 시세차익을 염두에 두고 토지에 투자하고자 한다면 반드시 도시기본계획을 분석하고 투자해야 한다는 의미다.

　어떤 투자든 점점 더 경쟁이 극심해지고 리스크가 커지고 있는 시점이다. 만약 요행을 바라고 투자한다면 당연히 성공할 확률이 낮을 수밖에 없을 것이다. 이것은 중개업자의 말에 현혹되지 않으면서 흔들림 없이 매물을 분석하고 정확하게 판단해 결정해야 한다는 뜻이다. 즉 도시기본계획을 확실히 이해하고 있어야만 매물을 정확하게 분석할 수 있고, 따라서 성공 확률 또한 높아진다는 의미다.

　전문가들은 토지투자의 성패를 결정짓는 요소로서 개발계획에 대한 '정보 선점'을 꼽는다. 정부나 지방자치단체 등이 대부분의 개발정보를 독점하고 있는 상황에서 좀 더 빠르게, 남들이 모르는 정보를 쥐고 있다면 당연히 높은 수익을 올릴 확률이 크다. 이것은 당연하다. 특히 요즘처럼 규제가 심한 상황에서 토지의 가치는 정부나 지방자치단체의 개발계획에 따라 더욱 크게 좌우될 수밖에 없다. 지금 당장은 쓸모가 없는 땅이라 해도 미래의 개발예정지에 포함되면 몸값은 급등하게 마련이기 때문이다.

그렇다면 이런 개발정보는 어떻게 얻을 수 있을까?

전문가들은 개발정보 선점을 위해 특히, 지방자치단체가 자체적으로 수립하는 '도시기본계획'을 꼼꼼히 살펴보도록 권한다. 도시기본계획이란 시·군 등 지방자치단체의 중장기 개발계획을 담은 틀이기 때문이다. 해당 시·군의 중장기 개발계획이 모두 담겨 있는 만큼 '도시개발청사진'으로 불리며, 따라서 이를 꼼꼼히 뜯어보면 장래에 개발될 곳을 한눈에 파악할 수 있다. 도시기본계획에는 신규개발지역, 도로 등 교통신설·확장계획, 용도변경계획 등이 주로 담겨 있다.

하지만 수립 중인 도시기본계획의 내용을 미리 알아내는 것은 쉽지가 않다. 개발계획이 미리 알려지면 해당 지역에 투기가 일어난다는 이유로 지방자치단체들이 원칙적으로 수립 중인 도시기본계획을 공개하지 않기 때문이다.

그렇다면 일반인들이 이 도시기본계획의 내용을 미리 파악해볼 수 있는 길은 아예 없는 것일까? 그렇지 않다. 도시기본계획의 수립 절차에 대해 알고 있다면 대략적인 내용을 파악해볼 수 있기 때문이다.

대부분의 지방자치단체는 도시기본계획을 확정하기 전에 주민들의 의견을 수렴하기 위한 공청회 절차를 거친다. 이때가 바로 신규개발 예정지가 어느 곳인지 파악해볼 수 있는 좋은 기회다. 따라서 관심을 가지고 있는 지역이라면 우선 도시기본계획 수립 일정을 먼저 파악해 두는 게 좋다. 도시기본계획 수립을 위한 공청회는 보통 15일 전에 공고되며, 예전에는 관보 등을 통해서만 공고됐으나 요즘에는 해당 지방자치단체의 인터넷 사이트를 통해 함께 공고한다. 해당 지역에 관심을 두고 있다면 공청회를 최대한 활용해 개발계획을 꼼꼼히 확인해보도록 하자.

지자체는 대개 공청회 참석자들에게 개략적인 내용이 담긴 자료집을 배포한다. 이 자료를 통해 시가화예정용지 지정계획과 도로교통계획 등을 확인해볼 수 있다.

시가화예정용지란 그린벨트 등을 주거지역, 공업지역, 상업지역 등으로 개발하기에 앞서 도시기본계획상 개발예정지로 지정하는 것을 말한다. 시가화예정용지로 지정되면 해당 지역과 주변의 땅값이 보통 3~4배 이상 뛰게 마련이다.

예컨대 판교 사례를 보자. 개발계획이 맨 처음 알려진 시기는 1998년이었다. 이때 성남시는 '2001년 도시기본계획'에 판교동 일대 860만 ㎡를 택지개발을 위한 '시가화예정용지'로 지정했다. 그리고 이때부터 예정용지의 토지시장이 요동치기 시작했다.

하지만 정작 해당 지역은 물론이고 주변 땅값이 크게 뛰기 시작한 것은 1997년 4월 주민 공청회를 통해 대략적인 개발계획이 알려지면서부터였고, 발 빠른 투자자들은 이때 이미 정보를 선점하고 투자에 나서 막대한 수익을 올릴 수 있었다.

이에 따라 지자체는 투기를 막고자 시가화예정용지를 보통 황토색 점으로만 표시하고, 구체적인 위치를 확인할 수 있는 토지 지번은 밝히지 않는다. 따라서 공청회에서 대략적인 위치와 면적을 확인한 다음 현장답사와 중개업소를 통해 정확한 위치를 찾아낼 수밖에 없다.

대개 현지 부동산중개소에서는 도시기본계획에 반영된 시가화예정용지의 위치를 비교적 정확하게 파악하고 있는 경우가 많다. 해당 지자체는 도시기본계획 수립을 위한 사전 절차로 측량 등을 실시하는데, 이때 대부분의 위치가 비교적 정확하게 노출되기 때문이다.

시가화예정용지와 함께 도로교통계획도 살펴봐야 한다. 도시기본계획에는 해당 지자체가 자체적으로 추진하는 도시계획도로(공도-시·군 도로)는 물론 광역교통계획도 담겨 있다. 이를 참고하면 향후 어느 곳에 어떤 도로가 설치될지 미리 파악해볼 수 있다. 도로 등 교통시설의 신설과 확장은 땅값 상승의 직접적인 재료로서 지금은 이름 없는 논밭이라 하더라도 향후 도로가 뚫리게 되면 가치가 확 달라진다.

하지만 공청회 등을 통해 공개된 개발계획은 향후 국토부 등의 최종 심의과정에서 변경될 수 있으므로 참고만 하는 것이 좋다. 대개 도시기본계획은 입안 → 주민공청회 → 시 도시계획위원회 → 시의회 → 도 도시계획위원회 → 중앙도시계획위원회→ 국토교통부 최종승인 등의 복잡한 절차를 거쳐서 결정되는데, 이 과정에서 실제로 입안됐던 계획이라도 취소되거나 축소될 가능성이 크기 때문이다.

대부분 지자체는 도시 발전을 위해 개발예정지를 최대한 반영해 도시기본계획안을 수립하는 반면 국토교통부는 수도권 과밀화를 막기 위해 가급적 개발을 억제하는 방향으로 심의를 진행한다. 2007년 최종 확정된 용인시 2020년 도시기본계획 역시 130만 명으로 입안했던 계획인구가 당시 건설교통부 심의과정에서 120만 명으로 축소되었다.

따라서 공청회에서 공개된 도시기본계획의 내용을 바탕으로 현안사업의 우선순위를 확인한 다음 투자에 나서야 리스크를 줄일 수 있다.

이제 도시기본계획과 현장답사, 부동산중개소를 통해 대략적인 개발예정용지의 위치를 확인했다면 예정지 안쪽보다는 주변 지역의 토지를 노리는 것이 좋다. 국가정책사업 개발예정지는 계획이 확정되면 감정평가액에 따라 시가 이하의 가격으로 수용될 위험요소를 안고 있기 때문이다. 또 개발예정지 주변이라고 해서 무턱대고 매입하는 것도 금물이다. 대규모 개발예정지의 경우 개발행위 제한지역이나 완충녹지, 공원용지 등으로 묶이게 될 가능성이 있기 때문이다. 이 경우에는 대개 개발예정지 경계선으로부터 1~2킬로미터 안팎의 도로변 임야나 논밭에 주목하는 것이 좋다. 후광효과로 개발 수요가 많아져 땅값이 오를 가능성이 비교적 큰 곳이기 때문이다. 이때는 개발예정지 뒤편보다 입구 쪽의 땅에 투자하는 것이 좋은데, 그 이유는 입구 방향이 주 동선이라서 향후 개발 수요가 두터운 편이기 때문이다.

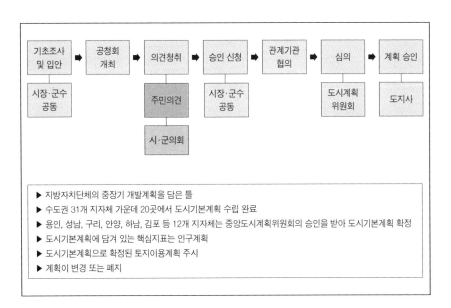

지방자치단체가 도시기본계획으로 수립한 개발계획은 실제 집행계획인 도시관리계획이 수립돼야 법적 구속력을 갖는다. 도시관리계획이란 도시기본계획에서 한걸음 더 나아가 각 토지별로 구체적인 용도를 정하는 것으로, 각

지방자치단체의 개발계획을 확정한다. 도시기본계획이 도시개발의 기본적인 뼈대와 발전 방향을 제시하는 것이라면 도시관리계획은 도시기본계획이 제시한 개발계획안에 대한 구체적인 도시개발과 정비, 보전계획을 결정한다.

이때 해당 토지의 개발계획을 구체화하는 것이 바로 지구단위계획이다. 지구단위계획은 도시기본계획상 개발예정지역으로 지정된 곳을 체계적이고 계획적으로 관리하기 위해 수립하는 것이다.

제1종 지구단위계획이 도시지역에서 수립하는 도시관리계획인 데 비해, 제2종은 비도시지역인 계획관리지역의 건축물 용도, 종류, 규모 등에 대한 제한을 완화하거나 건폐율 또는 용적률의 완화를 수립하도록 규정하고 있다. 지구단위계획의 수립대상은 공동주택개발사업 30만 ㎡ 이상, 기타 개발사업 3만 ㎡ 이상이다.

지구단위계획은 '민간 제안'과 '공공' 방식으로 나뉜다. 민간건설업체가 주택건설을 위한 지구단위계획 수립부터 착공까지 걸리는 기간은 3~5년인 반면 '공공' 방식은 소요기간이 대폭 단축될 수 있다.

지구단위계획이 확정되면 해당 구역에서는 이 계획에 맞춰 땅의 용도가 바뀐다. 예를 들어 공업지역에 지구단위계획을 수립하면 아파트 등의 건축이 가능한 주거지역으로 용도를 바꿀 수 있다. 건폐율과 용적률도 대폭 완화된다.

지구단위계획에 따라 어떤 지역이 고밀도 개발이 가능한 곳으로 바뀌면 인근의 땅값이 크게 뛴다. 또한 이 계획에 따라 해묵은 규제에서 풀리는 지역도 높은 투자수익을 기대해 볼 수 있다.

최근 지방자치단체의 재정악화로 인해 재원을 확보하지 못해 지구단위계획을 통해 용도지역을 바꾸는 경우가 많아지고 있다. 특히 최근 일부 지방자치단체에서는 공영개발기법을 도입해 준공업지역을 일반주거지역으로 바꾸기도 한다. 준공업지역이 일반 주거지역으로 바뀌면 땅값은 최소 2~3배 이상 뛰어오르는 것이 보통이다. 주변 지역의 지가 상승세는 더 가파르게 상승한다.

이런 지구단위계획은 해당 지방자치단체의 공람 공고를 유심히 살펴보면 알 수 있다.

용도지역·지구·구역의 지정 및 변경에 관한 계획

용도지역·지구·구역의 토지이용과 건축물의 용도, 건폐율, 용적률, 높이 등을 제한하거나(용도지역) 이를 다시 강화 또는 완화 적용하여(용도지구·구역), 토지를 합리적이고 효율적으로 이용하고 공공복리의 증진을 도모하기 위해 지정합니다. 다만 용도지역 지구·구역의 지정에 있어서 특정대지에 하나만 지정되는 용도지역과 달리 용도지구는 2개 이상의 지구를 중복하여 지정할 수 있습니다. 다음은 용도지역·지구·구역 각각의 유형입니다.

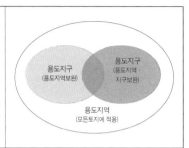

용도지역

주거지역	상업지역	공업지역	녹지지역

보전관리지역 : 자연환경보호, 산림보호, 수질오염 방지, 녹지공간 확보 및 생태계 보전 등을 위해 보전이 필요하나 주변 용도지역과의 관계 등을 고려할 때 자연환경보전지역으로 지정해 관리하기가 곤란란 지역	농림지역 : 농림업을 진흥시키고 산림을 보전하기 위해 필요한 지역 자연환경보전지역 : 자연환경·수자원·해안생태계·상수원 및 문화재의 보전과 수산자원의 보호·육성 등을 위해 필요한 지역
생산관리지역 : 농업, 임업, 어업 생산 등으로 위해 관리가 필요하나 주변용도지역과의 관계 등을 고려할 때 농림지역으로 지정하여 관리하기가 곤란한 지역	 
계획관리지역 : 도시지역으로의 편입이 예상되는 지역이나 자연환경을 고려하여 제한적인 이용·개방을 하려는 지역으로서 계획적·체계적 관리가 필요한 지역	

용도지구	경관지구, 미관지구, 고도지구, 방화지구, 보존지구, 시설보호지구, 취락지구, 개발진흥지구, 특정용도제한지구
용도구역	개발제한구역, 도시자연공원구역, 시가화조정구역, 수산자원보호구역

국토종합계획은 '숲', 도시기본계획은 '나무'

투자를 보는 큰 눈, 국토종합계획

국토종합계획은 20년 단위로 중앙정부가 수립하는 최상위 국토개발계획이다. 1972년 이전에는 별도의 국토개발계획이 없었고, 경제개발 5개년계획과 함께 수립됐다.

1972년부터 5년 단위 경제개발계획과는 별도로 10년 단위의 국토종합개발계획으로 분리된 것이다.

제1차 국토종합개발계획의 계획기간은 1972년~1981년이었다. 제1차 계획의 핵심내용은 경부고속도로를 축으로 하는 거점 개발이었다. 제2차와 3차 계획기간은 각각 1982~1991년과 1992~2001년이었으며, 제4차 계획에서는 명칭에서 '개발'이라는 말이 빠졌다. 환경친화적인 의지를 담아 '국토종합개발계획'에서 '국토종합계획'으로 바꾸게 되었으며, 대상기간도 2000년에서 2020년까지 20년으로 늘어났다. 현재는 2020 ~ 2040 국토종합계획이 발표되었다.

쉽게 말하자면 국토종합계획은 어느 지역을 어떤 식으로 개발할 것인지 결정하는 국토의 마스터플랜에 해당하는 것으로 지금까지는 고속도로와 산업단지, 항만, 공항, 신도시 등의 대규모 개발사업이 국토종합계획에 따라 추진돼 왔다.

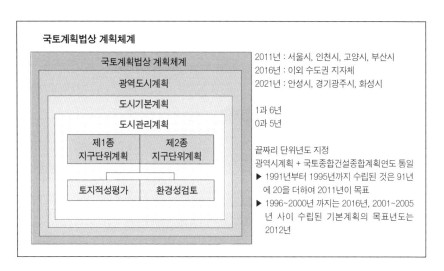

제4차 국토종합계획은 지역간 균형개발을 위한 '10대 광역권개발계획'을 주요내용으로 하였다. 당시 제4차 국토종합계획 가운데 특히 투자자들의 관심을 끌었던 것은 '아산만 광역권 개발계획'이었으며, '아산만권 개발계획'의 핵심내용은 바로 '아산신도시 건설'이다.

정부는 광역권 개발의 첫 단계로 아산신도시 개발계획을 들고 나왔는데, 만약 발표 당시 누군가 분석을 통해 이곳의 미래가치를 먼저 깨닫고 개발 재료를 선점했다면 엄청난 투자이익을 챙겼을 것이다.

제4차 국토종합계획은 지방분권과 국가의 균형발전을 통한 지방화의 실천에 주안점을 두었다. 이전(1~3차)까지의 종합계획이 수도권을 중심으로 짜였다면 제4차 국토종합계획은 지방을 개발하는 데 역점을 두고 수립됐다. 이는 지방의 토지 개발 가능성을 높여주면서 수도권 이외의 지역, 특히 서남부 해안권의 땅값 상승에 큰 영향을 미쳤다.

큰 틀에서 보면 땅값은 어차피 정부의 개발계획과 정책에 따라 큰 영향을 받을 수밖에 없다. 정책변화에 따라 개발이 불가능한 땅이 개발 가능한 땅으로 바뀌면 당연히 값이 올라간다. 이런 의미에서 정부의 국토개발정책이 지역 균형개발 차원에서 수도권보다는 지방의 개발계획에 초점을 맞추고 있다는 점을 주시할 필요가 있다.

제5차 국토종합계획 2020~2040

국토종합계획에서 가장 먼저 살펴보아야 하는 부분은 인구 증감에 관한 내용이다. 인구 동향이 바로 토지의 발전 가능성을 미리 예측해볼 수 있는 확실한 지표이기 때문이다.

통계청이 공표한 장래 인구 추계치를 기초로 2040년 장래 인구분포 분석 결과를 보면 국토의 거주지역 가운데 인구 감소가 예상되는 지역은 81.3%에 달하며 인구 증가가 18.96%로 전망된다. 즉 수도권을 비롯 인구 유지 및 증가할 것으로 예측되는 세종시와 평택시 등 일부 지자체를 제외하고는 대부분 인구소멸지역이 많다.

2040년까지 국토 발전의 큰 얼개는 균형, 스마트, 혁신의 테마로서 추상적이지만 지속가능하고 균형 있는 발전을 추구하는 개발 방향이라 볼 수 있다. 또한 GTX 등 주요 거점의 연결과 철도 교통의 확대 등으로 국토 지능화(스마트화)를 추구한다고 볼 수 있겠다.

또한 전국은 철도로 연결되지만 각 부분은 광역권으로 묶이며 발전할 것으로 보인다. 특히, 세종-대전-청주를 잇는 내륙권과 메가시티로 첫발을 내딛은 동남권의 성장은 앞으로 수도권 집중화를 막고, 각 광역권의 핵심 도시는 지방 소멸의 홍수를 막는 저수지의 역할을 할 것으로 보인다.

따라서 대경권은 대구·구미, 호남권은 전주-광주-나주, 충청권은 충주-세종-대전, 동남권은 경주-울산-부산-창원-양산, 원주-춘천의 강원 등 도시 및 산업 구조의 연담화 현상이 일어날 것으로 보인다. 각 지역마다 특화 산업을 배치하고 지역 경제 활성화를 추구한다는 점에서 이상적이고 균형적인 발전 계획이라 볼 수 있겠다.

또한 거점 지역의 관광벨트도 활성화하여, 지속가능한 발전과 관광산업 분야의 일자리 확충까지 목표로 하고 있다.

주요 정책 과제를 살펴보면 인천발 KTX, 수원발 KTX, 평택-오송 복복선화 등 광역고속철도를 구축하고, 제주, 김해, 새만금 신공항 건설과 함께 GTX 등 다양한 교통망 구성 내용이 포함되어 있다. 기존 서울-광명-부산의 고속철도 외에도 인천과 수원부터 평택을 거쳐 부산 생활권까지 두 개의 축으로 효율적으로 국토를 활용하고 발전을 추구하기 위한 방향성이 있다고 할 수 있겠다.

계획의 배경과 특징

제5차 국토종합계획의 수립 배경

계획의 역할 변화와 만료시기 도래	메가트렌드 변화와 국토 영향
• 계획의 만료시기(2020) 도래 - 부문·지역계획 수립의 가이드라인 역할 위해 선행하여 확정할 필요	• 인구감소와 인구구조 변화
	• 저성장 추세와 기후·환경변화
	• 기술혁신과 국·토생활공간 지능화
• 국토종합계획의 역할 변화 요구 ※ 국토계획의 상호관계(법7조), 계획간 조정(법20조) 등	• 참여와 분권, 국내외 정치여건 변화

국토의 여건과 전망

2-2 : 여건 변화와 국토 영향

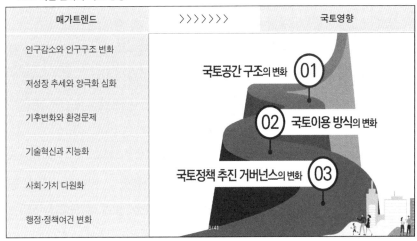

2-4 : 저성장 고착화와 인프라 노하우

산업화 도시화 시대에 집중 건설된 인프라 노후화 가속화 전망

노후 인프라에 대한 적기 대응으로 국가경쟁력과 국민안전 기반 확보 필요

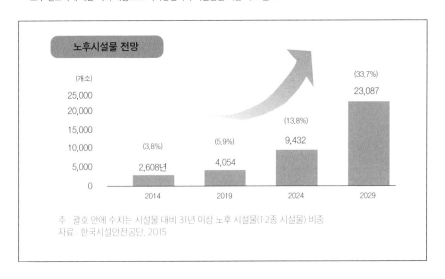

주 : 괄호 안에 수치는 시설물 대비 31년 이상 노후 시설물(1·2종 시설물) 비중
자료 : 한국시설안전공단, 2015

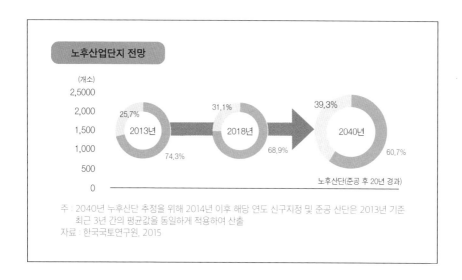

노후산업단지 전망

(개소)

주 : 2040년 누후산단 추정을 위해 2014년 이후 해당 연도 신구지정 및 준공 산단은 2013년 기준
　　최근 3년 간의 평균값을 동일하게 적용하여 산출
자료 : 한국국토연구원, 2015

2-5 : 기후변화와 국민 안전·건강 관심 증대

기후변화로 인한 재해취약지역 증가와 새로운 환경이슈 대두

환경 위험요인 : 미세먼지(82.5%) 〉 방사능(54.9%) 〉 유해화학물질(53.5% 순 (통계청, 2018)

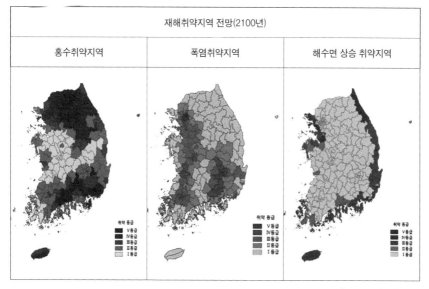

자료 : 국토연구원, 2012

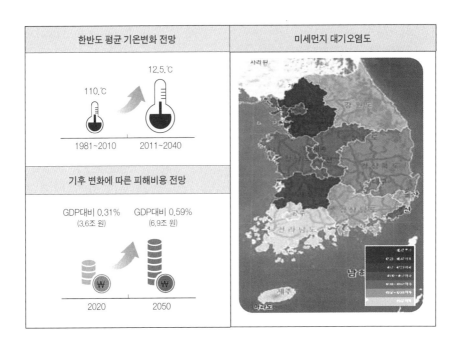

| 한반도 평균 기온변화 전망 | 미세먼지 대기오염도 |

한반도 평균 기온변화 전망

110.℃   12.5.℃

1981~2010   2011~2040

기후 변화에 따른 피해비용 전망

GDP대비 0.31%   GDP대비 0.59%
(3.6조 원)   (6.9조 원)

2020   2050

미세먼지 대기오염도

환경에 대한 의식변화

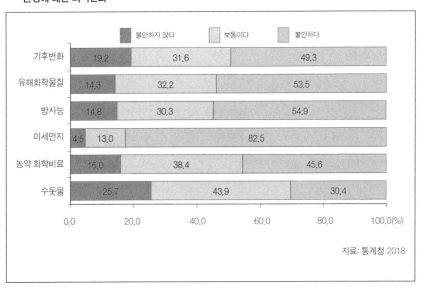

	불안하지 않다	보통이다	불안하다
기후변화	19.2	31.6	49.3
유해화학물질	14.3	32.2	53.5
방사능	14.8	30.3	54.9
미세먼지	4.5	13.0	82.5
농약 화학비료	16.0	38.4	45.6
수돗물	25.7	43.9	30.4

자료: 통계청 2018

2-7 : 사회·가치관 변화와 국토이용의 유연성 요구

일과 생활의 균형, 삶의 질과 건강에 대한 관심 증대

여가·문화 향유 요구, 공유형 생활패턴 증대 등 가치의 대원화

일과 생활의 균형
(W버 가-Life Balance)

삶의 질과 건강에 대한
관심 증대

공유경제 증대와
행태 확산

여가·문화행유
요구 증대

2-9 : 주요 계획 과제

향후 국토계획 이슈와 과제
01. 국토균형발전 체감도 제고와 자율적 지역발전 기반 강화
02. 인간디운 삶, 품격있고 건강한 정주여건 조성
03. 인구감소·저성장 등에 대한 국정책 대응
04. 스마트기술 기반의 국토이용·관리 대응체계 마련
05. 미래 국가 성장동력 창출 및 새로운 거버넌스 체계 운용

계획의 기본 방향

3-1 계획의 기본 방향

비전	모두를 위한 국토, 함께 누리는 삶터
목표	포용적인 국토 + 활력있는 국토 + 품격있는 국토 + 상생하는 국토
국토 발전 전략	전략 1 : 개성과 경쟁력을 갖춘 균형국토 만들기
	전략 2 : 편안하고 안전한 생활국토 만들기
	전략 3 : 아름답고 지속가능한 매력국토 만들기
	전략 4 : 편리하고 스마트한 첨단국토 만들기
	전략 5 : 세계와 함께 번영하는 평화국토 만들기

3-3 기존계획과 주요내용 비교

제5차 국토종합계획(2020~2040)	
기조	모두를 위한 국토, 함께 누리는 삶터
목표	포용적인 국토, 활력있는 국토, 품격있는 국토, 상생하는 국토
공간구상	자율 · 협력 · 자립 · 기반의 분권형 스마트 국토 대륙연결 · 개방형 국토
발전 전략	5대 전략 ① 개성과 경쟁력을 갖춘 균형국토 만들기 ② 편안하고 안전한 생활국토 만들기 ③ 아름답고 지속가능한 매력국토 만들기 ④ 편리하고 스마트한 첨단국토 만들기 ⑤ 세계와 함께 번영하는 평화국토 만들기

전략적 정책과제

전략 1 : 개성과 경쟁력을 갖춘 균형국토 만들기

전략 1-1 : 지역 특성을 살린 분권형 균형발전

대도시권 : 수도권은 계획적 성장관리, 지방 대도시권은 중추 거점으로 육성

- 수도권은 계획적 · 질적 성장관리를 통해 세계와 경쟁하는 글로벌 대도시권으로 육성
  - 교통 · 생활환경 개선 등 주민 삶의 질 향상과 권역내 균형발전, 지방과 상생발전 추진
- 지방 대도시권은 인근 지역과 경제 · 사회 · 문화 등을 연계하여 경쟁력 있는 중추 거점 기능 강화
  - 주변지역과 광역 · 순환형 인프라 구축, 주변 산업 · 경제 · 문화거점과의 네크워크 강화

중소도시권 : 균형 · 생활거점 기능 강화

- 혁신도시, 새만금 등은 균형발전 거점으로 지속 추진
- 지역 여건에 적합한 다양한 중소도시 연계 도시권(가칭: 강소도시권) 육성
  - 혁신도시 연계형, 관광 · 휴양자원 연계형 스마트 강소 도시권 육성

농산어촌 : 정주여건 개선 및 경쟁력 강화

- 생활SOC 국가 최소기준 적용 등 정주여건 개선, 스마트 기술을 활용한 경쟁력 개선

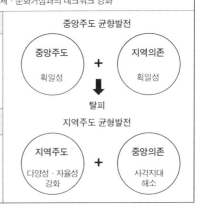

전략 1-2 : 지역간 연계 · 협력과 자립적 경쟁력 제고

지역주도의 발전 전략과 새로운 중앙-협업체계 운영

- 지역이 주도하고 중앙정부가 지원하는 발전 전략 마련, 공공 · 산업 등의 지방이전 촉진
- 지역간 연계 · 협력 촉진을 위한 중앙정부 지원 방식 개편, 중앙 - 지방 협업체계 다원화

중소도시권 : 균형 · 생활거점 기능 강화

- 산업, 관광, 문화 등 지역 수요 기반으로 자율적인 연계 · 협력 촉진 지원
  - 대도시 관광교통기구, 지역연합, 조합 등 광역 · 협력적 거버넌스 구성 · 운영
- 스마트 교통체계 및 연계 · 공유 시스템 강화

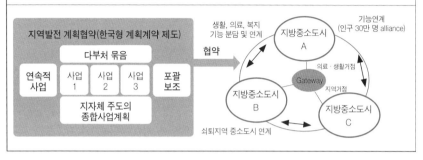

혁신도시 연계형 강소도시권 구상 예시

① 지역간 경제 · 산업 · 문화 교류 강화
- 기업-대학-혁신기관 간 연계 강화
- 지역의 산업 및 문화 기능간 연계 강화

② 공간통합형 도시 · 지역재생 추진
- 생활인프라 및 도시재생 사업 연계
- 노후인프라 정비 및 공유시스템 강화
- 지역간 시설 공유 및 광역서비스 강화

③ 스마트기반의 교통 인프라 구축 · 운영
- 주변지역과 스마트 인프라로 연계 강화
- KTX · 공항 등 교통거점과 연계 네트워크 강화

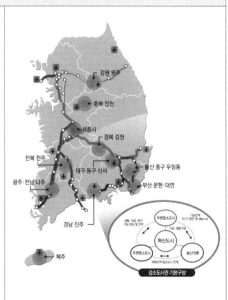

전략 1-3 : 지역산업 혁신과 일자리 창출 역량 강화

도시형 산업입지 확대로 혁신 공간 조성	
• 지방 대도시와 거점도시의 도심, 대학 등을 창업과 일자리 창출의 혁신 공간으로 조성 - 도시내 가로와 거리를 활용한 선형 클러스터 구축, 캠퍼스 부지 활용 등	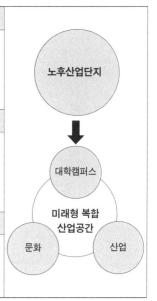
노후 산업도시의 회복력 제고와 주조전환 촉진	
• 기존 중후장대형 제조업 중심 산업도시의 쇠퇴 진단과 산업구조 전환 촉진 • 산업도시가 보유한 산업인프라 · 자산을 활용한 공유 방식의 창업지원 • 노후산업단지에 대한 스마트 인프라 공급 확대, 도시재생과 연계 추진	
미래형 복합산업공간 조성 및 경관 관리 강화	
• 일터-삶터-쉼터가 융합된 미래형 복합산업공간 조성 • 스마트 인프라를 갖춘 미래형 산업단지 모델을 개발 · 확산 • 사이버 공간을 활용한 가상(Virtual) 산업단지 구축	

전략 1-4 : 개성 있는 문화국토와 문화적 일상의 보편화

특색있는 지역자산을 활용하여 매력공간 창출
• 지역문화자산 기반으로 광역관광루트 육성, 지역자원 공동 브랜드화   - 체류인구 유치 등 다지역 거주의 확산으로 여건 변화에 적극 대응 • 노후관광지 재생, 유휴공간 · 시설의 문화적 재생으로 지역 활력거점 활용
차별없이 누리는 문화생활공간 조성 및 향유
• 지역, 계층에 상관없이 고르게 문화 서비스 향유 기반 조성 • 지역문화차 해소를 위한 인프로 공급 및 문화 자치 역량 강화
새로운 한류 문화의 확산과 국가브랜드 가치 제고
• 세계문화유산 등재 등 가장 한국적인 문화자산 브랜드화와 세계적 명소화 추진 • 새로운 한류 확산으로 한국문화에 대한 글로벌 수요 창출 확대

전략 2 : 편안하고 안전한 생활국토 만들기

전략 2-1 : 인구감소에 대응한 유연한 도시개발·관리

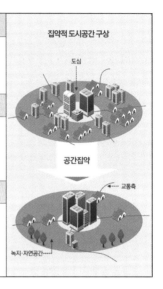

집약적 도시공간 구상

적정 개발과 관리를 통한 집약적 도시공간 조성
• 인구감소에 대응한 적정한 개발·관리와 계획적 관리 유도 • 도시내 미이용·저이용 토지 및 유휴부지의 복합적 활용 • 비시가화지역 성장관리계획 의무화로 난개발 방지
지역특성을 고려한 도시공간구조 재편
• 기반시설 수요감소에 따라 토지를 녹지공간으로 대체하는 등 도시공간구조 재편 • 대도시권·중소도시권 등 도시권 단위의 통합 도시계획 수립 관리
도시재생 활성화로 활력 제고
• 도심재생을 통한 구도심 활력증진, 도시재생 혁신지구 등 새로운 사업방식 활용 • 인구감소 등에 따른 새로운 위기지역 발굴 예방, 빈집의 체계적 정비와 활용

전략 2-2 : 모두 편안한 도시·생활·주거공간 조성

수요 맞춤형 생활SOC 서비스 제공

모든 세대를 배려한 포용적 도시공간 조성
• 영유아 청소년·중장년·노인 등을 고려한 도시공간 설계 • 사회적 약자를 고려한 도시·생활·주거공간 조성 확대
생활 SOC 접근성 제고로 편안한 생활공간 조성
• 보육복지문화체육 등 생활 SOC 확충 및 접근성 제고 - 국가 최소기준 미달 지역 해소 지원 강화 • 지역주민 주도의 생활 SOC 관리·운영으로 지역경제 선순환 창출
인구구조 변화를 고려한 다양한 주거공간 제공
• 1~2인 가구 증가를 고려한 수요자별 소형주택공급, 공유형 주거유형 확산 • 고령자 건강관리 등 복지서비스가 결합된 고령자 복지주택 확산

전략 2-3 : 포용적인 주거복지의 정착

수요자 맞춤형 주거 서비스 확대와 주거 복지 사각지대 해소

- 청년 · 신혼부부 · 저소득층 등 생애 단계별 · 소득수준별 맞춤형 지원 강화
  - 맞춤형 임대주택과 프로그램 지원, 공공 주택 품질 · 서비스 제고
- 적정 주거기준 도입, 비주택(쪽방, 고시원 등) 거주, 장애인 등 주거 취약계층 지원 강화

커뮤니티 기반의 살기 좋은 주거환경 조성

- 주거와 커뮤니티 서비스를 연계한 커뮤니티 기반 플랫폼 운영
- 커뮤니티 케어가 가능한 사회통합형 주거 문화 구축

미래형 주거서비스 확대와 협력적 거버넌스 운영

- 장수명주택, 모듈러주택, 스마트 홈 등 미래형 주택보급 확대
- 지역주민 생활밀착형 주거복지 서비스 제공을 위한 거버넌스 운영

전략 2-4 : 안전하고 회복력 높은 안심국토 조성

국토관리 전(全)주기 방재체계 구축

- 재난대응범위 시 · 공간 확장을 통한 전주기 국토방재 강화
- 국토방재전략 시스템 구축으로 대형 재난위험물을 과학적으로 관리

지역특성을 고려한 통합적 방재체계 구축

- 기후변화로 인한 대형 복합재난 대응 체계 고도화
- 지역별 재해 특성을 고려한 지역 기반 재난 관리 강화
- 재난예방형 도시계획 적용으로 재난관리 사각지대 제로화

지능형 국토방재기반 구축과 유지 · 관리 고도화

- 스마트기술을 활용하여 시설물 안전 · 유지관리 고도화
- 국토 라이프라인(가칭) 구축 등 지능형 지하 관리
- 건축물 재난관리와 도로 · 철도 등 교통수단 안전성 증진

전략 3 : 아름답고 지속가능한 매력국토 만들기

전략 3-1 : 계획적 토지 이용과 매력있는 경관 창출

계획적인 토지이용과 국민참여 관리체계 운영

- 토지이용의 효율적 활용을 위한 공간계획 강화
- 용도지역 개편, 개발제한구역 및 비도시지역 관리 강화

공공디자인의 역할 강화와 국토 · 도시 품격 향상
• 도시 전체의 품격 향상을 위해 통합적 디자인 관리체계 도입
• 품격있는 국토경관 형성을 위해 총괄 공공 건축가 제도 확산

도시재생 활성화로 활력 제고
• 철도 · 도로 · 항만 · 하천 등 SOC시설에 대한 경관 관리 적용 강화
- 국가경관도로 등 새로운 국토경관 창출

전략 3-2 : 깨끗하고 지속가능한 국토 조성

산 · 강 · 바다 국토관리 네트워크 강화
• 국토 공간과 생태축 연계 강화
- 핵심생태축(백두대간, DMZ), 자연경관 보전관리축 등과 한반도 산줄기 연계
• 연안과 해양상태계 관리 강화
- 물 · 대기 순환체계 구축으로 국토의 건강성 회복

미세먼지 저감을 위한 도시공간 조성
• 산지, 공원녹지, 농경지 등 자연자원을 연결하는 바람길 조성
• 건축물 등의 적절한 배치로 도심열섬 해소, 미세먼지 분산 유도

생활밀착형 그린인프라 확충 및 접근성 제고
• 도시공원, 산책로, 도시숲 조성을 통한 그린인프라 확충과 접근성 제고
• 산림, 연안 등을 국민건강인프라로 활용하고 접근성을 강화

전략 3-3 : 기후변화 대응과 국토 - 환경 정책협력 강화

기후변화 대응과 국제적 협력 · 공조 확대
• 제로에너지 건축물 확산, 수소 · 전기 친환경자동차 등 건축물 · 교통분야 온실가스 감축 목표 이행
• 기후변화, 미세먼지, 해양 등 초국경 환경문제에 공동 대응 방안 모색

국토 - 환경 정책협력 지속 이행
• 국토생태축 관리를 위한 범부처 협업체계 강화
- 해양 · 연안 · 산림 등 공간계획 간 정합성 유지 강화
• 국토계획 - 환경계획 연계 실행으로 국토의 지속가능성 확보

전략 3-4 : 국토자원의 미래가치 창출과 활용도 재고

토지와 산지자원
• 국공유지, 유휴토지 자원의 활용 · 관리, 공토초지비축 효율성 재고
• 산지의 파편화 방지와 복원을 통한 산림생태계 조성, 산지의 문화 공간화, 국토의 정원화

수자원 · 해양자원
• 체계적인 수재해 대응, 목적별 용수 수요량 재평가, 수변 · 수상 문화 콘텐츠 등 이용 다양화
• 섬 잠재력 극대화, 해양 · 연안 공간의 다차원적인 활용, 해양영토 보호

에너지자원
• 에너지 전환형 국토 공간 조성
- 수소도시 등 새로운 에너지 자원 활성화에 따른 공간구조 변화 대응
- 태양광 등 증가하는 신재생에너지 시설의 효율적인 입지
• 에너지시설 적정 입지와 분산형 에너지 시스템 실현

전략 4 : 편리하고 스마트한 첨단 국토 만들기

전략 4-1 : 네트워크형 · 순환형 교통망 완성

전략적 네트워크 교통체계 구축 · 관리 강화
• 국가가선망 (7×9+6R)의 지속 추진으,로 네트워크 국토 완성
• 도로, 철도망의 단절구간 연결 및 보안 강화
• 공항 · 항만의 스마트화 · 그린화로 국제 경쟁력 확보

대도시권 광역순 · 환형 교통망 구축과 연계 · 환승 원활화
• GTX, 도시철도, 광역도로 · 철도 등으로 대도시권 교통혼잡 개선
• 교통인프라의 입체화 · 복합화, 교통수단간 환승연계 · 효율화
- MaaS*를 활용한 융합 교통체계 구축 및 이용자 편의 증진
* Mobility sa a Service : 자동차 공유 서비스, 타 교통수단 서비스와의 통합 등을 통해 목적지까지 중간에 끊김 없는 편리하고 빠른 서비스 제공

교통 · 물류 거점과 지역발전 연계로 가치 극대화
• KTX, 공항, 항만 등 배후지역 개발, 다기능 서비스 거점 육성
- KTX, 공항, 기반 경제권 및 복합도시 육성, 교통시설 지하화와 연계한 공간 조성

MaaS 개념도

어플리케이션

통합 제공

- **최적 교통수단 추천**
- **교통수단 예약**
- **이용료 통합 결제**

자동차·택시   자전거   기차

항공   항만

전략 4-2 : 전략적 인프라 관리와 포용적인 교통정책

노후 인프라 적기 개량과 유지 · 관리
• 인프라 유형과 생애주기를 고려한 통합관리 시스템 운영
• IoT 기반의 첨단기술을 활용한 노후 인프라 개량과 성능 고도화

보행자 우선의 교통안전 인프라 개선

- 교통사고 사망자 제로화를 위한 차량 · 도로 등 안전시스템 개선
- 속도 하향 정착(60㎞/h → 도심 50, 주택가 30) 등
- 자율주행 차량 확산에 대응하여 안전조치 마련

교통약자, 취약지역을 배려한 포용적 교통정책 추진

- 노인, 장애인 등 교통약자를 위한 교통 · 이동수단 개발 · 상용화
- 교통취약지역의 수요응답형 교통대책 강화

전략 4-3 : 미래형 혁신 교통체계 구축

스마트 교통 · 물류체계 구축

- 자율주행차, 수소 · 전기 자동차, 개인용 이동 수단, 에어택시 등 새로운 교통수단에 대응한 스마트 교통체계 구축
  - 스마트도로, 스마트하이웨이 등 인프라 개선
- MaaS를 통한 교통서비스 혁신, 첨단기술을 활용한 안전한 교통환경 구축
- 미래 스마트 물류기술 개발 및 확산 활용

교통시설별 혁신 기반 구축

- 도로는 자율주행차 상용화와 개인용 이동수단 증가에 따른 공간정보 등 지원기반 구축
- 철도는 고속 서비스 확대, 항공은 다양한 유 · 무인 비행체 개발에 따른 항공교통체계 개편 검토
- 하이퍼루프 등 새로운 개념의 교통시설 구축 준비

전략 4-4 : 지능형 국토 · 생활공간 조성과 국토관리 혁신

스마트 도시 · 지역 구축으로 혁신적 생활공간 창출

- 성장 단계 · 지역별로 차별화된 스마트공간 구축
  - 신도시는 신기술이 집약된 지역거점으로 육성
  - 기존도시는 스마트화와 도시재생 연계
  - 농어촌지역은 스마트화와 맞춤형 서비스 제공
- 도시의 가치를 높이는 맞춤형 기술 적용
  - 민간의 창의성을 활용한 스마트 솔루션 적용 확산

디지털윈 가상국토의 구축과 운영

- 디지털윈* 가상국토 플랫폼 기술개발 및 시스템 구축
  - 컴퓨터에 현실 속 사물의 쌍둥이를 만들고, 현실에서 발생할 수 있는 상황을 컴퓨터로 시뮬레이션함으로써 결과를 미리 예측하는기술
- 국토계획 - 환경계획 연계 실행으로 국토의 지속가능성 확보

전략 5. 세계와 함께 번영하는 평화국토 만들기

전략 5-1 : 지능형 국토 · 생활공간 조성과 국토관리 혁신

한반도 신경제구상의 실천과 남북한 경제협력 확대

- 3대 경제벨트와 하나의 시장 구축
  - 환서해벨트(산업 · 특구 협력, 물류망 구축, 서울-평양경제권 형성 등)
  - 환동해벨트(에너지 · 자원관광협력)
  - 접경지역벨트(DMZ 평화지대, 국제생태공원 조성 등)
- 남북한 경제협력 지속 추진과 공동사업 추진
  - 산림 · 하천 · 환경 · 방역 · 보건의료 협력/ 남북공동특구(서해경제공동특구, 동해관광공동특구) 조성
  - 인적 · 물적 교류 확대. 기술 · 제도 협력과 표준화

남북한 교통 인프라 연결 및 현대화

- 도로, 철도 성능 복원 및 현대화(경의선, 동해선) 등
  - 철도는 현대화와 한반도 · 동아시아를 넘은 대륙간 연결, 도로는 동북아지역 내 거점도시들 간 연결
- 한반도 통합 항공망 구축으로 항공 경쟁력 확보

대륙연결 · 개방형 국토 네트워크 구축으로 국가경쟁기반 강화

전략 5-3 : 글로벌 대한민국의 네트워크 역량 강화

글로벌 교류 · 협력의 선도국가 위상 제고

- 동아시아 국가와의 경제협력 확대
  - 유라시아 경제연합과 FTA 체결을 통한 산업협력 증진
- 아시아 - 태평양 교류 · 협력 확대
  - 유럽 - 아시아 - 태평양을 잇는 교통물류 네트워크 확대

글로벌 국토 프론티어 개척 및 시장 확대

- 한국형 도시 개발경험 전수, 지식기반개발 협력사업 활용 확대
  - 플랜트, 건설, 스마트시티 등 한국형 개발 모델 수출
- 개도국 국토개발 지원을 통한 글로벌 국가위상 제고
- 해외진출 인적 네트워크 구축 등 소프트파워 활용 강화

계획의 집행과 관리

계획의 모니터링 구축 · 운영

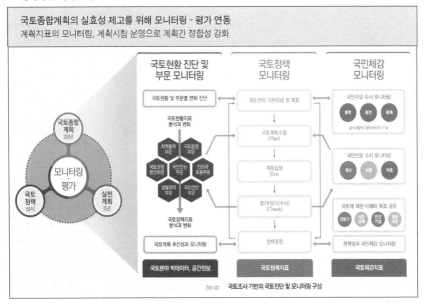

전략 5-3 : 글로벌 대한민국의 네트워크 역량 강화

새로운 중앙 - 지방 협업체계 운영과 광역 국토관리	협력적 국토관리와 국민참여 활성화	계획간 정합성 확보와 정책환류 강화
• 지역발전 계획협약(계획계약제 도)과 연계 추진 및 지속적 운영 기반 확립 • 다지역에 걸친 교통, 인프라 등을 통합적으로 관리하는 광역 국토관 리 강화 • 장소기반형 통합적 지원제도 운영	• 도시권 지자체간 협력적 인프라 구축 및 공동사업 지원 • 도시 - 지역연합, 조합 등 협력적 국토개발 · 이용 · 보전 추진 • 국민참여에 의한 국토관리 활성화 - 국민모니터링단, 국토관리자	• 계획지침을 통해 부문 · 지역계획 과 정합성 확보, 계획평가 연동 전략 2-1 지침예시 • 인구감소가 지속되거나 지역경 제 위축이 심각한 지역들은 축소 에 대응하기 위한 성장관리 방안 을 마련하고, 지역내 유휴 · 방치 공간의 활용과 적정 밀도 · 규모화 를 검토하여야 한다. • 계획지표 모니터링을 통해 조정 권고 등 정책환류 강화 *계획간 조정(국토기본법 20조)

토지투자의 기본 지침, 도시기본계획

반면 도시기본계획은 지방자치단체의 중장기 개발계획을 담은 틀이다. 이 개발계획은 20년 단위로 수립되며 특별시, 광역시, 시 · 군 등이 수립 대상이다. 해당 시 · 군의 중장기 개발계획이 모두 담긴 만큼 '도시 개발청사진'으로 불린다.

지방자치단체장은 인구변화 등을 감안해서 필요하다면 5년마다 이를 변경할 수 있다. 지난 2007년 수도권 31개 지자체 가운데 20곳에서 도시기본계획 수립 및 개편작업이 완료됐으며 용인, 성남, 구리, 안양, 하남, 김포 등 12개 지자체는 건교부(국토교통부) 산하 중앙도시계획위원회의 승인을 받아 도시기본계획을 확정했다.

도시기본계획에 담겨 있는 핵심지표는 인구계획이다. 이에 맞춰 도로 등 기반시설과 주택공급, 경제, 산업 등의 부문별 계획이 세워진다. 계획기간 내 다른 지방자치단체보다 인구계획이 크게 잡혀 있다면 그만큼 지역개발도 많아질 수밖에 없고, 개발이 많아지면 또 그만큼 땅값도 오를 수밖에 없다. 현명한 투자자라면 특히, 도시기본계획으로 확정된 토지이용계획을 눈여겨봐야 한다는 것을 알 수 있을 것이다.

토지이용계획에는 보전할 지역과 개발할 지역이 표시돼 있다. 이 가운데 시가화예정용지는 미래의 개발 잠재력이 크다는 점에서 투자가치가 높다. 도시기본계획도면에서 시가화예정용지는 황색 점으로만 표시된다. 투기를 막기 위해 구체적인 지번 등은 표시되지 않는다.

물론 도시기본계획에 담겨 있는 개발계획이 100% 모두 실현되는 것은 아니다. 중간에 불가피한 사정으로 계획이 변경되거나 폐지되기도 하므로 실제 투자에서는 이를 감안해야 한다.

부동산 투자의 핵심은 '개발 호재가 있는 지역의 토지를 선점하는 것'이라고 단정해도 좋다. 10년, 20년 후의 발전상 꿰고 있다면 그것이 곧 금맥이나. 즉 땅값 상승요인 중에는 개발재료가 절대적인 비중을 차지하기 때문에 투자 수익을 올리기 위해서는 해당 지역의 개발계획을 꿰뚫어보기 위한 공부에 전력을 쏟아야 한다.

일반 투자자들 중에는 전적으로 귀(소문)에 의존해서 땅을 매입하는 경우가 많다. 하지만 개발 호재를 들먹이는 부동산 업자의 말만 믿고 투자에 나서는 것은 상당히 위험하다. 한순간에 낭떠러지로 떨어지게 될 가능성이 높다. 즉 무엇보다 부동산 정보에 대한 가치를 판단할 수 있는 '내공'부터 쌓아야 하는 것이다.

한 가정의 살림살이에도 계획이 있다. 하물며 우리나라 국토개발을 책임지는 정부 또는 지방자치단체가 중장기 발전계획을 세워 시행하는 것은 지극히 당연한 일이다. 국토에 관한 계획은 수직적으로는 국토종합계획 → 도종합계획 → 시·군종합계획으로 일원화 되어 있다. 쉽게 말해서 정부가 전 국토에 대한 개발계획의 기본적인 '골격'을 세우면 광역시·도가 '뼈와 살'을 붙이고 이를 근거로 일선 시·군 지방자치단체가 '실핏줄'을 연결해 나가는 작업으로 이해할 수 있을 것이다.

따라서 만약 대구, 경북지역의 향후 발전에 대한 비전 및 계획에 대해 숙지한 뒤에 부동산 투자에 나서고 싶다면 무엇보다 먼저 대구 도시기본계획을 손에 넣어야 한다. 20년 단위의 장기계획인 도시기본계획에는 토지이용, 교통, 환경, 문화 등 지역의 기본적인 공간구조와 장기적인 발전 방향이 종합적으로 수립돼 있다. 더 나아가 구체적인 도시 개발 방향, 도시지표, 도시의 기본 구상, 인구배분계획, 토지이용계획, 교통계획, 공공시설계획, 환경 또는 녹지계획 등이 포함돼 있다.

수 년 전부터 언론을 통해 발표되고 있는 어떤 지역에 대한 굵직굵직한 사업들은 어느 날 갑자기 만들어지는 것이 아니라 미리 세워진 개발계획에 의해 진행되고 있는 것이다. 따라서 지역의 개발을 예상할 수 있는 해당 지역 도시기본계획은 부동산 투자자 입장에서는 유용한 투자안내서 수준을 뛰어넘는 나침반 역할을 한다고 할 수 있다.

그럼에도 불구하고 부동산 투자에서 국토종합계획 또는 각 지역별 도시기본계획이 바로 보물지도와 같은 역할을 하고 있다는 사실을 인지하고 있는 사람은 극소수에 불과하다. 많은 사람들이 자신과는 무관하다고 생각하고 그냥 무시해버린다.

하지만 부동산 투자 고수들은 해당 지역의 10년, 20년 후의 미래 발전상을 훤하게 꿰고 투자에 나선다. 바로 이러한 점을 꼭 기억해 두어야 한다.

도시기본계획에 숨어 있는 투자의 미래가치

투자지침으로서의 도시기본계획 이해

주무관청인 국토교통부를 거치면 각 광역자치단체 그리고 시·군 지역으로 내려와서 종합계획을 살펴본다. 경기도를 예로 들어 설명하자면, 종합계획은 10년 단위로 세워진다. 목차를 보면 계획의 개요와 기본 방향, 부문별 전략계획, 지역별 전략계획, 실행계획의 순으로 만들어지며 계획의 개요에는 수립 배경과 목적, 성격과 범위, 현재 경기도의 현황과 여건을 분석하고 과제를 만들어낸다.

보통 여기까지의 단계는 정부와 지자체의 성향에 따른 영향을 크게 받지 않지만 다음에 나오게 되는 계획의 기본 방향에서는 지자체장의 색깔이 많이 묻어나게 된다. 즉 비전과 목표, 지표 설정, 공간구조 형성 그리고 마지막으로 추진 전략에 핵심적인 내용이 포함되는데, 여기서 공약이나 핵심개발 사항을 전략으로 추가하고, 부문별 지역별 전략을 계획하는 것이다.

마지막으로 중요한 실행계획에서는 실행에 필요한 관리체계와 사업예산에 관한 계획을 마련한다. 투자자가 주의 깊게 분석해야 할 대목이다. 광역자치단체에서 시·군으로 내려 보내 기준으로 삼는 계획이므로 관할 시·군의 기본계획, 관리계획과 연계해서 개발이 이뤄지는 방향과 예산의 집행 상황 등을 면밀히 살펴봐야 한다.

다음으로 살펴봐야 할 대목은 매해마다 발표되는 주요 업무계획이다. 가히 투자자들이 보석을 다루듯 정말 세심하게 살펴야 할 서류로 여기에는 각 지자체의 기본적인 일반 현황(인구, 면적, 조직 등)과 예산 현황이 기록돼 있다. 또한 말 그대로 그 해의 중요한 역점 업무를 기록해 놓았기 때문에 샅샅이 훑어야 하는 것은 당연한 일이다.

마찬가지로 각 지자체에도 기본계획과 관리계획이 있으며 그 기본적인 틀은 같다. 대부분의 개발사업들이 장기적인 실행으로 진행되기 때문에 기본계획을 모른다면 그 지자체를 모른다고 말할 수 있다. 지자체의 관리계획은 프로젝트 성격이 많기 때문에 기본계획에 전략이 세워진 경우 그 계획기간에 맞춰 세밀한 전술을 편다고 생각하면 된다.

이제는 모든 사업이 투기와 난개발 방지를 위해 사전협의 절차가 강화되고 대부분의 정보가 공개되기 때문에 수익을 실현하는 데 훨씬 더 어려움을 느낄 수밖에 없다. 하지만 여전히 투자 목표와 이용 범위, 입지를 잘 선택한다면 언제든지 훌륭한 투자를 할 수 있는 기회는 남아 있다. 물론 과욕은 금물이다. 이것을 명심해야 한다. 리스크는 항상 존재한다는 점을 명심하고 투자 전략을 잘 수립해야만 좋은 결과를 얻을 수 있다.

도시기본계획 마스터

다음 그림에서 보여주고 있는 국토 · 도시계획체계 중 도시계획에 해당하는 것은 광역도시계획-도시기본계획-도시관리계획의 3가지이다. 이중에서 광역도시계획은 장기적인 발전 방향을 제시한다는 점에서는 도시기본계획과 유사하지만 2개 이상의 행정구역에 대한 계획이라는 차이가 있다.

한편 같은 행정구역을 대상으로 수립되고, 국민의 삶과 밀접하게 연관돼 있는 나머지 2개 계획에도 다른 점이 있다.

우선 도시기본계획은 대상지역의 공간구조 변화에서 사회 경제적인 측면까지 도시의 미래상을 제시한다. 반면 도시관리계획은 이러한 발전 방향을 도시공간에 구체화하고 실현시키는 계획이며, 법적인 구속력을 가진다는 점에서 도시기본계획과 다르다.

먼저 국토계획법에 해당하는 것 중에서 도시기본계획에 대한 개념을 익히도록 해야 한다.

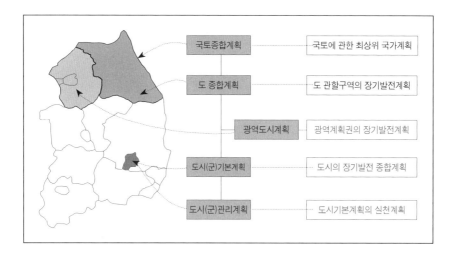

예 : 2030 서울 도시기본계획, 2030 대구 도시기본계획

요약하자면 특별시 · 광역시 · 시 또는 군의 관할구역에 대하여 기본적인 공간구조와 장기적인 발전 방향을 제시하는 종합계획으로서 도시관리계획 수립의 지침이 되는 계획이다.

국토계획법에 의한 법정 계획으로서 ① 물적 측면뿐만 아니라 인구 · 산업 · 사회개발 · 재정 등 사회 경제적 측면을 포괄하는 종합계획, ② 상위계획인 국토종합계획 · 광역도시계획의 내용을 수용하여 도시가 지향하여야 할 바람직한 미래상을 제시하고 장기적인 발전 방향을 제시하는 종합계획이다.

지역적 특성	·○○시는 아파트가 주택 유형의 70.2%를 차지하고 있으며,…	계획의 방향과 목표	· 살맛나고 행복한 생태문화도시
경제와 산업	·21세기 미래형 산업구조 개편으로 국제적인 첨단정보도시	사회, 문화	· 어린이와 청소년 보호 및 인권신장 · 무장애 사회의 실현
공간구조	· 중부권의 통합거점 형성	생활권 설정과 인구분배	· 유형별 생활권 설정 · 광역생활권은 지역산업 공동지원시스템 구축
토지의 이용과 수요공급	· 지속가능한 토지이용 · 핵심전략사업 추진을 위한 토지수급체계	환경의 보전과 관리	· 환경친화적 이동수단의 선택 · 깨끗하고 쾌적한 대기환경의 조성
기반시설	· 편의시설 및 복지시설을 공원 중심으로 확충	공원과 녹지	· 도시의 생태적 건강성 유지 · 합리적 공원계획을 위한 정량자료 구축
경관	· 도시 이미지에 부합하는 경관 형성 · 주민참여형 도시경관 형성	도심과 주거환경 정비, 보전	· 도심기능의 강화 · 수요지 중심의 주거공급을 통한 미래성 확보
교통과 물류체계, 정보통신	· 기존 및 신설 교통망의 효율적 연계 · 지역정보화 종합계획의 수립을 통한 정보화 인프라의 고도화	미관	· 주변환경과 부합하는 공공 디자인 · 공공 디자인 교육 및 지원체계 구성
방재와 안전	· 안전도시의 구현 · 재난재해에 안전한 방재체계의 확립	재정확충 등	· 자주재원 확충 · 민간자본 유치

이것을 다시 정리하자면 도시기본계획은 ① 시·군 행정의 바탕이 되는 주요 지표와 ② 토지의 개발·보전, ③ 기반시설의 확충 및 효율적인 도시관리 전략을 제시하여 ④ 하위계획인 도시관리계획 등 관련 계획의 기본이 되는 전략 계획으로 볼 수 있다.

도시기본계획은 특별시장·광역시장·시장·군수(광역시 안에 있는 군은 제외)가 관할구역에 대해 계획 수립시점으로부터 20년을 기준으로 수립하고, 연도의 끝자리는 0년 또는 5년으로 해야 한다. (서울시의 경우 2020년 서울도시기본계획을 수립)

세부사항으로 도시기본계획은 다음에 대한 부문별 정책 방향을 포함해야 한다.

① 지역적 특성 및 계획의 방향·목표에 관한 사항

② 공간구조, 생활권의 설정 및 인구 배분에 관한 사항

③ 토지의 이용 및 개발에 관한 사항

④ 토지의 용도별 수요 및 공급에 관한 사항

⑤ 환경의 보전 및 관리에 관한 사항

⑥ 기반시설에 관한 사항

⑦ 공원 · 녹지에 관한 사항

⑧ 경관에 관한 사항

⑨ 공간구조 및 경관에 관한 사항의 단계별 추진에 관한 사항

⑩ 그밖에 국토계획법 시행령 제15조에서 정하는 사항

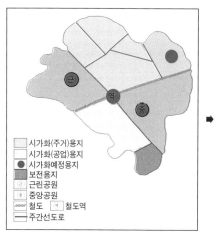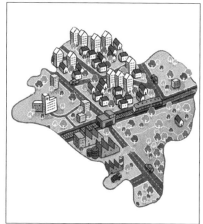

특별시 · 광역시의 경우 도시기본계획의 수립 절차는 다음과 같다.

① 도시기본계획(안) 수립

② 공청회 개최(주민 및 관계전문가의 의견청취)

③ 도시계획상임기획단 검토

④ 지방도시계획위원회 자문

⑤ 중앙행정기관의 장 협의

⑥ 전문기관의 자문 및 조사연구 의뢰

⑦ 중앙도시계획위원회 승인

⑧ 도시기본계획 공고 일반인에게 열람

특별시장 · 광역시장 · 시장 또는 군수는 5년마다 관할구역의 도시기본계획
에 대하여 타당성 여부를 전반적으로 재검토하여 이를 정비하여야 한다.

도시기본계획의 수립기준

① 특별시 · 광역시 · 시 또는 군의 기본적인 공간구조와 장기 발전 방향을
제시하는 토지이용 · 교통 · 환경 등에 관한 종합계획이 되도록 할 것.

② 여건 변화에 탄력적으로 대응할 수 있도록 포괄적이고 개략적으로 수립
하도록 할 것.

③ 도시기본계획을 정비할 때에는 종전의 도시기본계획의 내용 중 수정이
필요한 부분만을 발췌하여 보완함으로써 계획의 연속성이 유지되도록
할 것.

④ 도시와 농어촌 및 산촌지역의 인구밀도, 토지이용의 특성 및 주변 환경
등을 종합적으로 고려하여 지역별로 계획의 상세 정도를 다르게 하되,
기반시설의 배치계획, 토지 용도 등은 도시와 농어촌 및 산촌지역이 서
로 연계되도록 할 것.

⑤ 부문별 계획은 도시기본계획의 방향에 부합하고 도시기본계획의 목표
를 달성할 수 있는 방안을 제시함으로써 도시기본계획의 통일성과 일관
성을 유지하도록 할 것.

⑥ 도시지역 등에 위치한 개발 가능 토지는 단계별로 시차를 두어 개발되도록 할 것.

⑦ 녹지축 · 생태계 · 산림 · 경관 등 양호한 자연환경과 우량농지, 보전목적의 용도지역 등을 충분히 고려하여 수립하도록 할 것.

토지적성평가 체계 지표군

구분	지표별			주제도
	물리적 특성 지표	지역적 특성 지표	공간적 특성 지표	
내용	· 경사고도 · 표고	· 도시용지 비율 · 용도전용 비율 · 경지정리 면적 비율 · 전답과수원 비율	· 기개발지와의 거리 · 공공편익시설과의 거리 · 경지정리 지역과의 거리 · 공적규제 지역과의 거리	· 국토이용계획도 · 도시계획 · 지목관련 · 공공편익시설 현황 · 산지이용구분 · 농지이용구분 · 생태자연도 · 임상도 · 문화재 보호구역 · 상수원 보호구역 · 전통사찰 보전구역 · 민통선 지역 · 사방지 지역 · 개발단지

평가특성	평가지표군
물리적 특성	경사도, 표고, 재해발생 위험지역
지역 특성	도시용지비율, 용지전용비율, 도시용지, 인접비율, 경지정리면적비율, 전 · 답 · 과수원면적비율, 농업진흥지역비율, 생태자연도 상위등급비율, 공적규제지역면적비율, 녹지자연도 상위등급비율, 임상도 상위등급비율, 보전임지비율, 지가수준
공간적 입지특성	지개발지와의 거리, 공공편익시설과의 거리, 경지정리지역과의 거리, 공적규제지역과의 거리, 도로와의 거리. 하천 · 호소 · 농업용 저수지와의 거리

토지적성 평가에 사용된 DB 종류 및 출처

구분			관리기관	축척	비고
지적도	지적도면 전산자료		시 · 군 지적과	1,500, 1,000, 1,200, 1:6,000 등	CAD
	지형도	수치지형도	시 · 군 도시과	1:5,000	CAD
도면 자료	주제도	자연환경현황도 (생태자연도, 임상도)	환경부	1:25,000	Geomedia
		산림이용기본도	시 · 군 산림과 산림청 (임업연구원)	1:25,000	도면, 대장, Arcgis
		집수구역도 (저수지 현황 전산자료)	농업기반공사	1:25,000	Arcgis
		수치지질도(연약지반)	한국지질자원연구원	1:50,000	Arcgis
		국토이용계획도	도시과, 산림과, 농지과	1:5,000	낱도곽
		상수원보호구역도	수도사업소	1/1,200	도면, 대장
		하천 현황도	도시과	1/5,000	CAD
		산업단지지역	도시과	1/1,200	CAD
		택지개발지역	도시과	1/1,200	CAD
		문화재 보호구역 (전통사찰 보전구역 현황도)	문화체육과과	-	대장
		농업진흥지역	농지과	1/5,000	도면
		군사보호시설구역 해재 · 완화지역	시 · 군	1/15,000	도면
		도시계획도	시 · 군 도시과	1/1,200	CAD
		묘지, 채석장	시 · 군	-	도면
		사방지 현황도	산림과	-	도면
		관광지	문화체육과	1/1,200	CAD
		수치지질도	한국지질자원연구원		도면
		공공편익시설(학교, 관공서, 역사, 화물터미널, 버스터미널)	시 · 군 도시과 기관홈페이지		
속성 자료	개별 공시지가 자료		시 · 군 도시과		전산자료
	국공유지 자료		도시과		대장

토지투자를 위한 도시기본계획 분석법

도시기본계획은 국토종합계획·광역도시계획 등 상위계획의 내용을 수용하여 도시가 지향해야 할 바람직한 미래상을 제시하고 장기적인 발전 방향을 제시하는 정책 계획이다.

도시기본계획은 도시의 물적·공간적 측면뿐 아니라 환경·사회 경제적인 측면을 모두 포괄하여 주민의 생활환경의 변화를 예측하고 대비하는 종합계획이다. 도시행정의 바탕이 되는 주요 지표와 토지의 개발 및 보전, 기반시설의 확충 및 효율적인 도시관리 전략을 제시함으로써 하위계획인 도시관리계획 등 관련 계획의 기본이 되는 전략 계획이다. 따라서 당해 도시기본계획이 수립되는 도시 내에서 다른 법률에 의한 환경, 교통, 수도, 하수도, 주택 등에 관한 부문별 계획을 수립할 때에는 반드시 도시기본계획의 내용과 부합되게 하여야 한다.

이처럼 도시기본계획은 도시개발 방향, 도시지표, 도시에 대한 기본 구상, 인구배분계획, 토지이용계획, 교통계획, 통신계획, 공공시설계획, 산업개발계획, 환경계획, 공원녹지계획, 행정·재정계획 등을 포함한 종합계획이기 때문에 부동산 투자에 있어서 매우 중요한 나침반으로 활용된다.

도시기본계획의 분석 과정은 해당 시·군의 기본정보를 분석하고 도시기본계획을 바탕으로 현재와 미래의 도시 상황을 파악하는 것으로부터 시작된다. 다음으로 성장축이나 교통축처럼 도시기본계획에서 중요하게 다루는 점들을 짚어본 후 투자 포인트를 점검하면 한눈에 유망한 투자 지역을 파악할 수 있게 된다.

예를 들어 도시기본계획에 시가화예정용지나 산업단지 등으로 개발이 예정되어 있는 지역이 있다면, 도시계획 도면을 일반지도와 겹쳐 보면서 향후 어느 방향으로 아파트나 공장이 들어설지, 교통의 흐름은 어떻게 형성될지, 사람들이 가장 많이 모이는 곳은 어디가 될지, 향후 도시계획이 변경되어 개발될 여지가 많은 지역은 어디가 될지 등등을 예측하면서 도시기본계획을 면밀히 분석해야 가치 있는 토지를 선점할 수 있을 것이다.

도시기본계획의 목표년도와 계획인구 파악

도시기본계획은 계획수립 시점으로부터 20년을 기준으로 하되, 시장·군수는 5년마다 도시기본계획의 타당성을 전반적으로 재검토하여 이를 정비하고, 여건 변화로 인하여 내용을 일부 조정할 필요한 경우에는 도시기본계획을 변경할 수 있다. 실제 대부분의 도시기본계획은 수시로 변경되고 있다.

현재 일부 도시에서는 이미 2030년 도시기본계획이 확정 고시된 지역도 있고, 대부분의 시·군에서도 2030년 도시기본계획을 수립 중이며 조만간 확정될 예정이다. 따라서 이미 나왔거나 나오게 될 2030년 도시기본계획의 방향에 따라 10년, 20년 뒤의 부동산시장을 미리 그려볼 수 있을 것이다.

여기에서 중요하게 보아야 할 것은 목표년도가 바뀌게 된 후의 계획인구나 성장축, 교통축과 같은 내용들이다. 도시기본계획의 핵심 가운데 하나라고 할 수 있는 계획인구는 주택계획을 수립하는 기초 재료가 될 뿐만 아니라 도시의 미래 경제력을 예측하는 기본 자료가 되며, 동시에 각종 기반시설계획 수립의 기초가 된다. 그러므로 계획인구가 과도하게 설정되었다는 것은 곧 도시의 경제력을 지나치게 낙관적으로 예측했다는 것을 의미하는 한편 과도한 주택공급에 따른 자산가치 하락이나 불필요한 기반시설 설치에 따른 자원 낭비 문제를 유발하게 된다. 이 계획인구 변수 하나만으로도 도시의 미래가치가 달라질 수 있고 그에 따라 투자가치 역시 크게 달라질 수 있다.

2014년 재수립된 2030년 수원 도시기본계획에서는 공공기관 종전 부지, 첨단산업단지 조성, 당수동 및 중앙공원, 학교환경개선 등이 반영돼 2030년 인구규모 약 131만 5천 명을 수용하는 수도권 남부 중심도시로서의 비전을 제시했다. 특히, 동수원 지역에 비해 낙후된 서수원 지역의 균형 발전을 위해 지식기반 R&D 단지 조성, 시가화예정용지와 공원 67만 1천 ㎡가 계획에 반영돼 지속 발전이 가능하도록 했으며, 부동산경기 침체와 사업성 결여 등으로 인해 추진에 어려움이 있던 공업용지는 공업지역 재배치 계획을 통해 공업용지 대체 예정 물량 40만 ㎡를 추가로 반영, 도시의 자족성에 기여할 수 있도록 했다.

도시기본계획상 개발축과 교통축 파악

도시기본계획은 도시의 공간구조와 생활권을 설정하고 이를 기초로 개발 방향과 콘셉트를 결정한다. 따라서 향후 어떤 도시가 어떤 공간구조로 재편되는지, 각 생활권에는 어느 정도의 계획인구가 설정되고 각 생활권에 부여된 핵심기능은 무엇인지를 살펴본 후 그에 부합되는 투자 전략과 투자 대상을 선별해야 한다. 또한 도시기본계획에서 제시하는 단계별 개발계획에 따라 개발 압력이 몰릴 것으로 예상되는 지역을 선점하는 전략을 수립해야 한다.

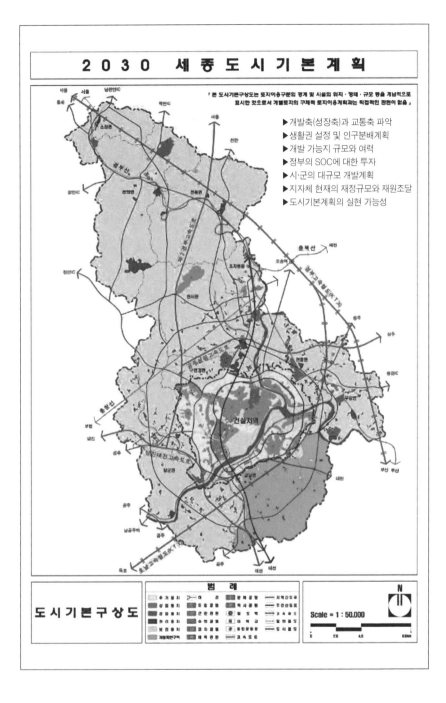

2030 세종도시기본계획

「 본 도시기본구상도는 토지이용구분의 경계 및 시설의 위치 · 형태 · 규모 등을 개념적으로
표시한 것으로서 개별토지의 구체적 토지이용계획과는 직접적인 관련이 없음 」

▶ 개발축(성장축)과 교통축 파악
▶ 생활권 설정 및 인구분배계획
▶ 개발 가능지 규모와 여력
▶ 정부의 SOC에 대한 투자
▶ 시·군의 대규모 개발계획
▶ 지자체 현재의 재정규모와 재원조달
▶ 도시기본계획의 실현 가능성

도시기본구상도

범 례

Scale = 1 : 50,000

토지투자에서 특히, 중요하게 고려해야 할 사항은 개발이 가능한 토지 및 개발축, 교통축 등이다. 이를 통해 돈이 흐르는 금맥을 찾을 수 있기 때문이다. 예를 들어 세종시를 보면 2030년 세종시 도시기본계획안에 따라 도시의 공간구조 설정과 관련 '다핵 분산형' 구조로 '1도심 1부도심 1지역 중심 8지구 중심'을 제시하고 있다.

이에 따르면 ▲예정지역 : 하나의 도심으로 설정한 도심기능 강화 ▲조치원읍 : 북측 읍·면지역의 부도심기능 부여 ▲읍·면지역 : 각각의 지역 지구 중심을 통한 생활권 형성 등이다.

도시 개발축으로 ▲도시 개발축(국도 1호선) 조치원~예정지역 ▲산업 및 연구개발축(외곽 고속순환도로) 전동~부강~금남 ▲관광·휴양 1축 운주산~남성산~장군산~꾀꼬리봉 ▲관광·휴양 2축 봉화재~은적산 ▲수변·생태축 금강~미호천 등을 제안했다.

이와 함께 생활권 설정 및 인구배분계획에 따른 4지역 생활권으로 ▲예정지역과 읍·면지역을 연계한 생활권 구분에 관해 설명했다.

도시기본계획의 실현 가능성과 효과 분석

최근에는 국토개발사업의 둔화와 복지로 정치적 관심이 집중되면서 정부의 SOC에 대한 투자나 시·군의 대규모 개발계획에 대한 지원이 감소하고 있다. 또한 부동산시장의 침체와 더불어 도시기본계획상 예정되어 있던 교통시설이나 택지개발사업이 축소되거나 취소되는 경우도 종종 발생하고 있다.

따라서 계획 수립 당시에 현실적인 여건을 감안하지 못하고 목표를 설정하였거나(과다한 목표 설정), 법률적인 문제나 주민들의 반대 등으로 계획 실현의 어려움이 있는 경우(계획의 잘못) 그리고 집행 과정에서 재정적인 문제로 실천이 어려운 경우(재정 지원의 부족)도 있으므로 도시기본계획상 제시된 대규모 개발계획에 대해서는 보다 면밀한 분석이 필요할 것이다. 특히 대부분의 지자체가 현재의 재정 규모를 바탕으로 목표년도까지의 재정 규모 전망을 제시하고 있고, 재원조달 방안도 원칙적인 내용만을 수록하고 있으며 부문별 계획에서 제시한 각종 지표에 대한 달성 가능성 및 재원조달 방안에 대해서는 검토가 미흡한 실정이다.

또한 시·군 자체의 도시기본계획이 실행되더라도 상위계획 및 인접 시·군 도시기본계획상 개발축 연계가 미흡한 경우에는 그 효과가 반감될 수밖에 없는 경우도 있으므로 국토종합계획, 도 종합계획, 광역계획 등과 같은 상위계획뿐만 아니라 인접한 시·군의 도시기본계획도 함께 비교분석하여 투자여부를 결정해야 할 것이다.

Tip.
어느 지자체나 도시기본계획 수립은 아래와 같은 목차를 가지고 입안

▶ 도시기본계획의 정해진 목차는?
1. 지역의 특성과 현황
2. 계획의 목표와 지표의 설정(계획의 방향, 목표, 지표 설정)
3. 공간구조의 설정(개발축 및 녹지축의 설정, 생활권 설정 및 인구배분)
4. 토지이용계획(토지의 수요예측 및 용도배분)
5. 기반시설(교통, 물류체계, 정보통신, 기타 기반시설계획 등)
6. 도심 및 주거환경(시가지 정비, 주거환경계획 및 정비)
7. 환경의 보전과 관리
8. 경관 및 미관
9. 공원. 녹지
10. 방재 및 안전
11. 경제·산업·사회·문화의 개발 및 진흥(고용·산업·복지 등)
12. 계획의 실행(재정확충 및 재원조달. 단계별 추진전략)

▶ 도시기본계획 400쪽을 10쪽으로 만들어라
▶ 대박 키워드는 : 첨단, 산업, 핵심, 중심, 공업, 상업, 역세권
▶ 쪽박 키워드는 : 문화, 역사, 자연, 환경, 공원, 수변, 녹색

실전 활용을 위한 도시기본계획 요소들

토지경매 입찰 전에 먼저 도시기본계획을 보라

투자 대상 부동산을 고를 때 토지 용도가 바뀌는 곳은 좋은 선택일까?

정답을 먼저 말하자면, 지방자치단체의 도시계획이 변경되는 토지나 고밀도개발이 가능하도록 바뀌는 용도지역 내의 도지나 건물 등 부농산을 노려보는 것은 좋은 선택이다.

다음의 사례가 그런 경우다.

서울 종로에서 의료기기 사업을 하는 박○○(53) 씨는 여윳돈을 활용해 투자할 곳을 찾던 중 절친한 현지 중개사로부터 주택 매입을 권유받았다. 고밀도개발이 가능한 용지지역 주택이므로 일정 기간만 보유한다고 해도 충분히 높은 수익을 올릴 수 있을 것이라며 여러 차례 추천한 것이다.

토지투자에 관심을 가지고 좀 더 저렴한 금액으로 토지를 매입하기 위해 경매로 나온 토지에 투자하는 사람들이 많다. 비록 시세보다 낮은 금액으로 토지를 낙찰 받게 된다고 하더라도 토지투자로 수익을 올리기 위해서는 지가 상승으로 시세차익이 일어나야 하는 법이다. 아무리 싸게 샀다고 하더라도 땅값이 오르지 않는다면 돈만 묶이게 되거나 투자금조차 회수하기 어려운 상황에 빠지게 된다.

꽤 많은 투자자들이 경매로 낙찰 받은 토지의 지가가 오르지 않아서 고민을 하다가 필자를 찾아 상담을 해 주었는데, 이런 문제가 생기는 이유를 찾아보도록 하자.

비전문가들이 경매에 입찰을 할 때는 어떻게 접근해야 하는가?

경매도 당장의 수익은 아니더라도 가까운 미래 혹은 어느 정도의 장래를 내다보고 시세차익을 얻고자 하는 투자다. 따라서 기본적으로 정부의 개발계획에 들어 있는지를 먼저 파악해야 한다.

토지경매를 하기 전에는 반드시 도시기본계획을 잘 살펴본 다음 입찰하고자 하는 토지가 개발 계획의 테두리 내에서 지가가 상승할 만한 분명한 이유를 가지고 있는지를 파악해야 한다. 물론 잘 알고 있는 지역의 토지를 낙찰 받아 시세차익을 노리는 것이 아니라 귀농이나 전원생활을 할 목적을 가지고 투자한다면 상관없을지도 모르겠다. 하지만 이 또한 차후 매도를 해야 할 상황이 되었을 때 시세차익을 얻기 위해서는 주변 지역의 개발 계획에 대해 세심하게 대처해야 한다.

경매 전 반드시 도시기본계획을 확인하라

도시기본계획에는 해당 지자체가 앞으로 20년 혹은 30년간 관할구역을 대상으로 신규 개발지역, 신규 도로, 신규 철도 등을 설치하고자 하는 계획이 들어 있다.

대부분은 좀 더 장기적으로 지자체의 발전 및 인구증가를 목적으로 하는 개발계획을 세우는데, 작은 땅 하나를 매입하더라도 이런 세세한 부분까지 파악해 두지 않는다면 토지경매를 통해 수익을 얻기는 힘들다.

따라서 경매에 입찰하기 전에는 반드시 입찰하고자 하는 토지가 있는 해당 지자체 홈페이지 등에 접속해 도시기본계획을 찾아보거나 직접 방문해 도시기본계획에 대한 계획 방향 등을 확인해야 한다.

2035 용인시 토지이용계획 구상도

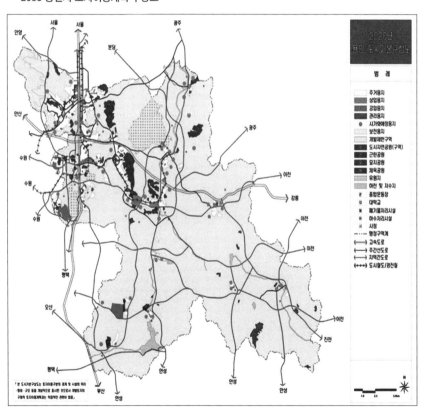

인구배분계획, 토지이용계획 분석하라

땅값이 오르는 데 직접적으로 가장 큰 영향을 주는 것은 바로 인구다. 산업단지가 들어오거나 대형 관광단지가 들어설 때 땅값이 오르는 이유 역시 인구증가 혹은 유동인구의 증가 때문이다. 인구가 많은 서울 땅값이 가장 비싼 것은 당연하다.

일단 토지이용계획을 잘 살펴봐야 한다. 토지이용계획에는 주거, 상업, 공업지역 등의 '시가지'를 개발하기 위한 건설계획이 들어 있다.

만약 도시기본계획상 인구가 2만 명에서 8만 명으로 증가할 것으로 예측하면서 시가지 면적 비율을 3%에서 30%로, 인구증가 목표에 비해 시가지가 훨씬 더 커지는 것으로 계획되어 있다고 해보자. 이것은 입주할 기업들이 주로 개별입지형 공장 혹은 기업형 물류단지 등의 산업과 관련된 시설로 개발될 확률이 높다. 이러한 지역은 개발 압력으로 인해 지가상승을 기대해볼 수 있는 곳이다.

반면 시가지 면적 대비 인구만 증가하는 것으로 계획되어 있는 지역은 재개발이나 재건축을 통해 주택공급을 늘리고자 하는 계획의 측면으로 이해하여야 한다. 이런 지역에 대해서는 다가구, 다세대 등의 지분투자로 수익을 올리는 것이 좋다.

투자 사례

박○○씨는 중개업자로부터 서울 구로구에 위치한 공장 주변의 허름한 단독주택을 소개받았다. 매입 당시에는 공장들이 몰려 있었지만 곧 철거되고 아파트단지가 들어서게 될 재개발지구 인근의 주택이었다. 구청의 개발계획이 발표된 시점이었으므로 어느 정도 투자성을 가늠할 수 있었으며, 12미터 도로를 끼고 있어 개발 여건이 무르익을 경우 상가주택이나 상가 건물을 지으면 양호한 임대수익을 기대할 수 있을 것으로 판단됐다.

대지 198㎡인 주택을 평당 530만 원에 매입했는데, 당시 시세는 600만 원을 호가하고 있는 상황이었다. 토지소유자가 고령이어서 급하게 매도하고자 내놓은 물건이어서 비교적 싼값에 매입할 수 있었던 것이다.

일단 이 주택을 매입해놓고 주변에 아파트가 들어설 때 주변 상권에 맞춰 건축할 계획이었지만 얼마 뒤 신시가지 조성계획이 속속 발표되면서 주변은 아파트 분양현장으로 바뀌었고, 따라서 땅값이 크게 올라 평당 750만 원을 호가하기 시작했다.

단순히 시세차익을 보기 위해 매입한 것은 아니었지만 박○○ 씨는 적당한 매매 차익을 챙기고 매도해 사업자금으로 활용하는 편이 유리하다고 판단한 뒤 매입 1년 2개월만에 평당 730만 원을 받고 매도했다. 평당 200만 원, 1억 3,000만 원의 시세차익을 챙긴 셈이다.

사례를 통해서 본 것처럼 투자에 관심을 가지고 있는 지역에서 도시계획 변경지역의 주택이나 토지를 잘 고르면 짭짤한 투자수익을 기대할 수 있다. 지자체의 도시계획 변경에 따라 지역의 성장 여지가 달라지고 토지의 활용가치가 달라진다.

사례에서처럼 기존 대규모 공업지역을 아파트부지로 개발하려면 공장부지 또는 자연녹지에서 주거지역으로 용도를 변경해야 한다. 이러한 과정에서 지방자치단체는 신문에 '도시계획 결정 및 변경 결정공람 공고'를 게재하거나 관보 등에 올려 이해관계인으로부터 의견을 듣게 된다.

이때 지자체는 일반인이 알기 쉽게 공람기간, 공람장소(지자체 도시계획과), 도시계획 용도지역 변경결정안과 위치·면적까지 상세하게 공고한다. 공람기간은 일반적으로 14일 정도인데, 이것은 일반인들로부터의 의견을 수렴하고 관할 관공서로부터 도시계획 변경에 따른 의견을 조율하는 기간이다.

공업지역이나 일반주거지역에서 준주거·상업지역으로 바뀌면 우선 건물의 용적률이 높아진다. 주거지역은 용적률이 낮지만 준주거지나 상업지는 최고 800% 이상으로 용적률이 높아지고, 주거지역에는 지을 수 없는 용도 건물인 오피스텔, 주상복합건물, 상업시설 및 경우에 따라 집객시설(호텔·예식장) 등의 건물을 지을 수 있게 된다. 또한 용적률이 높아지면 해당 지역 및 주변의 부동산 가치가 뛰기 때문에 땅값도 크게 오른다. 서울의 용산 삼각지지역 일대, 양천구 목동, 영등포구 문래동, 수유전철역 주변이 공업·주거지에서 주거·상업지역으로 용도가 변경돼 땅값이 크게 상승한 지역들이다.

일반인들이 도시계획 변경내용을 확인하기 위해서는 두 가지 방법이 있다. 하나는 언론매체를 통해 지역정보를 얻는 것이고, 또 다른 하나는 지역 중개업소나 관할 지자체를 찾아가 개발 관련 정보를 습득하는 것이다.

하지만 무엇보다 사전에 관할 지자체를 이용하는 것이 가장 신속하게 정보를 얻을 수 있는 방법이다. 시·군·구청 도시계획과 관련부서에서는 그 지역 도시를 스케치하는 역할을 담당한다. 또한 지역 중개업소의 정보를 활용하는 것도 뒷북이기는 하지만 신뢰성이 있는 자료를 확보할 가능성이 크다.

이때 주의할 점은 도시계획 변경지역이라고 해서 모두 고밀도개발이 허용되는 것은 아니라는 것이다. 지자체마다 무분별한 과밀 개발을 억제하기 위해 용적률을 낮추는 추세이므로 투자를 하기 전에 도시계획 변경 대상지인지 확인하기에 앞서 지자체가 건축을 엄격히 제한하는 지역인지 등에 대해 확인을 해 두는 것이 좋다.

대체로 보면 역세권 반경 1킬로미터 이내의 지역은 고밀도개발을 허용하는 추세이므로 역 주변을 중심으로 투자지역을 고르는 것이 좋다. 상세계획구역으로 지정되면 향후 토지 가치가 높아지지만 구역 지정이 된 다음 2년 정도는 건물을 새로 신축할 수 없다. 매매를 하더라도 구분등기가 아닌 지분등기 형태로 나오면서 권리행사에 제약이 따르기도 하므로 투자에 신중을 기해야 한다.

고급정보는 주민공람을 활용하라

행정용어로서 열람閱覽은 행정관청의 행정사항에 대한 결정, 인가, 변경 등에 있어 일반시민, 주민, 이해관계인의 의견을 듣기 위해 일정 기간 동안 관계서류 등을 공개하는 절차 행위를 말하며, 열람공고는 이러한 열람의 주요 내용과 열람 기간, 열람 장소 등을 널리 알리는 행위를 말한다.

특히 도시계획의 결정, 인가, 변경은 경우에 따라 다양한 사회적 영향을 미칠 수 있으므로 국토계획법에서는 도시관리계획을 입안하는 경우 국방상 또는 국가안전보장상 기밀을 요하는 사항이나 일부 경미한 사항 이외에는 열람공고를 통한 주민의견 청취를 의무화하고 있다. 또한 기반시설 부담구역의 지정 및 기반시설 부담계획을 수립하거나 도시계획시설에 대한 실시 계획을 인가하는 경우도 함께 규정하고 있다.

주민공람에 참석하라
▶ 지자체는 공람기간, 공람장소(지자체 도시계획과), 도시계획 용도지역 변경결정안과 위치, 면적까지 일반인도 알기 쉽게 상세하게 공고한다.
▶ 공람 기간은 일반적으로 14일 정도인데, 이것은 일반인들로부터의 의견을 수렴하고 관할 관공서로부터 도시계획 변경에 따른 의견을 조율하는 기간이다.

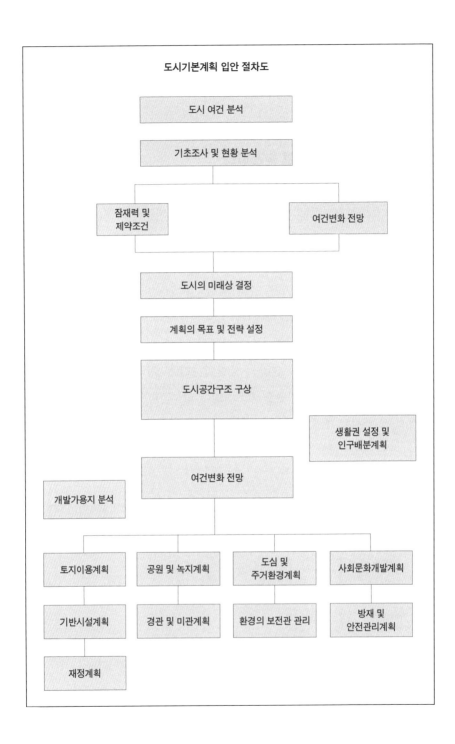

도시기본계획 입안 절차도

도시 여건 분석

기초조사 및 현황 분석

잠재력 및 제약조건

여건변화 전망

도시의 미래상 결정

계획의 목표 및 전략 설정

도시공간구조 구상

생활권 설정 및 인구배분계획

여건변화 전망

개발가용지 분석

토지이용계획

공원 및 녹지계획

도심 및 주거환경계획

사회문화개발계획

기반시설계획

경관 및 미관계획

환경의 보전관 관리

방재 및 안전관리계획

재정계획

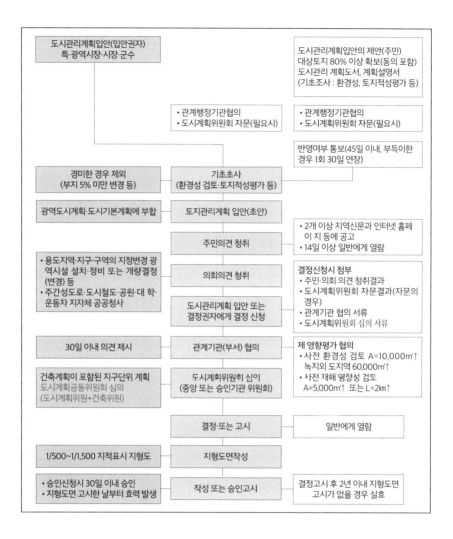

도시관리계획의 경우 열람공고를 통해 의견이 제출된 경우에는 제출된 의견의 반영 여부를 검토하여 60일 이내에 의견 제출자에게 통보하도록 하고, 반영된 의견이 중요한 사항일 경우에는 재열람 공고하여 다시 의견청취 절차를 거쳐야 한다.

이러한 도시계획과 관련된 열람공고 및 주민의견 청취에 대해서는 국토계획법뿐만 아니라 도시 및 주거환경정비법 등 다른 법률에서도 따로 그 방법과 기간을 정의하고 있다. 나아가 2006년 시행된 토지이용규제기본법에서는 토지이용에 대한 제한을 투명하게 하기 위해 도시계획과 관련된 용도지역·지구 등을 포함하는 기타 모든 법률에 의해 행위제한이 포함된 지역·지구를 지정하는 경우에는 각 개별 법령에서 명시하지 않더라도 지역·지구의 지정에 대한 열람공고 및 주민의견 청취를 일괄 의무화하고 있다.

도시계획 열람공고 방법과 기간

일반적인 도시계획 사항의 열람공고 방법 및 기간은 다음과 같다.

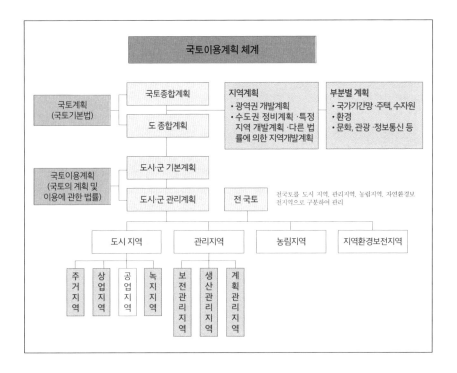

① 도시관리계획 입안, 기반시설 부담구역의 지정 변경 및 기반시설 부담계획 열람공고

(가) 방법 : 도시관리계획안의 주요 내용을 당해 특별시·광역시·시 또는 군 지역을 주된 보급지역으로 하는 2개 이상의 일간신문과 해당 특별시·광역시·시 또는 군의 인터넷 홈페이지 등에 공고

(나) 기간 : 14일 이상

② 도시계획시설 실시계획 인가 열람 공고

(가) 방법

▶ 국토교통부장관이 하는 경우 : 인가신청의 요지 및 열람의 일시 및 장소를 관보나 전국을 보급지역으로 하는 일간신문에 게재

▶ 시·도지사가 하는 경우 : 실시계획 인가신청의 요지 및 열람의 일시 및 장소를 당해 시·도의 공보나 해당 시·도의 지역을 주된 보급지역으로 하는 일간신문에 게재

(나) 기간 : 20일 이상

③ 도시 주거환경정비기본계획 수립 및 변경 열람 공고

(가) 방법 : 공람의 요지 및 공람 장소를 당해 지방자치단체의 공보 등에 공고

(나) 기간 : 14일 이상

④ 정비계획의 수립 및 정비구역 지정 열람공고(도시 및 주거환경정비법)

(가) 방법 : 공람의 요지 및 공람 장소를 당해 지방자치단체의 공보 등에 공고

(나) 기간 : 30일 이상

⑤ 정비사업의 사업시행 인가 및 사업시행계획서 작성

(가) 방법 : 사업시행 요지와 공람 장소를 당해 지방자치단체의 공보 등에 공고. 이 경우 주택재개발사업·주거환경개선사업 및 도시환경정비사업의 경우에는 토지 등 소유자에게 공고 내용을 통지

(나) 기간 : 14일 이상

⑥ 토지이용규제기본법에 의한 열람 공고

(가) 방법 : 지역·지구 등의 지정안의 주요 내용을 그 특별시·광역시·시 또는 군 지역을 보급지역으로 하는 2개 이상의 일간신문, 그 지방자치단체의 게시판 및 홈페이지에 공고

(나) 기간 : 14일 이상

도시·군 관리계획 공람

① 도시·군 기본계획이 제시한 방향을 도시공간상 구체적으로 구현하는 방법을 제시

② 일반시민의 건축 활동을 규제하는 법적 구속력을 갖는다.

③ 용도지역, 용도지구의 지정 및 변경에 관한 계획

④ 개발제한, 도시자연, 시가화, 수산자원보호구역 지정 변경

⑤ 기반시설 설치 / 정비 / 개량에 관한 계획

⑥ 도시개발사업 / 도시 환경정비사업에 관한 계획

⑦ 지구단위계획구역 지정/변경에 관한 계획, 지구단위 계획

　절차 : 입안시 '공청회'가 아니라 '공람'

⑧ 입지규제 최소 구역 지정 / 변경에 관한 계획, 입지규제 최소 구역 계획

국방상(요청에 의해)+경미한 경우 : 주민의견 청취, 협의, 심의 생략이 가능
※ 단계별 집행계획, 개발계획은 도시·군 관리계획의 내용이 아니다.

민원인의 행정관서 공략법

토지투자를 위해서는 관련부서를 자주 방문해야 한다. 관청이 스스로 문턱을 낮추는 것이 정상적이지만 현실적으로 민원인을 위해 자발적으로 자세를 낮추는 공무원은 드물다.

투자를 결심했다면 뻔뻔해져야 한다. 문턱이 닳도록 드나들면서 공무원과 교류를 해야 한다. '잡상인 출입금지'라고 팻말을 걸어놓아도 무작정 밀고 들어오는 잡상인들의 마인드를 가져야 한다. 그렇다고 해서 우리가 잡상인도 아니지 않는가. 우리는 꼬박꼬박 세금을 잘 내는 민주주의 국가의 국민이다. 내가 국가의 주인인네 들어가서 못할 일은 하나도 없다. 그 집(국가 소유물인 관청)은 우리 집이며, 우리가 낸 세금으로 월급을 받고 있는 공무원은 우리가 먹여살리는 종업원이다.

아래에서 열거하고 있는 부서는 자주 왕래해야 한다.

① 산림과
② 환경과
③ 도시계획과
④ 도시개발과
⑤ 건축과
⑥ 지적과
⑦ 지역개발과

- 지방의회
- 지자체 내규

부서를 방문하게 되면 복잡하게 얽히고설킨 여러 현안들을 모두 확인하겠다는 마음은 버리고 핵심 정보만 체크하고 분석하도록 한다. 대관업무에 있어 참고해야 할 내용은 다음과 같다.

① 행정관서 공무원들의 모든 업무행동의 기본은 법령규칙 / 조례 / 고시 / 예규 / 지침 / 유권해석 등의 근거를 바탕으로 판단한다.

② 그러다 보면 현실에서의 민원인의 생각을 사뭇 이해하면서도 표현은 "이해합니다만 업무처리 규정상 그렇게 하기가 곤란한 점이 있습니다." 라는 완곡한 표현으로 거절하는 것이 예사이다.

③ 위 ①과 ②의 내용에 동의한다면, "민원인의 입장에 있는 우리는 어떤 마음가짐으로 부동산 물건을 살펴봐야 하는가?" 라는 질문에 대한 답은 자명하다.

④ 기본적인 부동산 투자 경험과 상식만 가지고 접근하는 것은 무척 위험한 일이 될 수 있다. 철저하게 공무원들이 교과서처럼 사용하고 있는 업무지침을 숙지하고 그것에 근거해 부동산 물건을 판단하고 분석하는 것이 현명하다.

산림과

보전임지[공익용, 임업용(생산)]의 규제 정도를 확인할 수 있는 부서다. 산림과에서 하는 일은 다음과 같다.

① 공유임야 관리

② 임도시설의 보수

③ 보안림의 지정과 해제 및 사업허가 등을 관리

④ 휴양림을 비롯한 산림휴양시설의 조성과 관리

⑤ 주요 하천유역의 산림육성 관리

⑥ 도시림, 가로수, 산림공원의 조성과 관리

환경과

수질보전특별대책 1, 2권역과 수변구역, 상수원보호구역 등 수계구역의 규제 정도와 강도를 확인할 수 있으며, 이들 구역의 개발 면적 한계선을 파악할 수 있다.

도시계획과

이 부서에서는 핵심만 체크하자.

① 아직 개설되지 않은 도시계획도로 개설 사항

② 도시기반시설 확충 사항

③ 지자체 차원에서의 투자계획 사항(국비, 도비, 군비, 기타 보상비, 공사비 등)

④ 도시계획도로 사업의 유무 및 진척 사항

도시개발과

개발계획 사항을 거시적 또는 미시적으로 나누어 파악할 수 있다. 광의의 개발계획 사항은 그다지 중요하지 않다. 일반 투자자에게는 눈앞에 놓인 개발 현안이 가장 중요하다.

① 도시계획도로 개설사업 안내

② 도로용지 매수와 같은 매수청구제도 안내

③ 시정市政, 군정郡政의 종합계획 사항

건축과

용적률과 건폐율 같은 건축법에 따른 건축허가 사항을 세밀히 알아볼 수 있다.

지적과

지적법에 관한 측량 사항을 알아볼 수 있다. 정확한 경계선을 만든다. 땅의 기초적인 면을 알아볼 수 있는 부서다. 지번을 통해 도로 사항 등을 해당 공무원에게 물어볼 수 있다.

지역개발과

종합적인 개발현황을 알아보자. 시책 사항을 알아본다. 개발의 경중과 색깔에 따라 지방계획(자연지역이나 인문지역을 지정해 개발)과 지역계획(지역공간을 정비)이 있다.

▶ 상황에 따라 읍면사무소를 방문해보는 것도 괜찮다. 뜬소문도 민성民聲이 될 수 있고, 민성이 높으면 현안 사항에 반영될 수 있다. 지자체의 개발 현황을 거시적, 미시적으로 나눈다면 시·군청에서는 거시적인 개발 사항을, 읍면사무소에서는 미시적인 개발 사항을 알아볼 수 있다. '시·군청 방문 → 읍면사무소 방문 → 투자결정'의 순서를 따르면 무난하다.

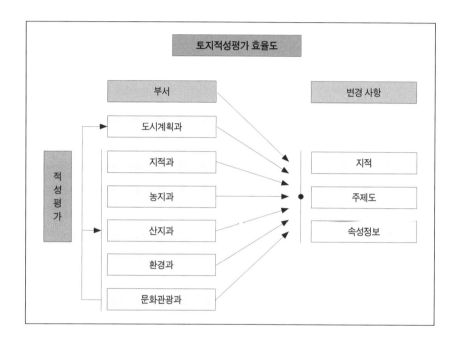

지방의회 회의록에 월척이 있다

토지시장에서 땅값 상승을 불러오는 가장 강력한 재료인 국토개발계획이라는 특급정보의 1차 생산자는 정부다. 이때의 정부는 중앙정부는 물론 지방자치단체까지 포함된다.

1990년대 초반까지만 해도 택지개발지구와 같은 주요 국토개발계획 수립은 중앙정부에서 전담하다시피 했다.

하지만 1995년 지방자치제도가 시행된 이후부터는 사정이 180도 달라졌다. 국토개발계획 관련 각종 인·허가 권한이 지방정부로 대폭 위임되면서 개발 정보의 1차 생산자로서의 지방자치단체의 역할이 점점 더 강화되고 있는 추세다.

자치단체장은 '소통령'

인구 50만 명 이상의 대도시 도시관리계획에 대한 결정 권한이 중앙정부에서 지방정부로 이양된 것은 2008년이다. 또 특별시·광역시의 도시기본계획 승인권한 역시 이때부터 지방정부가 자체적으로 행사할 수 있도록 허용했다.

2010년에는 택지개발지구 지정 주체가 '국토교통부장관'에서 '시·도지사'로 위임돼 지방정부의 국토개발계획 수립 권한이 이전보다 훨씬 커졌다. 이전까지는 택지개발지구 지정권의 경우 20만 ㎡(6만 6,000평) 미만은 지자체가, 20만 ㎡ 이상은 국토교통부가 각각 행사했었다. 특히 신도시로 구분되는 330만 ㎡ 이상은 중앙정부가 지구 지정뿐 아니라 실시 계획 등의 승인권까지 행사했다.

하지만 정부는 2010년 면적에 상관없이 택지지구 지정 권한을 중앙정부에서 지방정부로 넘겼다. 다만 면적이 330만 ㎡ 이상인 신도시의 경우에는 중앙도시계획위원회의 승인을 받도록 했다. 또 공기업인 한국토지주택공사(LH)가 시행하는 100만 ㎡ 이상인 택지개발지구(신도시 포함)는 예외적으로 국토교통부장관이 직접 지구를 지정하도록 규정했다.

정부가 신도시 및 도시 개발 관련 권한을 지방으로 대폭 이양한 것은 지역 사정에 대해 잘 알고 있는 지자체가 지역 실정에 맞는 도시계획을 수립하도록 하기 위해서다.

따라서 자치단체장의 권한도 그만큼 막강해졌다. 택지개발지구 등 개발사업의 계획 수립부터 인·허가권, 예산편성·집행권 등을 쥐락펴락할 수 있게 됐기 때문이다. 그러고 보면 '지방자치단체장은 소통령'이라는 말이 괜히 나온 게 아니다.

그런데 이처럼 막강해진 자치단체장의 권한을 견제하는 사람들이 바로 지방의회 의원들이다. 지방자치법에서 규정하고 있는 지방의회 권한은 자치 법규인 조례 제정·개정권, 예산안결산심사권, 행정사무 감사권 등 크게 세 가지다.

하지만 여기에서 빼놓을 수 없는 것이 바로 대형 개발사업 등에 대한 지방의회의 승인권이다. 또 지방의회는 지방정부의 도시계획 수립 단계에서 주요 개발계획에 대한 의견을 내놓을 수 있다. 게다가 지방의회의원은 지역 내 각종 개발사업의 타당성과 적법성 여부를 심의하는 지방도시계획위원회의 위원으로 참여할 수 있다. 지방의회의원은 그 누구보다도 지역의 주요 개발계획·건설행정 등에 대한 정보에 쉽게 접근할 수 있는 막강한 권한을 가지고 있는 것이다.

지방의회 회의록에서 '월척' 낚기

이익집단들이 개입하는 이권 중 가장 큰 부분을 차지하는 것은 바로 도시개발계획과 건축·건설행정이다. 이익이 발생하는 곳에는 부정도 따라오기 쉽다. 중앙정부로부터 막대한 권한을 넘겨받은 지방의회 주변에서 개발예정지에 대한 정보를 미리 입수해서 수백 평의 땅을 미리 사 놓았다는 사람들의 이야기는 흔하다. 이 때문에 토지투자의 고수들은 중요한 투자를 앞두고 확신이 서지 않을 때 간혹 지방의회 회의록을 뒤적여보기도 한다. 가끔 그 회의록에서 뜻밖의 월척이 낚이곤 하기 때문이다.

지방자치법 제65조는 지방의회 회의록을 공개하도록 규정하고 있다. 때마침 현재 시행 중인 제4차 국토종합계획은 지방분권과 국가균형발전을 통한 지방화의 실천에 주안점을 두고 있다. 이전(1~3차)까지 종합계획이 수도권을 중심으로 짜였다면 4차 계획은 지방의 개발을 위주로 수립됐다는 말이다.

이는 지방의 토지개발 가능성을 높여주면서 수도권 이외의 지역, 특히 서남부 해안권의 지가 상승에 큰 영향을 미치고 있다. 수도권보다 지방의 토지에 그만큼 더 많은 기회가 있다는 얘기다.

숨어 있는 위험, 지자체 내규

땅을 매입한 실수요자들을 중심으로 지방자치단체 등의 내규로 인해 낭패를 당하는 사례가 많다. 내규란 법률에 따라 지자체나 정부기관 등이 자체적으로 규정하고 있는 조례·고시·공고·훈령·예규·지침 등을 말한다. 토지의 이용과 거래규제에 관한 사항을 확인하는 토지이용계획확인서에는 통상 이런 규제가 기재되지 않는다. 법령이 아닌 정부단체 차원의 내규로 정해지기 때문이다.

이와 같은 내규는 법률에 따라 지자체 등 정부조직 자체에서 규정하고 있는 것으로 운영 역시 지방자치단체장의 재량에 따라 이뤄지고 있다. 더구나 지자체·정부 산하기관 단위의 내규나 지침, 행정지도 등은 규제로 등록조차 되어 있지 않는 것이 문제다.

예를 들어 자치단체와 유사한 업무를 수행하는 지방 국토관리청 등 특별지방행정기관에 의한 규제는 토지 이용에 결정적인 영향을 주는 경우가 많기 때문에 특별히 주의를 기울여야 한다.

일부 지역의 경우 개발행위허가 여부를 결정할 때 지방 국토관리청이 하천정비기본계획상 '계획홍수위' 저촉 여부를 허가기준으로 정하고 있는 시역도 있다. 이른바 숨어 있는 규제다. 특히 지방은 규제 업무의 처리 방식이 낙후돼 있어 일선 공무원들은 규제가 바뀌어도 이행하지 않는 경우가 많고 지자체 내규를 더 우선시하는 곳도 적지 않다.

법령에서는 폐지됐으나 지방자치단체의 조례나 규칙, 내규 등으로 규제하고 있는 행정사무들에는 법적 근거가 없는 '훈령, 예규, 고시, 공고' 등 하위 규정들이 있고, 이를 바탕으로 건물을 증축할 때 이미 폐지된 구비서류를 요구하거나 단순히 감사에 대비할 목적으로 민원인에게 불필요한 서류를 요구하는 등 법령에 근거하지 않은 규제가 많다. 땅을 매입하기 전에 드러나 있는 규제뿐 아니라 숨어 있는, 보이지 않는 규제 역시 반드시 점검해야 하는 것은 이 때문이다.

문제는 이와 같은 내규에 대해 현지 공무원이나 중개업자조차 모르는 경우가 대부분이라는 점이다. 따라서 투자자들로서는 이를 확인하는 데 큰 어려움을 겪을 수밖에 없다.

내규는 종류도 다양하다. 경사도(시·군 조례로 정한), 하수도, 퇴수로 등과 배출시설 관련 여부(대기환경보전법·수질환경보전법·소음진동규제법), 오수처리시설과 관련된 사항(오수분뇨 및 축산폐수 처리에 관한 법률), 문화재보호구역에서는 현상변경심의 가능 여부, 하수 관련시설법 등은 사전에 반드시 확인해야 한다.

내규에 의한 규제는 지자체의 지역적 특성에 따라 차이가 있다. 상수원을 끼고 있는 경기도 광주, 양평, 남양주 등에는 환경부 등에서 고시로 정한 규제가 많다. 예컨대 상수원보호구역인 경기도 양평, 광주 등지에서는 환경부 고시(상수원 수질보전 특별종합대책)상 건축허가에 필요한 하수처리 용량을 먼저 배정받아야만 토지를 개발할 수 있다. 따라서 하수처리 용량이 바닥난 곳에서 땅을 샀다가는 낭패를 당하게 된다.

유물과 유적의 출토가 많은 곳도 사정이 비슷하다. 이런 지역에 있는 땅을 살 때에는 드러난 규제뿐만 아니라 숨어 있는 규제도 반드시 점검해야 한다. 내규에 의한 규제사항은 현지에서 오랫동안 영업을 해온 부동산 중개업소나 설계사무소에서 비교적 상세하게 파악하고 있는 경우가 많으므로 사전에 만전을 기해 파악해야 한다.

예산의 배정과 집행에 따른 투자 시점 잡기

종합계획과 기본계획을 살펴본 다음에 해마다 주요업무 계획을 면밀히 검토해야 할 점은 예산 상황이다. 일반회계와 특별회계로 나눠지며 여기에서도 분야별 예산의 내역들이 발표되고 신규개발에 필요한 예산 항목들을 찾아내서 예산 현황과 정책사업, 주요 투자사업의 내역들을 사업 초기단계년도에서부터 예산의 배정과 집행된 성과를 자세히 비교 검토하도록 한다.

기본적으로 부문별 계획을 중점으로 기반시설 계획, 경제/산업개발 계획, 또한 단계별 투자계획을 중심으로 예산의 흐름을 조사하는 것이 중요하다. 주요 업무 계획을 보면 당해년도 주요 업무 추진 방향이 각 담당부서별로 나오고, 주요 업무 추진 계획에 따라 추진 중인 것과 준공되는 것, 민간 시행, 기타 대규모 개발 등에 대한 예산배정 및 집행, 그리고 사업경과에 대한 종합적인 사항을 알 수 있다.

하지만 투자자로서의 관점이 이러한 사실에만 머문다면 숲만 보고 나무는 보지 못하는 결과를 낳게 된다. 투자는 기본적으로 눈에 보이지 않는 미래의 가치를 가늠해야 하기 때문에 어느 정도 경험이 필요하며, 이외에도 많은 필수적인 요소들이 있다는 것을 알아야 한다.

여기에서 가장 중요한 점은 투자 시점에 관한 것이다. 일반적으로 대부분의 투자자들은 이에 대해 쉽게 판단하기 어렵다. 사실 정답이라고 하기에도 애매한 부분이 있다. 즉 가치 실현의 문제에서 수익의 효율적인 부분을 중요시 하는지 아니면 적은 투자금액으로 장기적인 계획(주로 10년 이상을 말함)에 투자하는 것을 선호하는지에 따라서 달라질 수 있다. 하지만 이에 대해 명확하게 분별해 투자하는 투자자들은 매우 드물다.

단지 분명한 것은 장기적인 사업일 경우 리스크가 많아지고 단기적인 사업(5년 이하)일수록 리스크가 많이 줄어들게 된다는 것이다. 또한 효율성에서도 오랜 기간 동안 자금이 묶여 있어야 한다는 점과, 예상치 않았던 조건들의 변화에 따라 땅을 처분해야 할 경우가 생긴다. 이런 경우 부동산 투자의 약점이라고 할 수 있는 환금성 문제로 인해 손실을 감수하고 급매를 해야 하거나 최악의 경우에는 경매에 넘어가게 되는 일도 허다하게 일어난다.

한편 본인이 기대가치의 실현을 보지 못하고 후대에 상속하게 되는 아쉬운 점도 발생한다.

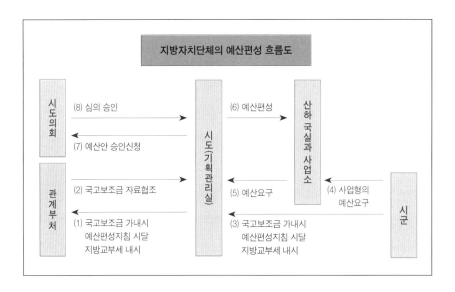

단기적인 사업일 경우에는 대부분 지구단위계획에 대한 고시가 발표되면서다. 하지만 확실한 사업성으로 인해 이미 주변 토지에 대한 투자나 투기가 활발하게 이루어지고 있는 과정에 있기 때문에 매물이 매우 적고 호가 역시 높다. 또한 단기적인 사업이라 하더라도 투자환경 조건에서 부적합한 요인들이 발생해 취소되거나 해제될 수 있다는 위험이 상존한다. 또한 취소와 재도전이 반복되고 사업이 연기되면서 비효율적인 투자로 전환될 수도 있으며, 사업이 축소되거나 사업 목적이 바뀌게 되면서 애초에 생각했던 투자 목적과 다른 결과를 얻게 될 수도 있다.

이렇듯 난제가 첩첩한 투자환경은 투자자의 분별력을 흐리게 만든다. 따라서 기준으로 삼는 사업예산이 얼마나 배정됐는지, 해를 거듭하면서 이상 없이 잘 집행되고 있는지, 그에 따른 다른 문제는 없는지 잘 체크해봐야 할 것이다.

토지이용계획확인서로 도시기본계획 판독하기

용도지역제

용도지역제란 토지의 기능과 적성에 가장 적합하게 토지를 이용하고자 하는 토지이용계획의 한 유형이다. 일반적으로 고대 그리스의 '용도분리^{用途分離}'에서 그 기원을 찾고 있으나 법 제도로서의 근대적 용도지역제는 산업혁명 이후에 등장하였다.

우리나라에서는 1934년 총독부제령 제18호에 의해 공포된 「조선 시가지 계획령」에서 처음으로 도입되었으며, 주로 도시지역 토지의 합리적인 이용과 도시기능의 향상 등을 목적으로 지역·지구·구역 등을 지정하여 토지를 효율적으로 이용하고자 하는 하나의 수단으로 이해되고 있다.

국토계획법을 비롯한 수많은 개별 법률들이 토지의 성질과 이용 목적에 따라 용도지역, 용도지구, 용도구역으로 구분하고 있으며, 이를 총칭하여 '용도지역제'라고 한다.

이 용도지역제는 토지이용에 관한 제도의 기본을 이루며, 토지의 이용을 사적인 자율에 맡기지 않고 공권력으로 규제하는 일종의 공용 제한에 해당한다. 즉 토지소유자의 자의적 이용에 맡길 경우의 생길 수 있는 무질서와 비효율성을 사전에 차단하고 합리적이고 효율적으로 토지를 이용하고 개발함으로써 토지가 적합하지 않게 이용되는 것을 방지하고 계획적인 토지이용을 도모하기 위한 제도다.

민법상의 상린관계(서로 이웃하는 토지관계에서 발생하는 권리)의 연장선으로 이해하는 것이 일반적이나 더 나아가 상린관계 이론으로는 해결할 수 없는 도시의 팽창, 인구의 도시집중, 공해 등 현대 도시의 여러 가지 문제를 해결하는 토지이용계획으로 기능하고 있다.

용도지역의 개념

용도지역제 중 하나인 용도지역이란 토지의 이용 및 건축물의 용도 · 건폐율 · 용적률 · 높이 등에 제한을 둠으로써 토지를 경제적이고 효율적으로 이용하며, 공공복리의 증진을 도모하기 위하여 서로 중복되지 아니하도록 도시 · 군 관리계획으로 결정하는 지역을 말한다.

용도지역은 토지의 가치를 결정하는 데 가장 중요한 척도가 된다. 어떤 용도지역에 해당하느냐에 따라 그 토지에 지을 수 있는 건축물과 건폐율, 용적률이 결정되기 때문이다. 용도지역은 국토교통부장관, 시 · 도지사 또는 대도시 시장이 도시 · 군 관리계획으로 결정한다.

용도지역의 종류

대한민국의 전 국토는 기본적으로 도시지역, 관리지역, 농림지역, 자연환경보전지역 중 하나의 용도지역으로 지정되어 있다. 그 중에서 도시지역은 다시 주거지역, 상업지역, 공업지역, 녹지지역으로 세분되고, 관리지역은 보전관리지역, 생산관리지역, 계획관리지역으로 세분된다. 용도지역에 따라 건축할 수 있는 건축물의 종류와 건폐율, 용적률이 다르게 적용되므로 토지투자와 개발을 위해서는 가장 먼저 토지이용계획서를 확인해야 한다.

용도지역과 토지투자 그리고 개발

사업성이 있는 토지

용도지역에서 도시지역에 있는 주거지역 · 상업지역 · 공업지역(이하 개발지역이라 한다)은 이미 주거지, 상업용지, 공장부지로 개발되어 있는 토지에 해당된다. 그러나 도시지역 중에서 녹지지역 · 관리지역 · 농림지역 · 자연환경보전지역(이하 비개발지역이라 한다)은 아직 개발되지 않은 지역에 해당하고, 따라서 개발지역에 비해 땅값이 상당히 낮고 면적도 훨씬 넓다.

토지투자의 핵심은 바로 녹지지역 · 관리지역 · 농림지역 · 자연환경보전지역과 같은 비개발지역이다. 이 지역들에서 어떻게 개발행위허가를 받아 필요한 용도로 이용할 수 있느냐 하는 문제로 귀결되는 것이다.

관리지역에 대한 검토

2002년도까지 관리지역은 준도시지역과 준농림지역으로 분리되어 있었으나 2003년도에 국토계획법을 제정하면서 통합되었다.

관리지역은 계획관리지역, 생산관리지역, 보전관리지역으로 구분된다. 여기에서 계획관리지역은 개발이 예정되어 있어 투자의 가치가 높고, 비개발지역 중에 건폐율이 40% 이하로 가장 높다. 용적률 또한 100% 이하로 자연녹지지역, 생산녹지지역과 함께 가장 높고 건축할 수 있는 건물의 종류도 다른 비개발지역에 비하여 다양해 주목받는 지역이라고 할 수 있다.

계획관리지역은 지구단위계획과 관련해 분석해야 한다. 단독주택, 공동주택(아파트는 지구단위계획이 수립된 경우에 가능), 제1종 근린생활시설, 제2종 근린생활시설, 의료시설, 교육연구시설, 동물 및 식물 관련시설, 창고시설, 숙박시설, 공장, 위험물 저장 및 처리시설 등을 설치할 수 있다.

용도지역의 확인과 투자개발

용도지역은 기본적으로 토지이용계획확인서를 보면 알 수 있다. 그러나 항상 고정되어 있는 것이 아니므로 변경 가능성을 늘 염두에 두고 개발과 투자를 진행하여야 한다. 용도지역의 변경을 예측할 수 있다면 진정한 부동산 투자 전문가로 대접받을 수 있을 것이다. 기본적으로 용도지역에 따라 땅값이 정해지고 그에 따라 가치가 달라지므로 토지투자자 혹은 개발자라면 용도지역에 대한 최소한의 이해가 필요하다.

건축 제한

건축 제한의 원칙

용도지역에서 지을 수 있는 건축물이나 시설의 용도·종류 및 규모 등의 제한에 관한 사항은 대통령령으로 정한다. 부속 건축물에 대해서는 주 건축물에 대한 건축 제한에 의한다.

건축 제한의 예외

취락지구에서는 취락지구 지정목적 범위에서 대통령령으로 따로 정하며, 농공단지에서는 산업입지 및 개발에 관한 법률에 따라 건축을 제한하게 된다. 또한 농림지역 중 농업진흥지역은 국토계획법 시행령으로 건축제한을 하는 것이 아니라 농지법으로 제한을 한다. 마찬가지로 농림지역 중 보전산지에서는 산지관리법에 따라 건축제한을 한다는 점을 유의해야 하겠다. 실제로 이와 같은 사실을 잘 몰라 엉뚱한 건축물을 건축해도 되는 것으로 잘못 이해함으로써 큰 낭패를 보기도 한다.

도시관리계획의 내용을 확인해 주는 토지이용계획확인서

시·군의 도시계획에는 도시기본계획과 도시관리계획이 있다. 여기서 도시관리계획은 도시기본계획을 바탕으로 하여 토지의 용도지역, 용도지구, 용도구역, 도시계획시설, 지구단위계획, 기반시설 부분에 대한 것을 지정하고 변경하는 계획을 말한다.

도시관리계획의 명칭에 '계획'이라는 단어가 들어가 있기는 하지만 법에 준한 구속력을 가지고 있으므로 토지를 개발하고자 할 때 도시관리계획에서 정한 용도에 적합해야 한다. 도시관리계획으로 결정돼 고시된 사항을 확인해 주는 서류가 바로 토지이용계획확인서이다. 이 확인서를 발급해 주는 이유 중 하나는 토지에 가해지는 공적 규제가 지가의 결정 및 변화에 매우 큰 영향을 미치기 때문이다.

본래 도시구역 내 토지는 도시계획사실확인서, 비도시계획구역 내 토지는 국토이용계획확인서로 이원화해 서류가 발급되었으나 1992년 9월 1일자로 도시구역 내외의 토지를 불문하고 토지이용계획확인서로 일원화해 발급하고 있다. 이에 따라 부동산 관련 분야에 오랫동안 종사한 사람들 중 일부는 아직도 '도시계획확인원'이라고 부르기도 한다.

토지이용계획확인서는 아직도 과거 양식과 새로운 양식이 함께 발급되고 있다. 신 양식은 소비자를 중심으로 한 실용적 양식이지만, 교육용이나 초보자에게는 오히려 관리관청 중심의 구 양식이 이해하기 쉽다.

1번 중의 1번, '용도지역'

토지이용계획확인서에서는 용도지역 · 용도지구 · 용도구역 등 6가지 항목을 나타내는 12번 항목까지 표시하고 있다. 그 중 도시관리계획이 1번이며, 도시관리계획 6개 항목 중 첫 번째 항목은 용도지역이다.

표시되는 위치 하나만으로도 용도지역이 토지에서 가장 중요한 비중을 차지하고 있다는 것을 쉽게 이해할 수 있을 것이다. 어느 토지든 나머지 규제사항은 표시되어 있지 않다고 해도 1번 도시관리계획의 첫 번째 항목인 용도지역만은 반드시 표시되어 있다.

용도지역에서 반드시 알아야 하는 것을 해당 시군 도시계획조례를 보고 ① 건폐율 ② 용적률 ③ 건축이 가능한 건축물, 이 세 가지에 대해 확인하는 것이다. 그에 따라 해당 토지의 가치나 개발 가능성 등이 결정되기 때문이다.

2번부터 12번까지는 각각 개별법을 적용해 해석

토지용·계획서 1번에 나와 있는 항목들은 국토계획법을 적용한다. 그리고 2번 군사시설 항목부터는 해당 개별법, 이를테면 군사기지 및 군사시설보호법, 농지법, 산지관리법 등에서 법조문을 확인하고 해결해야 한다. 따라서 토지이용·계획확인서에 나와 있는 규제를 정확히 이해하고 해결책을 찾을 수 있느냐 없느냐가 일반 투자자와 전문 투자자를 구분하는 척도가 된다고 할 수 있다.

가볍게 코멘트하면 아래와 같다. 각 부분에 대한 자세한 설명은 뒤에서 지적도와 함께 별도로 설명하도록 하겠다.

2번, 군사기지 및 군사시설보호구역

해당사항이 있으면 해당부분에 표시가 되고 보호구역에 해당되더라도 위임지역인 경우에는 '고도 몇 미터 위임' 등으로 표시된다. 군사기지 및 군사시설보호법을 보고 이해하고 해결책을 찾아야 한다.

3번, 농지

농업진흥지역 밖에 있는 경우에는 해당사항이 없고 농업진흥지역 내의 토지인 경우에는 진흥구역인지 보호구역인지를 표시하여 준다. 농업진흥지역 내의 농지는 농지법을 보고 이해하고 해결책을 찾아야 한다.

4번, 산지

농지와 마찬가지 논리로 준보전산지인 경우에는 해당사항이 없고 보전산지인 경우에는 공익용인지 임업용인지 표시된다. 보전산지는 산지관리법을 보고 이해하도록 하며 해결책을 찾아야 한다.

6번, 수도

식수원과 관련된 규제들이 표시된다. 수도권에서는 남양주, 양평, 광주, 가평, 이천, 여주 등의 토지에 투자할 때 해석에 특별한 관련 지식이 필요하다. 뒤에서 사례를 곁들여 자세히 설명하도록 하겠다.

10번, 토지거래

토지거래 허가구역인 경우에 허가구역이라고 표시가 된다.

토지이용계획확인서

	처리기간
	1일

신청인	성명		주소	
			전화	

대상자	토지소재지			지번	지목	면적(㎡)
	시군구	읍면	리동			
	광주시	실촌읍	곤지암리	123	답	1,000

확인 내용	1	도시 관리 계획	용도지역		
			용도지구		
			용도구역		
			도시계획시설	도로(저축 • 접합) 공원 기타 ( )	
			지구단위		
			계획구역		
			기타	개발행위허가제한구역	
	2	군사시설	제한보호구역· 통제보호구역· 비행안전구역 · 대공방어협조구역		해당없음
	3	농지	농업 (진흥 · 보호) 구역		해당없음
	4	산지	보전산지 (공익 · 임업)		해당없음
	5	자연공원	공원구역 · 공원보호구역		해당없음
	6	수도	상수원보호구역 · 수질보전특별대책지역 · 수변구역		해당없음
	7	하천	하천구역 · 하천예정지 · 연안구역 · 댐건설예정지역		해당없음
	8	문화재	문화재 · 문화재 보호구역		해당없음
	9	전원개발	전원개발사업구역 (발전소 · 변전소) · 전원개발사업예정구역		해당없음
	10	토지거래	허가구역		해당없음
	11	개발사업	택지개발예정지구 · 산업단지(국가 · 지방 · 농공)		해당없음
	12	기타			해당없음

국토의 계획 및 이용에 관한 법률 제132조 제1항의 규정에 의하여 귀하의 신청토지에 대한 현재의 토지 이용계획사항을 위와 같이 확인합니다. 년 월 일 시장 · 군수 ·구청장	수수료
	지 방 자 치 단체의 조 례로 정함

오프라인 토지이용계획확인서 해석 (신양식)

토지이용계획확인서				처리기간
				1일

신청인	성명		주소		
			전화		

신청토지	소재지		지번	지목	면적(㎡)
	경기도 광주시 실촌읍 곤지암리		123	전	1,000

지역·지구 등 지정여부	국토의 계획법에 따른 지역·지구 등	계획관리지역
	용도지구	특별대책지역(1권역)
	용도구역	

토지이용규제 기본법 제9조4항 각 호에 해당되는 사항	토지거래 허가구역

확인도면		범례
		축척 1/1200

「토지이용규제 기본법」 제10조 제1항에 따라 귀하의 신청토지에 대한 현재의 토지이용계획을 위와 같이 확인합니다.	수입증지 붙이는 곳
년 월 일	수입증지 금액
시장 · 군수 · 구청장	

다음은 온라인에서 열람용으로 제공되는 양식과 동일하므로 온라인 토지이용계획확인서에서 통합하여 설명하기로 한다.

온라인 토지이용계획확인서 활용하기

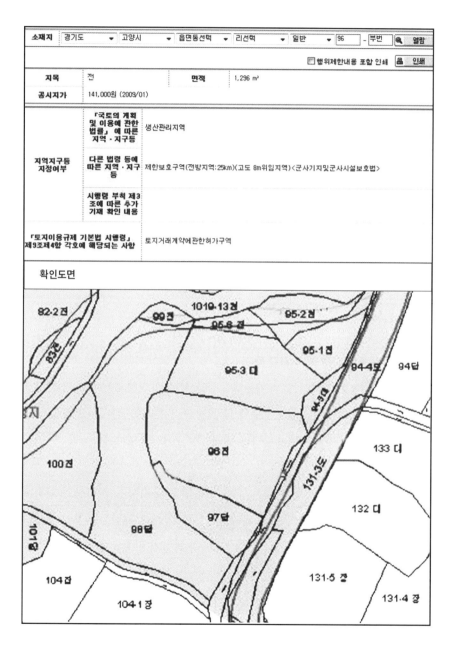

지목·면적·공시지가

맨 위에 지목과 면적 · 공시지가가 표시되고 있다. 아래에는 해당되는 항목 중심으로 여러 가지 정보가 제공되고 있고, 맨 하단에는 지적도와 임야도가 합쳐진 지적임야도가 추가로 제공되고 있다.

국토계획법에 따른 지역·지구 등

이 항목에는 국토계획법에 의한 용도지역을 필두로 해서 지역 · 지구 등이 표시된다. 다른 것은 다 표시되지 않아도 적어도 용도지역에 대한 정보 한 가지만은 반드시 표시된다. 오프라인 토지이용계획확인서 구 양식의 1번에 해당한다고 할 수 있다.

▶ 생산관리지역 : 국토계획법상 용도지역은 생산관리지역에 해당된다. 따라서 생산관리지역에 의한 규제를 받는다.

다른 법령 등에 따른 지역·지구 등

이 항목에는 오프라인 토지이용계획확인서 구 양식의 2번 이하에 해당한다고 할 수 있다. 군사시설보호구역, 농지법상 진흥지역, 산지관리법상 보전산지, 특별대책 1권역, 개발제한구역 등에 관한 사항이 표시된다.

▶ 제한보호구역 : 해당 토지는 군사기지 및 군사시설 보호법상의 저촉을 받는 군사시설 보호구역에 해당하며, 구체적으로 제한보호구역에 해당한다고 표시하고 있다. 또한 '고도 8미터 위임지역'임을 표시하고 있다.

▶ 농업진흥지역과 보전산지 : 해당 토지는 농지법상 농업진흥지역이나 산지관리법상 보전산지에는 해당되지 않기 때문에 표시되지 않고 있다.

토지이용규제기본법 시행령에 해당되는 사항

주로 토지거래 허가구역에 해당되는 토지인지 여부를 표시해 준다. 해당 란에 토지거래 허가구역이라고 표시가 되어 있으면 허가구역에 속하는 토지이다.

▶ 토지거래 허가구역 : 토지가 소재하는 해당 시·군은 토지거래 허가구역이며, 생산관리지역은 토지거래 허가대상에 포함되는 용도지역이므로 토지를 거래할 때 반드시 토지거래 허가를 받아야 함을 표시하고 있다. 해당 토지를 구입하려면 해당 시·군에서 6개월 이상 거주해야 한다는 의미다.

확인도면

확인도면 란에는 지적도와 임야도를 합친 컬러판 지적임야도가 제공되고 있다. 다만, 사례에서는 임야 표시가 되지 않고 있다.

컬러는 용도지역별로 서로 다르게 표시함으로써 컬러에 의한 용도지역의 구분을 쉽게 할 수 있도록 하고 있다. 축척은 지적도의 기본 축척인 1,200분의 1로 표시하고 있다.

축척은 조정이 가능하다.

해당 필지를 자세히 보고 싶다면 네모 칸의 숫자를 낮게 하면 된다. 반대로 네모 칸의 숫자를 높게 하면 해당 필지는 작게 표시되지만, 해당 필지를 둘러싸고 있는 주변 현황을 파악하는 데 유용하다.

도시·군 기본계획 수립 현황

도시·군 기본계획수립 현황(2015. 1. 1 현재)

구분	市 급(84개)	郡 급(49개)	미수립(30개)
특별시 광역시 (7)	서울, 부산, 대구, 인천, 광주, 대전, 울산(7)	-	-
경기 (31)	수원시, 성남시, 의정부지, 안양시, 부천시, 광명시, 평택시, 동두천시, 안산시, 고양시, 과천시, 구리시, 남양주시, 오산시, 포천시, 시흥시, 군포시, 의왕시, 하남시, 용인시, 파주시, 이천시, 안성시, 김포시, 화성시, 광주시, 양주시(27)	여주군, 연천군, 가평군, 양평군(4)	
강원 (18)	춘천시, 원주시, 강릉시, 동해시, 태백시, 속초시, 삼척시	홍천군, 횡성군, 영월군, 평창군, 정선군, 철원군, 화천군, 양구군, 인제군, 고성군, 양양군(11)	-
충북 (12)	청주시, 충주시, 제천시(3)	청원군, 보은군, 옥천군, 영동군, 괴산군, 옹성군, 단양군, 증편군, 진천군(9)	-
충남 (13)	천안시, 공주시, 보령시, 아산시, 서산시, 논산시, 계룡시, 당진시(8)	금산군, 서천군, 홍성군, 예산군(4)	부여군, 청양군, 태안군(3)
전북 (8)	전주시, 군산시, 익산시, 정읍시, 남원시, 김제시(6)	무주군, 고창군(2)	완주군, 임실군, 순창군, 부안군, 진안군, 장수군(6)
전남 (12)	목포시, 여수시, 순천시, 나주시, 광양시(5)	담양군, 화순군, 해남군, 영암군, 무안군, 함평군, 장성군(7)	곡성군, 구례군, 고흥군, 보성군, 장흥군, 강진군, 영광군, 완도군, 진안군, 신안군(10)
경북 (17)	포항시, 경주시, 김천시, 안동시, 구미시, 영주시, 영천시, 상주시, 문경시, 경산시(10)	창녕군, 남해군, 합천군, 거창군, 하동군(5)	의성군, 청송군, 영양군, 영덕군, 봉화군, 울진군(6)
경남 (13)	창원시, 진주시, 통영시, 사천시, 김해시, 밀양시, 거제시, 양산시(8)		함안군, 함평군, 산청군, 고성군, 의령군(5)
세종 (1)	세종시(1)	-	-
제주 (2)	제주시, 서귀포시(2) *제주특별법 적용	-	-

- 기본계획 수립 지자체 중 의무 대상은 총 85개이며, 임의 대상(밑줄 표시)은 49개임.
- 목표년도별 : 2020년 92개, 2025년 26개, 2030년 7개(* → 2025, ** → 2030)서천군·고창군(2011), 예천군(2013), 합천군(2014), 거창군(2016), 서귀포시(2016), 제주시(2021)

인구유입 통계를 투자에 활용하는 법

지자체 별 인구유입과 도시기본계획의 수립

우리나라는 하나의 특별시와 6개의 광역시, 8개의 도를 가지고 있다. 일부의 시는 구를 가지고 있고, 어떤 시는 구가 없이 동만 있기도 하다.

또 시이면서 읍이 있기도 하고 면이 있기도 하다. 이런 행정구역의 분류 체계를 알면 도시의 규모와 대략적인 발전 가능성에 대해 파악하는 데 도움이 된다.

인구 50만 명이 넘는 시는 구를 설치할 수 있다. 25만 명을 단위별로 구를 둘 수 있으므로 3개의 구를 가지고 있는 도시는 인구가 75만에서 100만 명 사이에 있는 도시라는 것을 알 수가 있다.

인구 100만을 넘긴 고양시 역시 얼마 후에는 하나의 구가 더 생기게 될 것이라는 걸 대략 짐작할 수 있고, 일부 광역시보다 인구가 더 많은 수원은 4개의 구가 생긴 10여 년 전 100만 인구를 넘겼다고 할 수 있다.

인구가 어떻게 나뉘는지는 지방자치법을 보면 알 수 있다.

상급 지방자치단체

광역시

높은 재정자립도 및 자치 능력을 갖춰야 하며, 그 지역의 거점도시 역할을 해야 하고, 최소한 인구 100만 명이 조건이다.

▶ 전국 기초단체 중 100만이 넘는 4개 도시 수원, 고양, 창원, 용인은 인구 측면에서는 광역시의 기본요건을 갖췄다고 할 수 있다.

수원의 경우엔 '수원특별광역시' 승격을 위해 노력 중이다. 창원은 경남도지사가 반대하고 있는데, 이는 창원에 경남 인구가 몰려 있기 때문일 것이다. 한편 한때 100만 도시를 꿈꾸던 성남은 오히려 인구가 줄고 있고, 용인은 2017년 말 인구 100만을 넘어섰다.

그렇다면 인구 100만이 넘는 도시가 되면 무슨 혜택이 있을까?

지방공기업의 지역개발채권 발행권한, 건축법상 51층 이상의 건축물 허가권한, 개발제한구역(그린벨트)의 지정 및 해제에 관한 도시관리계획 변경결정 요청권한 등이 부여되고 특히 100만 도시의 발전을 구상할 수 있는 싱크탱크(시정개발연구원)의 설립도 가능해진다. 또한 도세 징수액의 10% 이내 범위로 중앙정부로부터 추가 교부를 받고 국회에 계류 중인 지방자치법 개정안이 통과되면 특례시로 적용받아 도의 권한이 시로 위임돼 자율권이 확보된다.

※ 2020년 특례시 출범

광역지방자치단체와 기초지방자치단체 중간 형태의 새로운 지방자치단체 유형이다. 2020년 12월 9일 인구 100만 이상 대도시에 '특례시' 명칭을 부여하는 지방자치법 전부개정안이 국회 본회의를 통과하면서, 수원·고양·용인·창원 등 인구 100만 명 이상 대도시가 2022년 1월 13일부터 특례시로 출범하게 된다.

도

경기, 강원, 충북, 충남, 전북, 전남, 경북, 경남, 제주 9개 도이며, 경기도의 경우에는 수원시에 경기도청이 있고, 경기 북부의 의정부에 제2청사를 두고 있다.

하급 지방자치단체

시

대부분 도시의 형태를 갖추고 인구 5만 이상이야 하며, 아래 조건에 맞아야 한다.

가. 시가지를 구성하는 지역 내에 거주하는 인구의 비율이 전체 인구의 60% 이상

나. 상업 · 공업 기타 도시적 산업에 종사하는 가구의 비율이 전체 가구의 60% 이상

다. 1인당 지방세납세액, 인구밀도 및 인구증가 경향이 행정자치부령이 정하는 기준 이상

시 (도농복합시)

① 시와 군을 통합한 지역

② 인구 5만 이상의 도시 형태를 갖춘 지역(읍 · 면 따위)이 있는 군

③ 인구 2만 이상의 도시 형태를 갖춘 2개 이상의 지역의 인구가 5만 이상인 군. 이 경우 인구가 15만 이상으로서 대통령령이 정하는 요건을 갖추어야 함

▶ 당해 지역의 상업, 공업, 기타 도시적 산업에 종사하는 가구의 비율이
　군 전체 가구의 45% 이상
▶ 전국 군의 재정자립도의 평균치 이상일 것
④ 국가의 정책으로 인하여 형성된 도시, 인구 3만 이상, 인구 15만 이상의
　도농 복합시의 일부 지역(예 : 계룡시)

군

위에서 설명한 도농 복합시의 조건에 미달되면 그대로 군이다.

구 (자치구)

특별 · 광역시 내에 설치되는 구이다. 특별 · 광역시 내에는 자치구가 반드시 존재한다. 일반 시에 있는 구와는 다르다.
▶ 서울시와 광역시에 설치되는 구와 시에 생겨나는 구는 엄연히 다르다.

하부 행정구역

구 (자치구가 아님)

인구 50만 이상의 시는 구를 설치할 수 있으며, 폐청이 되는 경우도 있다.(예 : 마산시)

읍

① 인구 2만 이상. 그 대부분이 도시 형태를 갖춰야 하며, 아래 조건에 맞아야 한다.
▶ 시가지를 구성하는 지역 내에 거주하는 인구의 비율이 전체 인구의 40%

이상

▶ 상업·공업 기타 도시적 산업에 종사하는 가구의 비율이 전체 가구의 40% 이상

② 군청 소재지

③ 도농 복합시의 면 중 하나

면

읍의 조건에 미달되면 면이다.

동 (행정 동)

시에 설치되며, 인구 등에 따라 한 행정 동이 여러 법정동을 관할하거나, 한 법정동을 여러 행정 동이 나눠서 관할한다. 보통 인구가 5만이 넘고, 행정 업무가 과도하다고 인정되면, 두 개 이상의 행정 동으로 분리하게 된다. 우리가 말하는 수소로서 사용되는 동은 행정 동이 아니라 다음에 설명할 법정동이다.

그밖에 하급 행정구역으로 리, 동(법정동)이 있으며 이는 1914년 일제의 행정구역 재편 당시 마을단위로 설정되어, 웬만해서는 현재까지 유지되어 내려오는 경우가 많다. 하천이나 산의 능선을 경계로 한다.

현재 인구 50만 이상의 행정자치구는 31개이다. 그중 서울 송파구와 대구 달서구, 서울 노원구, 서울 강서구, 서울 강남구, 인천 부평구, 서울 관악구, 인천 남동구, 인천 서구 9개 구를 제외하면 22개 도시가 된다. 그리고 막 50만을 넘긴 포항시는 남구와 북구가 있고, 김해시처럼 구를 나누지 않는 경우도 있다.

부동산 투자를 위해서는 많은 지표를 분석하게 되는데 인구유입률을 보는 것이 큰 도움이 되므로 행정자치부와 통계청 등을 통해서 구해보도록 하자.

인구와 투자 그리고 도시기본계획

우리나라를 일컬어 흔히 좁은 땅덩어리를 가지고 있다는 말을 한다. 하지만 부동산 투자의 면에서 보자면 대한민국에는 투자할 땅들이 많다.

그렇다면 이 많은 땅 중에서 어느 곳에 투자를 해야 할까?

전국에 널려 있는 모든 땅들을 투자 대상으로 삼는 것은 효율적이지 않다. 또한 다른 한편으로 특정한 한 지역만을 대상으로 하는 것은 투자 위험을 분산시킨다는 측면에서 바람직하지 않다. 너무 먼 미래가 아닌 3~5년 뒤 가치가 상승할 것으로 예측되는 두세 곳 정도의 지역을 선정하고 집중적으로 분석해 투자할 곳을 선정하는 것이 좋다.

그렇다면, 전국에 널려 있는 수많은 땅 중에서 어느 지역을 선정해 투자 대상으로 삼아야 할까? 우리는 부동산의 가치 상승을 가져오는 재료로 흔히 ① 도로의 신설·확장 ② 개발계획 ③ 규제 완화 등을 꼽는다.

투자 대상지역을 선정할 때에도 물론 위와 같은 세 가지 재료를 고려해야 한다.

그러나 이보다 더 근본적으로 생각해야 할 것이 있다. 바로 '인구 증가'이다. 도로가 신설·확장되고, 개발계획이 발표되고, 규제가 완화되면 보통 인구가 유입되지만 반드시 그런 것은 아니다. 지방에서는 위와 같은 재료에도 불구하고 인구가 유입되지 않아 반짝 올랐던 땅값이 그냥 주저앉는 사례를 여러 곳에서 찾아볼 수 있다. 즉 위와 같은 재료는 단발성 호재일 뿐 장기적으로 지속가능한 재료는 아니다.

장기적으로 계속해서 지가 상승을 가져오는 것은 결국 '인구'다. 사람이 모이는 곳이어야 한다는 것인데, 인구가 늘면 결국 도로가 신설·확장되고, 개발 계획도 세워지고, 규제도 완화될 수밖에 없다.

그렇다면 지난 10년간 전국에서 인구증가율이 가장 높았던 곳이 어디일까? 바로 '용인'이다. 용인시의 인구는 2000년도 40만 명에서 2005년도에는 무려 70만 명으로 75%가 증가했고, 2017년 100만 명을 넘겼다.

그러면 앞으로 10년간 전국에서 인구증가율이 가장 높을 것으로 예상되는 곳은 어디일까? 바로 '화성'이다. 화성시 인구는 2000년도에 18만 명에서 2005년도에 28만으로 55%가 증가했고, 2018년 1월 현재 691,086명으로 2016년 640,890명에 비해 50,196명이 증가했다. LTE 급 인구 증가다.

이와 같은 인구증가라는 요소를 고려해서 보면 부동산 투자 유망 지역은 결국 용인과 화성이라고 분석할 수 있는데, 이것이 바로 과학적인 투자다. 공개되지 않은 고급 정보를 빼내 이야기하는 것이 아니다. 또 어디가 좋아질 것이라는 막연한 감으로 이야기하는 것도 아니다. 여러 가지 재료를 평가하고 어디가 좋은 투자처라고 주관적으로 해석해서 하는 '주장'도 아니다. 누구나 찾아보고 확인할 수 있는 공개된 정보와 통계자료를 가지고, 알 수 없는 미래에 대하여 가능한 한 객관적으로 높은 가능성을 보이는 예측을 하고자 하는 것이다.

인구에 대해서 조금 더 이야기를 해보자. 일일이 다 세어보지는 않았지만 우리나라에는 84개의 도시가 있다고 한다. 그 중에서 인구 50만 이상의 대도시(특별시와 광역시를 제외하고)는 15개(2017년 기준)가 있다. 그 중 경기도에 있는 도시가 9개나 된다. 수원, 성남, 고양, 부천, 용인, 안양, 안산, 남양주 그리고 화성이다.(평택도 2021년 기준 50만 명을 넘겼다.)

인구 50만 이상의 대도시가 중요한 이유는 자체적으로 개발 계획을 세울 수 있기 때문이다. 즉 자생력이 강하고 지자체의 역할에 따라 큰 변화를 가져올 수 있는 도시라고 할 수 있기 때문이다.

"부동산 투자를 하기 위해서 이런 것까지도 알아야 합니까?"라고 질문한다면, 필자는 "예, 맞습니다. '과학적 투자'를 하기 위해서는 이런 것도 알아야 합니다."라고 대답하겠다. 단순히 "앞으로 어느 지역이 좋아진다더라, 어디로 도로가 생기고, 어디에 개발계획이 세워진다더라." 하는 재료들에만 관심을 갖고 그런 정보를 수집해 투자처를 찾으려고 한다면 대한민국에는 투자할 곳이 수도 없이 많다. 일일이 다 분석을 하기도 어려울 정도로 수많은 계획이 세워지고, 그럴 듯하게 포장되어 언론을 통해 발표된다.

언젠가는 개발이 되기도 한다. 하지만 재정적인 뒷받침이 되지 않아서 또는 정책의 우선순위가 바뀌어서 등의 이유로 무산되거나 축소되는 경우도 있고, 결국 완공이 되었다고 하더라도 계획만큼 파급효과가 크지 않아서 또는 예상했던 인구 유입이 되지 않아서 등의 이유로 기대했던 만큼의 지가 상승이 이루어지지 않고, 오히려 상투를 잡아서 그냥 애물단지가 되어버리는 사례를 수도 없이 볼 수 있다.

따라서 단발성 호재에 편승해 투자처를 찾기 위해 에너지를 분산시키는 것보다는 근본적이고 객관적인 시각을 가지고 장기적인 개발축의 변화를 파악해야 한다. 그 결과를 가지고 확신이 가는 몇몇 지역을 집중 분석함으로써 5년 뒤에 스포트라이트를 받을 수 있는 곳을 찾아 투자해야 한다. 이것이 바로 필자가 말하는 '과학적 투자'의 방법이다.

그렇다면 구체적으로 어떻게 그러한 곳을 찾을 수 있을까?

바로 인구통계와 도시기본계획을 분석하면 해답을 찾을 수 있다. 인구통계를 보면 과거의 인구변화 추이를 알 수 있고, 도시기본계획을 보면 미래의 인구 변화를 예측할 수 있다.

앞으로 투자의 각론에 들어가게 되면 투자 유망 도시들에 대한 도시기본계획을 분석하고 요약해서 설명하도록 하겠다.

한편 여러 가지 세무대책, 각종 법률(규제하는 내용뿐만 아니라 지원하는 내용까지 활용), V월드, 경기도 부동산 포털 · 다음 · 구글 등의 지도와 온나라 · 토지이용규제정보 · 산지정보시스템 등을 통해 토지에 대한 현황을 파악하고 가치를 분석하는 방법 등을 공부하다 보면 '부동산은 과학'이라는 필자의 말에 고개를 끄덕이게 되리라고 생각한다.

투자를 위한 인구유입 분석

전문가들이 토지투자의 적지로 꼽을 때 대표적인 사항은 지속적으로 인구가 증가하는 지역을 주목하라는 것이다. 과거 5년 이상 지속적으로 인구가 늘어나고 있는 시 · 군 · 구 지역이라면 땅값이 오를 가능성이 높다. 장기적으로 보아 인구증가 지역은 땅값이 오르고 있는 지역일 것이며, 따라서 좋은 투자 대상 지역으로 꼽을 만하다.

아기 울음소리가 들려야 땅값이 오른다

"아기 울음소리가 땅값을 올린다."라는 토지 관련 격언도 있다. 아주 적확한 표현이라고 생각한다. 즉 어린아이의 출생률이 높다면 인구의 자연증가율이 높다는 의미이고, 이것은 젊은 부부들이 많다는 것이며 일자리가 많다는 것을 보여준다.

여기서 생각해보자. 젊은 부부와 아이들에게 가장 필요한 것은 무엇일까?

첫째, 부부가 일하면서 돈을 벌 수 있는 일자리다. 다음으로는 아이들이 공부할 학교와 학원일 것이다. 일자리란 관공서, 금융기관, 공사, 공단, 대기업 본사 등으로서 이런 직장은 많은 사람을 고용하는 좋은 일자리가 된다. 그리고 관련 기관도 많아서 인구유입 효과가 크다. 따라서 그런 지역의 땅값이 오를 수밖에 없다는 것은 쉽게 추측할 수 있다.

지방에 도청 소재지가 이전하거나 중소도시에서 새로운 행정타운이 조성되면 그 일대의 땅값이 일제히 오르는 것은 이 때문이다. 학원가에 있는 건물과 땅값이나 학군이 좋은 지역의 아파트 값이 비싼 이유도 마찬가지다. 땅에 대한 수요가 많아지기 때문인 것이다. 그래서 아기 울음소리가 들리면 땅값이 오르고, 젊은 부부와 아이들이 많은 지역의 땅값은 비싸지게 마련이다.

행정구역 거주 인구수와 인구의 유입 속도

더 오를 수 있는 땅을 찾고자 한다면, 토지가 소재하는 행정구역의 땅값 추이를 보거나 혹은 지난 3년, 5년 혹은 10여 년 동안의 인구증가율과 이동 방향을 보면 매우 유용하다. 확실한 데이터는 없지만 일반적으로 3년 내지 5년간 지속적인 인구증가율을 보이는 지역은 분명히 땅값이 오르는 지역이라는 견해가 유력하다. 인구증가율이 높거나 증가 속도가 빠를수록 땅값이 더 많이 오를 것이라는 확신과 근거가 있다. 경기도 용인·화성, 충남 천안, 경남 김해시의 경우를 보면 잘 알 수 있다.

인구의 자연증가율과 순이동 증가율

시·군·구 등 어느 지역의 인구증가율을 알고자 한다면 국가기관의 인구증가율에 관한 통계자료를 보면 된다. 통계청, 행정자치부, 국토교통부에 해당 시 · 군 · 구의 홈페이지를 보면 대개 과거 10여 년 동안의 인구수와 인구증 가율이 나온다.

인구증가율은 자연증가율과 순이동 증가율로 구성되는데, 인구의 자연증 가는 연간 출생 인구에서 사망 인구를 뺀 것이다. 순이동 증가 인구는 그 지 역으로 전입된 인구에서 전출한 인구를 뺀 것으로 인구가 증가하는 지역은 자연증가율과 순이동 증가율이 모두 높은 지역이다. 자연증가율은 그 지역 에 생활터전을 잡고 살면서 아이를 낳는 젊은 계층이 많은 지역으로 경기도 와 인천의 경우에는 안정적인 자연증가율을 보이고 있다. 또 경기도와 울산, 경남지역은 과거 수 년 동안 전입 인구가 많아서 순이동 증가율이 높다. 반 면에 그 인접 지역인 서울, 부산, 충청도 등은 전출 인구가 전입 인구보다 많 아 인구가 감소하는 추세에 있다. 즉 수도권에서 서울은 감소 추세지만 경기 도와 인천은 지속적인 인구증가로 국내에서 가장 높은 인구증가율을 보이고 있다.

인구 유입력과 도시의 팽창 속도

장기적으로 어느 지역의 땅값이 상승할 것으로 전망되는지, 따라서 투자처 로서 매력이 있는지를 검토하려면 그 지역과 도시가 자체적으로 발전할 수 있는 자생력이 있는지, 지속적인 인구유입력과 개발 호재가 있는지 등을 살펴 보아야 한다.

인구의 집중과 흡수 요인인 사업 시설인 관공서, 대기업, 산업체, 공단, 대학 등과 확정된 대단위 정책사업 및 개발 사업이 있는가를 살펴본다. 개발계획 의 확실성과 규모, 그 영향력의 강도와 지방 재정자립도 그리고 학교와 병원 등 도시가 자체적인 자생력을 가질 수 있도록 받쳐주는 여러 가지 인구집중 시설과 함께 일자리를 비롯한 경제활동 인프라가 땅값에 많은 영향력을 끼친다. 지역의 발전 형태가 단순히 관공서나 공장, 학교가 중심으로 되어 있다든지, 아파트와 같은 주거단지를 중심으로 베드타운화 되어 있다면 발전에 한계가 있을 수밖에 없다.

인근 지역과 도시의 팽창 속도 그리고 개발 압력

두 도시의 중간에 있는 어느 지역의 경우 거리가 가깝고 인구가 많은 이웃 도시의 상권, 생활권으로 흡수된다는 유통 입지 이론이 있다. 예컨대 경기도 가평은 남북으로 지역이 넓지만 지역 내에 인구를 흡수할 수 있는 자생력과 구심점을 가진 도시가 없다. 이에 따라 북쪽 지역은 춘천생활권으로 편입되고, 남쪽의 청평은 남양주·구리지역 생활권으로 흡수되고 있다.

이런 입지 조건에서 같은 가평이라도 어느 쪽이 어느 방향으로 발전해 땅값이 오를 것인가 하는 것은 접하고 있는 인근 도시의 발전을 살펴보는 것이 빠르다. 이처럼 이웃 도시가 팽창하면서 인근 지역의 땅값을 상승시키는 것을 나비효과라고도 부른다. 물론 정확한 표현은 아니다.

생활권과 인구의 이동 방향

어느 지역의 발전 방향을 파악하고자 하면, 거주하는 성인 인구의 이동 방향을 살펴보는 것이 좋다. 대개의 경우 일자리나 사업상 업무를 위해 인근 도시로 이동하게 되므로 어느 도시 생활권에 속해 있는가를 살펴볼 수 있다. 또

학생의 경우에는 어느 도시의 학교로 많이 가는지를 볼 필요가 있다.

소위 통근자와 통학자의 수와 방향과 비율로 그 도시가 자생력을 가지고 있는지, 또 어느 생활권에 편입되고 있는지, 아니면 베드타운에 불과한지를 가늠할 수 있을 것이다. 그리고 그런 요소들이 인접지의 지가 상승에 중요한 요소가 된다.

인접지역에 통행 인구 집중 가능성을 가진 시설이 있는가?

개별 입지 검토에 있어서 인접지역에 명승지, 문화재, 관광지, 유명한 산, 유명한 사찰, 휴양림, 스키장, 리조트, 온천 등이 있다면 통행인구가 많을 것이므로 그 길목에 유동인구를 흡수할 수 있는 접객시설을 갖추는 것이 유리하다고 생각할 수 있다. 이런 시설로는 펜션, 콘도, 숙박업소, 유명 전원식당(가든), 박물관, 식물원 등이 좋다.

따라서 초기 투자에서도 이러한 시설을 건축할 수 있는 입지를 선택해 투자한다면, 지가 상승을 기대할 수 있을 것이다.

지자체의 인구유입 의지와 장기 도시발전계획 살펴보기

지자체의 인구증가와 행정구역 격상에 대한 의지와 노력을 살펴보는 것으로도 향후 도시가 발전할 수 있는 역동성과 방향을 가늠할 수 있다.

최근 전국적으로 활발하게 논의되고 있는 행정구역 통합 방향이나 지역 국회의원과 지자체장의 노력과 영향력 또한 중요한 점검 사항이다. 또 지역개발에 대한 호재의 신빙성, 타당성과 전망을 보고 그 지역(도시)의 지역개발정책과 확정된 장기적인 도시발전기본계획을 살펴서 향후 도시 발전과 연계되어 있는가를 검토해보도록 하자. 지금 전국적으로 진행 중인 행정구역 통합 논의를 관심 있게 주목할 필요가 있을 것이다.

제3장

도시기본계획을 활용한
투자 테크닉

투자의 핵을 공략하라

비도시 성장관리지역이 핵심이다!

어느 지역에 도시계획(개발 호재)이 수립되면 인근 지역의 땅값까지 동반해서 상승하게 된다. 즉 토지는 단독으로 상승하기도 하지만 인근 지역과 동반 상승할 가능성도 크다.

경제가 좋아져서 생활에 여유가 생기면 사람들은 경관이 좋고 접근성이 좋은 지방의 토지(비도시지역)에 관심을 갖게 되는데, 지방 비도시지역 투자에 관심을 가져야 하는 이유는 다음과 같다.

첫째, 수도권 집중화와 차량 급증으로 도시지역의 기반시설(도로)이 부족해 비수도권·비도시지역에 신도시, 산업단지 등의 대형 개발 필요성이 생겼으며, 20세기와 달리 국토의 21%인 농지, 64.7%인 임야 등 비도시지역에 대한 체계적 이용·보전·개발 필요성이 절실해졌다.

둘째, 국민소득이 향상되고, 여가시간이 늘면서 국민의 삶의 질에 맞는 국토이용 방법이 달라졌다. 주로 도시인의 여가활동시설과 휴양 및 체육시설의 확충이 절실해졌으며, 그로 인하여 국민건강을 위한 각종 행정계획이 수립되면서 점차 선진국 수준으로 바뀌어 갈 것이다.

셋째, 각 지자체가 경쟁력 있는 토지를 관광자원으로 개발하여 세수를 늘리려고 하기 때문에 전국 어느 지방이나 자연환경의 가치가 높아지고 있다. 이런 곳에 접근성까지 보장된다면 개발 수요가 크게 늘어날 것이다.

넷째, 피폐한 농촌을 살리기 위한 농촌 뉴타운에 대한 국가 부처의 직·간접 지원이 늘어나고 있다. 현지인, 농업인이 되면 각종 공법규제에서 벗어나 사실상 개발 등에 엄청난 특혜를 받게 된다. 또는 각종 지원을 활용하면 투자에 상대적으로 성공할 수 있다.

다섯째, 비도시지역에 투자하거나 각종 건축물을 개발하는 사람의 입장에서 보면, 비도시지역은 도로·상하수도 등 기반시설이 없거나 모자란 사실상 맹지이거나 도로가 좁아서 개발하는 데 비용이 많이 들어가는 실정이다. 이런 토지를 최소의 비용으로 투입해 도로를 확보하고, 인·허가가 어려운 토지에 전용허가를 받아내게 되면, 그 토지의 가치는 인근 토지와 상관없이 단독 상승할 수 있다.

계획관리지역은 전국토의 약 11%를 점하고 있으며, 용도가 다양해 투자 대상과 개발 용지로 널리 활용되고 있다. 이처럼 우리에게 친숙한 계획관리지역에 2013년과 2014년에 걸쳐 두 가지 중대한 변화가 생겼다. 토지투자와 토지개발에 주의를 기울여야 할 요소다.

변동 내용을 보면, 첫째로 개발 가능 행위의 범위가 종전의 포지티브 열거 시스템에서 네거티브 시스템으로 변동되었다는 것이고, 둘째로는 비도시지역 일부에 지구단위계획에 유사한 성장관리방안 수립 제도가 도입되어 이 방안이 수립된 지역에 포함된 계획관리지역인 경우에는 지자체의 조례로 법정 건폐율(40%) 및 용적률(100%)의 125% 이내에서 각각 완화하여 적용할 수 있도록 한 것이다.

이것은 현행 계획관리지역 내 건폐율·용적률이 각각 40%, 100% 이하에서 건폐율은 최대 50%, 용적률은 최대 125%까지 완화되는 것이다.

계획관리지역의 특성과 이해

계획관리지역은 국토계획법상 비도시지역 용도지역의 하나다. 2003년 이전의 도시지역 중 준도시지역과 준농림지역이 합쳐진 관리지역이 세분화되면서 관리지역 중 가장 활용도가 높은 지역이다.

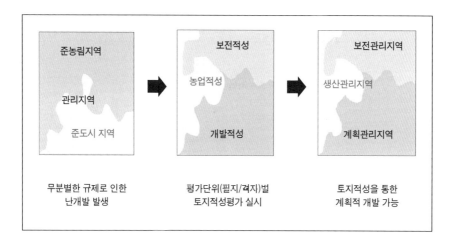

계획관리지역은 자연녹지지역 및 생산관리지역과 함께 시가화유보지역의 하나다. 도시지역으로 편입되어 있는 자연녹지지역과 시가화예정용지로 장차 도시화가 예상되는 지역으로서, 공히 지구단위계획을 수립할 수 있다. 양 지역에서 할 수 있는 개발행위의 범위도 대체로 유사한 수준이다.

그러나 계획관리지역은 도시 주변에 포진돼 있는 자연녹지에 비해 시가화된 중심지역과 접근성이 떨어져 자체적인 도시화가 어려운 약점이 있다. 또 계획관리지역은 비도시지역으로서 2014년부터 개발행위허가심사기준이 강화되는 추세이기도 하다.

시가화 용도

계획관리지역은 지역에 따라 약간의 차이가 있으나 대체로 공장, 임대용 창고, 유통시설, 음식점, 체육시설, 폐차장·주차장과 같은 자동차 관련 시설 등을 건축할 수 있고, 투자나 개발을 위해서도 쓰임새가 많다. 전국 모든 지역에서 건폐율과 용적률이 각기 40%와 100%로서 건폐율이 20%인 자연녹지에 비해 두 배 넓게 건축할 수 있다. 또 자연녹지는 4층까지만 지을 수 있으나 계획관리지역은 그 이상으로 지을 수 있다.

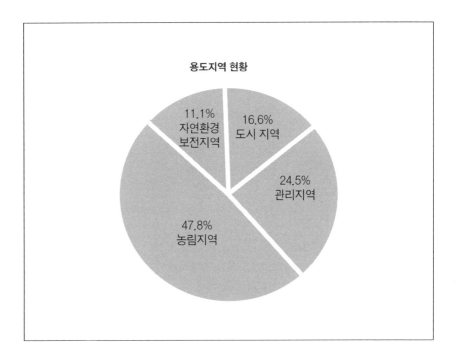

토지의 이용 및 건축물의 용도·건폐율·용적률·높이 등에 대한 용도지역의 제한에 따라 개발행위 허가기준을 적용하는 주거지역·상업지역 및 공업지역.

유보 용도

법 제59조에 따른 도시계획위원회의 심의를 통하여 개발행위 허가기준을 강화 또는 완화하여 적용할 수 있는 계획관리지역·생산관리지역 및 자연녹지지역.

보전 용도

법 제59조에 따른 도시계획위원회의 심의를 통해 개발행위 허가기준을 강화하여 적용할 수 있는 보전관리지역·농림지역·자연환경보전지역 및 생산녹지지역, 보전녹지지역.

계획관리지역에 대한 규제완화 추세에 주목하라!

관리지역 세분화 이후 지난 10여 년 동안 개발이 가능한 토지에 대한 수요가 늘어나고 비도시지역과 지방 토지에 대한 균형개발 요구가 커지면서 계획관리지역에 대한 규제가 점차 완화되고 있다. 또한 계획관리지역에 건축이 가능한 공장의 종류가 늘어나고 있으며, 3천 ㎡ 이하의 판매 유통시설의 설치도 가능해졌다.

그동안 수도권의 건폐율·용적률을 올려달라는 건의에 대해서도 성장관리방안을 수립하는 조건으로 25% 상향이 가능하도록 하는 법령의 개정이 있었다. 난개발의 우려가 없는 범위에서 업무·판매·문화·관광시설 등의 입지가 완화되며, 현재는 계획관리지역에 판매시설을 건축할 수 없지만 앞으로는 지자체가 성장관리 방안을 수립한 경우 바닥면적 3천 ㎡ 미만의 판매시설을 건축할 수 있게 된다.

성장관리 방안은 특별시장·광역시장·특별자치시장·특별자치도지사·시장 또는 군수는 난개발 방지와 지역 특성을 고려한 계획적 개발을 유도하기 위하여 필요한 경우 대통령령으로 정하는 바에 따라 개발행위의 발생 가능성이 높은 지역을 대상 지역으로 하여 기반시설의 설치·변경, 건축물의 용도 등에 관한 관리 방안을 수립할 수 있다.

또 계획관리지역과 도시지역 중 상업·준주거·공업지역에 대한 건축물 규제를 허용시설만 열거하는 현재의 포지티브 열거주의 방식에서 금지시설만 열거해 나머지를 허용하는 네거티브 시스템으로 전환했다.

따라서 법령이나 조례에 열거되지 않는 시설의 입지가 원칙적으로 허용되어 도시 공간의 융·복합적인 이용이 활성화될 수 있게 되었다.

계획관리지역의 개발 가능행위의 범위

2014년 1월 14일자로 개정(2014년 7월 15일부터 시행)된 국토계획법 시행령에서 〈별표 20〉으로 규정한 계획관리지역에서 건축할 수 있는 건축물의 종류는 아래에서 Tip으로 정리했다.

결국은 해당 지역의 조례에 따라 시행될 것이므로 각 자치단체의 조례를 살펴보아야 할 것이다. 자치단체에 따라서는 오히려 종전보다 개발 범위가 더 좁아지게 될 수도 있지 않을까 하는 우려도 있기 때문이다.

Tip .
국토계획법 시행령 [별표 20]

계획관리지역 안에서 건축할 수 없는 건축물(제71조 제1항 제19호 관련)

1. 건축할 수 없는 건축물

가. 4층을 초과하는 모든 건축물
나. 건축법 시행령 별표 1 제2호의 공동주택 중 아파트
다. 건축법 시행령 별표 1 제3호의 제1종 근린생활시설 중 휴게음식점 및 제과점으로서 국토교통 부령으로 정하는 기준에 해당하는 지역에 설치하는 것
라. 건축법 시행령 별표 1 제4호의 제2종 근린생활시설 중 일반음식점·휴게음식점·제과점으로서 국토교통부령으로 정하는 기준에 해당하는 지역에 설치하는 것과 단란주점
마. 건축법 시행령 별표 1 제7호의 판매시설(성장관리 방안이 수립된 지역에 설치하는 판매 시설로 서 그 용도에 쓰이는 바닥면적의 합계가 3천 ㎡ 미만인 경우는 제외한다.
바. 건축법 시행령 별표 1 제14호의 업무시설
사. 건축법 시행령 별표 1 제15호의 숙박시설로서 국토교통부령으로 정하는 기준에 해당하는 지역 에 설치하는 것.
아. 건축법 시행령 별표 1 제16호의 위락시설
자. 건축법 시행령 별표 1 제17호의 공장 중 다음이 어느 하나에 해당하는 것. (공익사업을 위한 토 지 등의 취득 및 보상에 관한 법률에 따른 공익사업 및 도시개발법에 따른 도시개발사업으로 해당 특별시·광역시·특별자치시·특별자치도·시 또는 군의 관할구역으로 이전하는 레미콘 또는 아스콘 공장은 제외한다.)
   (1) 별표 19 제2호 자목(1)부터 (4)까지에 해당하는 것. 다만, 인쇄·출판시설이나 사진처리시설 로서 수질 및 수생태계 보전에 관한 법률 제2조 제8호에 따라 배출되는 특정수질유해물질 을 모두 위탁 처리하는 경우는 제외한다.
   (2) 화학제품조시시설(석유정제시설을 포함한다). 다만, 물·용제류 등 액체성 물질을 사용하지 않고 제품의 성분이 용해·용출되지 않는 고체성 화학제품조시시설은 제외한다.
   (3) 제1차금속·가공금속제품 및 기계장비제조시설 중 「폐기물관리법 시행령」 별표 1 제4호에 따 른 폐유기용제류를 발생시키는 것.
   (4) 가죽 및 모피를 물 또는 화학약품을 사용하여 저장하거나 가공하는 것.
   (5) 섬유제조시설 중 감량·정련·표백 및 염색시설
   (6) 수도권정비계획법 제6조 제1항 제3호에 따른 자연보전권역 외의 지역 및 환경정책기본법 제38조에 따른 특별대책지역 외 지역의 사업장 중 폐기물관리법 제25조에 따른 폐기물처리 업 허가를 받은 사업장. 다만, 폐기물관리법 제25조 제5항 제5호부터 제7호까지의 규정에 따 른 폐기물 중간·최종·종합재활용업으로서 특정 수질유해물질이 배출되지 않는 경우는 제외 한다.

(7) 수도권정비계획법 제6조 제1항 제3호에 따른 자연보전권역 및 환경정책기본법 제38조에 따른 특별대책지역에 설치되는 부지 면적(둘 이상의 공장을 함께 건축하거나 기존 공장부지에 접하여 건축하는 경우와 둘 이상의 부지가 너비 8미터 미만의 도로에 서로 접하는 경우에는 그 면적의 합계를 말한다) 1만 ㎡ 미만의 것. 다만, 특별시장·광역시장·특별자치시장·특별자치도지사·시장 또는 군수가 1만 5천 ㎡ 이상의 면적을 정하여 공장의 건축이 가능한 지역으로 고시한 지역 안에 입지하는 경우는 제외한다.

2. 지역 여건 등을 고려하여 도시·군 계획조례로 정하는 바에 따라 건축할 수 없는 건축물.

가. 4층 이하의 범위에서 도시·군 계획조례로 따로 정한 층수를 초과하는 모든 건축물
나. 건축법 시행령 별표 1 제2호의 공동주택.(제1호 나목에 해당하는 것은 제외한다)
다. 건축법 시행령 별표 1 제3호의 제1종 근린생활시설 중 휴게음식점 및 제과점으로서 도시·군 계획조례로 정하는 지역에 설치하는 것.
라. 건축법 시행령 별표 1 제4호의 제2종 근린생활시설 중 일반음식점·휴게음식점·제과점으로서 도시·군 계획조례로 정하는 지역에 설치하는 것과 안마시술소 및 같은 호 사목에 해당하는 것.
마. 건축법 시행령 별표 1 제5호의 문화 및 집회시설
바. 건축법 시행령 별표 1 제6호의 종교시설
사. 건축법 시행령 별표 1 제8호의 운수시설
아. 건축법 시행령 별표 1 제9호의 의료시설 중 종합병원·병원·치과병원 및 한방병원
자.건축법 시행령 별표 1 제10호의 교육연구시설 중 같은 호 다목부터 마목까지에 해당 하는 것.
차. 건축법 시행령 별표 1 제13호의 운동시설.(운동장은 제외한다)
카. 건축법 시행령 별표 1 제15호의 숙박시설로서 도시·군 계획조례로 정하는 지역에 설치하는 것.
타. 건축법 시행령 별표 1 제17호의 공장 중 다음의 어느 하나에 해당하는 것.
(1) 수도권정비계획법 제6조 제1항 제3호에 따른 자연보전권역 외의 지역 및 환경정책기본법 제38조에 따른 특별대책지역 외의 지역에 설치되는 경우.(제1호 자목에 해당하는 것은 제외한다)
(2) 수도권정비계획법 제6조 제1항 제3호에 따른 자연보전권역 및 환경정책기본법 제38조에 따른 특별대책지역에 설치되는 것으로서 부지 면적(둘 이상의 공장을 함께 건축하거나 기존 공장부지에 접하여 건축하는 경우와 둘 이상의 부지가 너비 8미터 미만의 도로에 서로 접하는 경우에는 그 면적의 합계를 말한다)이 1만 ㎡ 이상인 경우
(3) 공익사업을 위한 토지 등의 취득 및 보상에 관한 법률에 따른 공익사업 및 도시개발법에 따른 도시개발사업으로 해당 특별시·광역시·특별자치시·특별자치도·시 또는 군의 관할구역으로 이전하는 레미콘 또는 아스콘 공장

파. 건축법 시행령 별표 1 제18호의 창고시설.(창고 중 농업·임업·축산업·수산업용으로 쓰는 것은 제외한다)
하. 건축법 시행령 별표 1 제19호의 위험물 저장 및 처리시설
거. 건축법 시행령 별표 1 제20호의 자동차 관련시설
너. 건축법 시행령 별표 1 제27호의 관광 휴게시설

성장관리 방안과 건폐율·용적률의 완화 인센티브

성장관리 방안

특별시장·광역시장·특별자치시장·특별자치도지사·시장 또는 군수는 난개발 방지와 지역 특성을 고려한 계획적 개발을 유도하기 위하여 필요한 경우 대통령령으로 정하는 바에 따라 개발행위의 발생 가능성이 높은 지역을 대상지역으로 하여 기반시설의 설치·변경, 건축물의 용도 등에 관한 관리방안(성장관리 방안)을 수립할 수 있다. (국토계획법 제58조)〈신설 2013.7.16〉

관련 국토계획법 시행령에서는 다음과 같이 성장관리지역의 대상지역과 지정 절차를 규정한다.

특별시장·광역시장·특별자치시장·특별자치도지사·시장 또는 군수가 개발행위의 발생 가능성이 높은 지역을 대상지역으로 하여 기반시설의 설치·변경, 건축물의 용도 등에 관한 성장관리 방안을 수립할 수 있는 지역은 법 제58조 제3항 제2호에 해당하는 유보 용도지역으로서 다음 각호의 어느 하나에 해당하는 지역으로 한다.

1. 개발 수요가 많아 무질서한 개발이 진행되고 있거나 진행될 것으로 예상되는 지역
2. 주변의 토지이용이나 교통여건 변화 등으로 향후 시가화가 예상되는 지역
3. 주변 지역과 연계하여 체계적인 관리가 필요한 지역
4. 그밖에 제1호부터 제3호까지에 준하는 지역으로서 도시·군계획 조례로 정하는 지역

성장관리 방안에는 다음 각호의 사항 중 제1호와 제2호를 포함한 둘 이상

의 사항이 포함되어야 한다.

1. 도로, 공원 등 기반시설의 배치와 규모에 관한 사항

2. 건축물의 용도제한, 건축물의 건폐율 또는 용적률

3. 건축물의 배치 · 형태 · 색채 · 높이

4. 환경관리계획 또는 경관계획

5. 그밖에 난개발을 방지하고 계획적 개발을 유도하기 위하여 필요한 사항
   으로서 도시 · 군계획 조례로 정하는 사항[본조 신설 2014.1.14]

특별시장 · 광역시장 · 특별자치시장 · 특별자치도지사 · 시장 또는 군수는 법 제58조 제5항에 따라 성장관리 방안에 관하여 주민의 의견을 들으려면 성장관리 방안의 주요내용을 전국 또는 해당 지방자치단체의 지역을 주된 보급 지역으로 하는 둘 이상의 일반 일간신문과 해당 지방자치단체의 인터넷 홈페이지 등에 공고하고, 성장관리 방안을 14일 이상 일반이 열람할 수 있도록 하여야 한다.

공고된 성장관리 방안에 대하여 의견이 있는 자는 열람기간 내에 특별시장 · 광역시장 · 특별자치시장 · 특별자치도지사 · 시장 또는 군수에게 의견서를 제출할 수 있다.

성장관리지역 내 건폐율·용적률 인센티브

성장관리지역 내 건축물의 용도는 권장용도, 허용용도, 불허용도 등으로 설정할 수 있다.

건폐율 및 용적률은 당해 용도지역의 건폐율 및 용적률을 적용하는 것을 원칙으로 하되, 토지 일부의 기반시설 편입 여부, 권장사항 이행 여부 등에 따

라 인센티브를 차등해 제공하는 등 허용범위를 다르게 제시함으로써 성장관리 방안의 목적 달성을 위한 방안으로 활용할 수 있다.(계획관리지역에 한함)

성장관리 방안을 수립할 때 계획관리지역에서는 법 제77조 제1항 제2호 다목 및 제78조 제1항 제2호 다목의 단서 규정에 따라 당해 용도지역에서 허용되는 건폐율 및 용적률을 125% 범위에서 완화하여 적용할 수 있다. 이 경우 건폐율과 용적률을 완화할 때에는 해당 지역의 기반시설의 공급계획을 고려한다.

비도시 성장관리지역을 집중 공략하라

1. 시가화 용도
토지의 이용 및 건축물의 용도·건폐율·용적률·높이 등에 대한 용도지역의 제한에 따라 개발행위허가의 기준을 적용하는 주거지역·상업지역 및 공업지역

2. 유보용도
법 제59조에 따른 도시계획위원회의 심의를 통하여 개발행위허가의 기준을 강화 또는 완화하여 적용할 수 있는 계획관리지역·생산관리지역 및 자연녹지지역

3, 보전용도
법 제59조에 따른 도시계획위원회의 심의를 통하여 개발행위허가의 기준을 강화하여 적용할 수 있는 보전관리지역·농림지역·자연환경보전지역 및 생산녹지지역, 보전녹지지역

성장관리 방안 수립지침

국토계획법과 동 시행령의 위임에 따라 제정 고시된 것이 국토교통부의 성장관리 방안 수립지침(국토교통부 훈령 제335호, 2014년 1월 17일자)이다. 이 지침

은 비시가화지역의 개발압력이 높은 지역을 대상으로 계획적 개발 및 관리를 위하여 개발행위에 대한 체계적 관리 수단을 마련할 필요가 있다고 제정 이유를 밝힌다.

성장관리 방안의 성격

성장관리 방안은 개발압력이 높아 무질서한 개발이 우려되는 지역 등을 대상으로 해당 지자체장이 자율적으로 수립하며, 미래의 개발행위를 예측하여 이에 대한 계획적 개발 및 관리 방향을 제시하고 유도하는 성격의 계획이다.

성장관리 방안 수립지침의 특성

성장관리 방안은 약식 지구단위계획이라고 볼 수 있다. 지구단위계획은 도시지역 전체 또는 지구단위계획 구역을 대상으로 하는 정규 도시관리계획인 반면 성장관리 방안은 비도시지역 중 개발압력이 예상되는 자연녹지지역, 계획관리지역, 생산관리지역만을 대상으로 하는 특별지역제(special district zoning)인 셈이다.

성장관리지역 설정기준

▶ 성장관리지역은 자연녹지지역, 계획관리지역, 생산관리지역 중 다음과 같은 지역에 설정한다.

① 주변의 토지이용이나 교통여건 변화 등으로 향후 시가화가 예상되는 지역
② 개발 수요가 많아 무질서한 개발이 진행되고 있거나 진행될 것으로 예상되는 지역
③ 주변 지역과 연계하여 체계적인 관리가 필요한 지역
④ 그밖에 ①부터 ③까지에 준하는 지역으로서 도시·군 계획조례로 정하는 지역

▶ 성장관리지역의 범위 설정은 다음 사항을 고려할 수 있다.
① 해당 지역의 최근 6개월 또는 1년간 개발행위 허가건수가 직전 동기 대비 20% 이상 증가한 지역
② 해당 지역의 최근 1년간 인구증가율 및 지가변동률이 해당 시·군·구의 최근 1년간 인구증가율 및 지가변동률보다 20% 이상 높은 지역

▶ 성장관리지역 지정 규모는 난개발을 방지하고 계획적인 개발을 유도할 수 있는 규모 이상으로 지정한다. 단, 계획관리지역이 포함되는 경우 3만 ㎡ 이상의 규모로 한다.

관리지역 세분화 투자법

관리지역 세분화와 토지투자

준농림의 탄생과 '르네상스'

개발행위의 완화를 위한 준농림지역의 탄생

1993년 국토이용관리법을 개정하면서 10개였던 용도지역이 도시, 준도시, 농림, 준농림, 자연환경의 5개로 단순화되었고, 1994년 문민정부 시절 준농림지역이 탄생하였다. 준농림지역 탄생과 함께 국토이용관리도 '금지행위 열거 방식'이 적용되면서 개발할 수 없는 내용을 명시하고 나머지는 형질을 변경해 건축을 할 수 있는 길이 활짝 열렸다.

이런 배경에는 만성적인 용지 부족으로 지가가 상승하였으므로 용지의 공급을 확대해 본래 보존 목적의 비도시지역 토지 중 일부에 '준' 자를 하나 붙여 개발할 수 있는 길을 열어 주고 '준농림지역'이라고 분류하게 된 것이다.

토지투자 대상 1위 '준농림지역'

준농림지역의 지정과 개발행위의 폭넓은 허용은 준농림지역 내 농지나 임야 중 절반은 합리적인 사유가 있을 때 개발이 가능하도록 한다는 취지였다. 그러나 준농림지역 내 농지나 임야는 무조건 개발이 가능하다는 인식이 만연하게 되었고, 토지투자에서 준농림지역의 전성시대가 도래하였다.

1993년까지 토지투자 대상 1위는 도시지역의 자연녹지였으나 1994년부터 최고의 투자 대상은 준농림지역 내 농지나 임야로 바뀌었다. 혹자는 이러한 현상을 '준농림 르네상스'라고 표현하기도 한다.

관리지역의 탄생

개구리처럼 튀는 난개발과 용인 사태

주식시장에서는 '개구리와 주가가 튀는 방향은 아무도 모른다.' 라는 투자 격언이 있다. 준농림지역에서도 마치 개구리가 점프하는 식의 방향성 없는 난개발이 전국을 할퀴고 지나갔다. 도로, 교통, 환경 측면을 고려하지 않고 논이나 산 한가운데 나 홀로 아파트가 세워지고, 나홀로 공장이 지어졌으며, 러브호텔 등이 우후죽순 등장하였다. 길을 가다 주변 환경과 어울리지 않는 볼썽사나운 건축물이 보인다면 보통 이때 탄생한 건물이라고 생각하면 된다.

이로 인해 용인에서는 아파트의 식수 및 교통문제가 불거졌고, 그에 따라 국토 관련 법률 체계의 정비 필요성이 대두되었으며, 이에 따라 2003년부터 국토계획법 체계 아래 관리지역이 탄생하였다. 즉 준도시지역과 준농림지역을 합하여 '관리지역'으로 지정하게 된 것인데, 준도시지역의 비중이 미미했기 때문에 결국 준농림지역이 '관리지역'이라는 새로운 이름을 갖게 된 것이다. 관리지역은 전 국토의 25%, 즉 4분의 1을 차지하고 있다.

토지투자 대상 1위 '관리지역'

'준농림지역'이 국토계획법 체계 아래에서 '관리지역'으로 바뀌면서 토지투자 대상 1위는 준농림지역의 새 이름이라고 할 수 있는 '관리지역'이 계승하게 된다. 따라서 2003년부터는 관리지역 내 농지나 임야가 토지투자 대상 1위가 되었다.

관리지역의 세분화

과다한 관리지역 비율

준농림지역의 난개발은 '준농림'이 탄생한 순간부터 예고된 수순이었다. 준농림을 만든 배경이 부족한 주거용지 · 상업용지 · 공업용지에 토지를 공급하고자 만든 용도지역이기 때문이다. 현재 기준으로도 주거용지 · 상업용지 · 공업용지로 쓰이는 도시용지의 비율은 불과 6.4%에 불과하다. 따라서 전 국토의 10% 정도만 준농림지역으로 배정했어도 무방했을 것을 무려 25%나 준농림지역으로 배정함으로써 난개발을 초래하게 된 것이라고 할 수 있다.

결국 과다한 관리지역(준농림지역)의 비율을 축소시키기 위해 보전적성의 보전관리지역, 농업적성의 생산관리지역, 개발적성의 계획관리지역으로 세분화하게 된다.

관리지역 세분화

관리지역은 전국이 2009년 1월 1일부터 보전관리지역, 생산관리지역, 계획관리지역으로 세분화되었다.

▶ 보전관리지역 : 자연환경보호, 산림보호, 수질오염 방지, 녹지공간의 확

보 및 생태계 보전 등을 위해 보전이 필요하나, 주변 용도지역과의 관계 등을 고려할 때 자연환경보전지역으로 지정하여 관리하기가 곤란한 지역을 의미한다. 보전적성이라고 한다.

▶ 생산관리지역 : 농업 · 임업 · 어업생산 등을 위해 관리가 필요하나, 주변 용도지역과의 관계 등을 고려할 때 농림지역으로 지정해 관리하기가 곤란한 지역을 의미한다. 농업적성이라고 한다.

▶ 계획관리지역 : 도시지역으로의 편입이 예상되는 지역 또는 자연환경을 고려해 제한적으로 이용 · 개발하고자 하는 지역으로서 계획적 · 체계적인 관리가 필요한 지역을 의미한다. 개발적성이라고 한다.

관리지역 세분화가 토지투자에 미치는 영향

〈 관리지역과 건축할 수 있는 건축물 (○ : 가능 , × : 불가능)〉

구분	보전녹지	생산녹지	자연녹지	보전관리	생산관리	계획관리	농림지역	자연환경보전
단독주택	○	○	○	○(펜션)	○	○	농가	농가
숙박시설	×	×	×	×	×	○	×	×
공장(일반)	×	×	×	×	×	○	×	×
공장(첨단)	×	○	○	×	×	○	×	×
창고(일반)	×	○	○	×	×	○	×	×
창고(농림)	○	○	○	○	○	○	○	×
주유소	×	○	○	○	○	○	×	×
충전소	○	○	○	○	○	○	○	×
골프연습장	×	○	○	×	×	○	×	×
유치원	○	○	○	○	○	○	×	×
일반음식점	×	○	○	×	○	○	×	×
연립	×	○	○	×	○	○	×	×
지구단위계획	×	×	○	×	×	○	×	×

세분화된 관리지역에 따라 크게 건폐율과 건축할 수 있는 건축물의 두 가지가 달라진다. 그리고 그 차이가 토지의 투자가치를 결정짓는다.

세분화되기 전에는 관리지역에 건폐율 40%를 적용하고, 단독주택, 숙박시설, 공장, 창고, 일반음식점 건축이 가능했다. 하지만 세분화 이후 보전관리지역과 생산관리지역은 20%의 적용을 받으며 계획관리지역만이 40%의 적용을 받는다. 즉 건폐율 측면에서 계획관리지역만이 관리지역의 지위를 계승한 것이다.

200㎡(60평)의 대지를 위해서 종전 관리지역에서는 500㎡(151평)의 부지가 있어야 하나, 관리지역이 세분화된 이후 생산이나 보전관리지역으로 편입된 관리지역에서는 1천 ㎡(302평)의 부지가 있어야 하는 것이다.

단독주택은 세 관리지역에서 모두 허용된다. 단, 앞에서 보았듯이 건폐율의 차이는 존재한다. 관리지역에서 대표적인 투자가치가 있는 네 가지 건축물, 즉 숙박시설 · 공장 · 창고 · 일반음식점(가든, 카페)은 계획관리지역에서만 건축할 수 있다.

가치가 더욱 높아진 개발적성의 '계획관리지역'

관리지역이 세분화되기 전에는 모두 같은 관리지역이었다. 하지만 세분화 이후에는 가치가 크게 달라졌다.

관리지역을 세분화 하면서 시군마다 계획관리지역의 비율은 차이가 있지만 50% 내외를 차지하고 있다. 결과적으로 개발이 용이한 토지의 비율은 줄어들게 되었고 그만큼 상대적으로 가치는 높아지게 된다. 다만 계획관리지역으로 분류되었다고 해서 모두 개발이 가능한 것은 아니다.

상대적으로 낮은 평가를 받게 된 '보전 및 생산관리지역'

보전관리지역이나 생산관리지역도 같은 관리지역이다. 하지만 개발이라는 측면에서는 과거의 관리지역에 비해 가치가 현저히 낮아졌다. 건폐율이 20% 이하로 줄었고 무엇보다도 건축할 수 있는 건축물의 범위가 현저히 축소되었기 때문이다.

수도권에서 가장 일반적이고 가치 있는 개발행위는 공장, 일반 창고, 일반 음식점(가든·카페), 숙박시설 등이다. 그러나 이러한 건축물은 이제 계획관리지역에서만 가능하고 보전 및 생산관리지역에서는 허용되지 않는다. 같은 관리지역이라고 해도 비슷한 가치를 지닌 토지로 혼동하지 말아야 하는 것이다.

관리지역 세분화와 토지투자

특히 토지경매에서 유의하여야 할 점 중 하나는 관리지역 세분화이다. 특히 감정평가서에 '관리지역'으로 표시되어 있는 토지는 투자에 유의해야 한다. 이런 토지들은 감정평가 당시에는 세분화가 이루어지지 않았기 때문에 감정평가서에 관리지역으로 표시되어 있지만, 그 후 세분화가 확정되었기 때문에 토지이용계획확인서를 열람해보면 세분화된 보전관리, 생산관리, 계획관리 중 하나로 표시가 된다.

해당 토지에 건축할 수 있는 건축물과 관련지어서 계획관리지역으로 편입된 토지의 가치는 올라갔다고 할 수 있다. 하지만 상대적으로 보전관리지역이나 생산관리지역으로 편입된 토지는 해당 토지에 어떤 용도의 건축물을 지어서 활용할 수 있을 것인가를 염두에 두고 가치를 평가하여야 한다. 음식점이나 카페 부지로 적합한 부지가 계획관리지역으로 편입되었다면 좋은 결과다. 하지만 현장에 가보면 보전관리지역이나 생산관리지역으로 편입돼 음식점이나 카페와 같은 건축이 원초적으로 불가능하게 된 토지들도 가끔 보게 된다.

마찬가지로 논리로 공장이나 창고로 적합한 부지가 보전관리지역이나 생산관리지역으로 편입되어 개발이 불가능하게 됨으로써 토지의 가치가 하락하게 된 경우도 많이 볼 수 있다.

관리지역 세분화 문제가 국민들에게 미치는 영향을 고려할 때 그 배경에 대해 더욱 확실히 알아두어야 할 필요가 있다.

1988년 당시 올림픽 특수로 인해 수출이 호황을 누리고 경제가 호황을 맞이하게 되면서 전국에 부동산투기 바람이 불기 시작했다. 이에 정부는 1987년부터 대책으로 토지초과이득세, 개발부담금, 공시지가제도 등 부동산 규제정책으로 일관했다.

하지만 1993년 들어선 문민정부는 지나친 토지규제정책이 지가를 폭등하도록 만들고, 부동산투기를 조장하는 것으로 판단했다. 따라서 정부는 보전의 필요가 적은 임야와 우량농지가 아닌 상대농지와 과수원, 농장, 목장 등을 개발이 가능한 용도의 토지로 분류했다. 이로써 1994년 1월 1일부터 국토의 이용에 역점을 두고 시행하기 시작한 준농림제도는 기존의 개발가능(전 국토의 4%) 면적의 6.5배인, 26.3%(79억 평)를 '준농림지역'으로 분류해 개발가능 면적을 대폭 확장하였다.

하지만 이 제도는 산업이 활성화하는 시기에서 시기적절한 공급정책이라는 성과도 있었지만 본래의 정책 목표와는 반대로 일명 포도송이 난개발을 불러오는 정책적 실패를 거둘 수밖에 없었다.

이에 정부는 시행 9년 만에 준농림제도를 폐지하고, 2003년 1월 1일부터 토지 관련 법체계를 토지의 이용, 개발보다는 계획적 관리를 우선하는 관리지역(국토계획법)으로 이름을 바꾸고 기존 준농림지역 면적의 40% 정도를 축소하기 위해 3개 지역으로 세분화하였다. 즉 계획관리지역, 생산관리지역, 보전관리지역이다.

관리지역 세분화와 토지적성평가

관리지역이란?

관리지역은 옛 준농림·준도시(취락)지역이 합쳐진 것으로 국토계획법상 도시계획 이외 지역에서의 개발이 가능한 토지를 말하며, 세분화란 준농림지역의 난개발을 막기 위해 기존의 준농림지역중에서 토지적성평가를 거쳐 계획관리지역(개발용), 생산관리지역(농림어업용), 보전관리지역(보전용)으로 나누는 작업을 말한다. 한마디로 경제성 있는 토지(계획관리지역)를 가려내는 작업이다.

세분화 방법
필지별 분류가 원칙이다.

세분화 절차
① 경기도의 경우 각 지자체 별로 세분화 방안을 수립한 다음 공람을 거쳐 지방의회 의견 청취, 지방도시계획위원회 자문 등의 순서로 진행된다. 이 절차를 거쳐 방안이 결정되면 각 지방자치단체장은 경기도에 승인을 요청하게 된다.
② 경기도는 지자체에서 올린 세분화 방안을 도 도시계획위원회 심의에 회부해 문제가 없을 경우 방안을 최종 확정해 결정고시를 하는 것으로 세분화 절차를 마친다.

세분화 기준
각 지자체 별로 조사한 각 필지별 토지적성평가 결과로 한다.

토지적성평가란?

① 각 필지별 토지가 가지고 있는 교통여건, 자연환경 등을 종합적으로 고려해 땅의 가치를 평가하는 절차를 말한다.

② 이 절차를 거쳐 관리지역을 필지별로 개발이 가능한 '계획관리지역', 사실상 개발을 제한하는 농업·임업 등을 위주로 하는 '생산관리지역', 자연환경·생태계보전 목적을 가진 '보전관리지역' 등 3가지로 세분화하게 된다.

토지적성평가의 세분기준 예시

보전지역이나 생산관리지역으로 편입되면 지가는 절반으로 떨어진다.

관리지역의 세분화작업을 이해하기 쉽게 이미 완료된 파주시의 세분화에서 가능한 업종 및 조건을 참조로 종합하여 보았다.

① 보전관리지역은 자연환경보호, 산림보호, 수질오염방지, 녹지공간 확보 및 생태계 보전 등을 위하여 보전이 필요하나 주변의 용도지역과의 관계 등을 고려할 때 자연환경보전지역으로 지정하여 관리하기가 곤란한 지역이다. 건폐율 20%, 용적률 80% 범위 내로 지자체 조례로 제정(건폐율: 20% 용적률: 50%)한다. 가능한 업종으로는 단독주택, 음식점 등을 제외한 근린생활시설, 종교입회장, 의료시설, 농축수산업창고, 위험물저장 및 처리시설, 동·식물 관련시설 중 일부만 들어설 수 있고 제2종 지구단위계획 제안이 불가능하며 대형 개발사업이 불가하다.

4.5 등급지 세분기준 예시

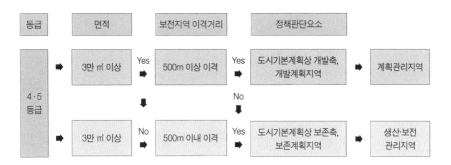

3등급지 세분기준 예시

② 생산관리지역은 농업·임업·어업생산 등을 위하여 관리가 필요하나, 주변의 용도지역과의 관계 등을 고려할 때 농림지역으로 지정해 관리하기가 곤란한 지역이다. 건폐율 20%, 용적률 80% 범위 내에서 지자체 조례로 제정.(건폐율: 20% 용적률: 50%)

③ 계획관리지역은 도시지역으로 편입이 예상되는 지역 또는 자연환경을 고려하여 제한적인 이용·개발을 하려는 지역으로서 계획적·체계적인 관리가 필요한 지역이다. 건폐율 40%, 용적률 100% 범위 내에서 지자체

조례로 제정.(건폐율: 40% 용적률: 80%)

아파트를 포함한 공동주택과 단독주택, 상가 등 근린생활시설, 숙박시설(660㎡ 이상, 3층 이하), 공장(1만 ㎡ 이상) 등을 지을 수 있으며 지역 경제에 가장 큰 영향을 미치는 대형 개발사업으로 불리는 골프장, 관광휴양시설과 아파트 등을 짓기 쉽도록 하기 위해 제2종 지구단위계획의 제안이 가능하다.

참고로 보전보다는 생산이, 생산보다는 계획이 건축물의 용도가 더 넓으며, 건폐율과 용적률이 높고, 토지의 활용 용도가 다양해 지가가 높다는 것을 의미한다.

땅값을 좌우하는 토지적성평가

도시관리계획을 입안하기 위해 실시하는 기초조사로서 토지의 토양·입지·활용 가능성 등에 따라 개발적성·농업적성 및 보전적성으로 평가하고 그 결과에 따라 토지 용도를 분류한다.

① 관리지역 세분을 위한 평가 : 관리지역을 세분하는 데 필요한 자료를 제공하기 위하여 실시하는 토지적성평가(도시관리계획 제정비에도 준용할 수 있다)와 ② 기타 도시관리계획 입안을 위한 평가로 나누어진다.

② 의 경우에는 용도지역·용도지구·용도구역의 지정/변경, 도시계획시설의 결정/변경 등 관리지역 세분을 위한 평가가 아닌 개별적인 도시관리계획을 입안하기 위하여 실시하는 토지적성평가를 말한다.

①번의 관리지역 세분화 관련 토지적성평가를 살펴보기로 하자.

평가주체 및 평가단위

시장·군수가 실시한다. 평가의 공정성 및 전문성을 높이기 위하여 정부투자기관, 전문용역업체에 위탁할 수 있으며, 전산 프로그램을 활용할 수 있다. 필지 단위가 원칙이며 다만 불가피한 경우 일단의 토지 단위로 평가를 실시할 수 있다.

범위

토지적성평가는 관리지역을 보전관리지역·생산관리지역 및 계획관리지역으로 세분하는 등 용도지역이나 용도지구를 지정 또는 변경하는 경우, 일정한 지역·지구 안에서 도시계획시설을 설치하기 위한 계획을 입안하고자 하는 경우, 도시개발사업 및 정비 사업에 관한 계획 또는 지구단위계획을 수립하는 경우에 실시한다.

평가 대상

① 용도지역·용도지구·용도구역의 지정/변경에 관한 계획(관리지역 세분 포함)
② 기반시설의 설치·정비·개량에 관한 계획
③ 도시개발사업 또는 재개발사업에 관한 계획
④ 지구단위계획 구역의 지정/변경에 관한 계획과 지구단위계획

다음의 경우에는 토지적성평가를 실시하지 아니할 수 있다.

① 당해 지구단위계획구역이 도심지(상업지역과 상업지역에 연접한 지역)에 위치하는 경우
② 당해 지구단위계획구역 안의 나대지 면적이 구역 면적의 2퍼센트에 미달할 때
③ 당해 지구단위계획구역이 다른 법률에 의하여 지역·지구·구역·단지 등으로 지정되거나 개발계획이 수립된 경우
④ 당해 지구단위계획 구역의 지정목적이 당해 구역을 정비 또는 관리하고자 하는 경우로서 지구단위계획 내용에 너비 12미터 이상의 도로설치계획이 없는 경우
⑤ 주거지역·상업지역 또는 공업지역에 도시관리계획을 입안하는 경우
⑥ 법 또는 다른 법령에 의하여 조성된 지역에 도시관리계획을 입안하는 경우
⑦ 도시관리계획 입안일 3년 이내에 토지적성평가를 실시한 지역에 대하여 도시관리계획을 입안하는 경우. 다만, 기반시설 등의 여건이 크게 변화한 경우에는 그러하지 아니하다.
⑧ 도시관리계획의 변경사항 중 경미한 사항에 해당하는 경우

평가지표 및 지표조사 방법

토지적성에 영향을 주는 요인은 물리적 특성 요인, 토지이용 특성 요인, 공간적 입지성 요인으로 구분되며, 각 요인별로 평가에 사용할 수 있는 지표를 주어 모든 것을 점수로 환산하여 1~5등급으로 분류한다. 따라서 합리성, 객관성을 유지하고 있다.

우선등급 분류

관리지역 중 지역 상황에 따라 절대적인 보전, 생산요소를 가진 필지는 우선적으로 보전적성 1등급 또는 농업적성 1등급이다. 종전의 국토이용관리법상 준도시지역과 개발진흥지구 및 제2종 지구단위계획구역으로서 개발이 완료되거나 개발계획이 수립된 지역은 별도로 평가를 하지 않고 우선적으로 5등급(계획관리지역지정 1순위)으로 분류할 수 있다.

토지적성평가 절차

1. 우선등급 분류(개발, 보전) → 2. 평가지표 대체선정 → 3. 지표별 평가기준 설정 → 4. 지표별 평가점수 산정 → 5. 특성별 적성값 산정(평가단위별 적성값 산정) → 6. 종합 적성값 산정 → 7. 저성 등급 분류 5등급(1등급~5등급) → 8. 도시관리계획 입안

순서는 앞에 적시한 대로 진행되며, 순서 1의 우선등급 분류는 보전적성 1등급, 농업적성 1등급 등으로 분류된 지역이다. 종전의 준도시지역과 개발진흥지구 및 제2종 지구단위계획구역으로서 개발이 완료되었거나 개발계획이 수립된 지역을 우선적으로 5등급으로 분류하는데, 이러한 작업을 우선등급 분류라고 한다.

이와 같은 우선분류 대상에 해당하지 않는 필지나 지역은 다음과 같이 일반적인 절차에 따라 평가작업을 진행한다. 먼저 자연환경보전법상 별도관리지역(별도관리지역이란 문화적·역사적·경관적 가치가 있거나 도시의 녹지보전을 위하여 관리되는 지역), 도시계획심의를 거쳐 결정된 보전지역은 절대 보전요소를 가진

것으로 인정한다.

그밖에 생태자연도 1등급, 임상도 3등급 이상인 지역, 국가하천이나 지방 1급하천의 양안 거리에서 500미터 이내의 지역, 상수원보호구역 경계로부터 500미터 이내의 지역, 호수나 유효저수량 30만 ㎥ 이상인 농업용 저수지의 만수위 선으로부터 300미터 이내인 집수구역, 경지정리지역, 재해발생 위험지역은 절대보전요소 및 생산요소 1등급으로 분류한다.

이와 같이 토지적성평가는 우선 보전·농업·개발적성이 뚜렷한 필지를 분류한 뒤 등급분류 대상에서 제외된 나머지 필지에 대해 세부평가를 실시하는 것을 말한다. 이렇게 하여 각 필지를 5개 등급으로 분류하는데, 그 등급을 바탕으로 관리지역이 계획, 보전, 생산관리지역으로 세분된다.

아무리 입지가 좋은 땅이라도 생산·보전용으로 묶여 개발이 어렵다면 전문가들의 판단은 최하 50%에서 일부는 1,000%(상업, 아파트, 공장용지가 절대농지, 보전녹지로 묶이게 되는 조건값과 유사한 현상)까지 가치가 떨어질 수도 있다고 예상한다. 반대로 계획관리지역으로 분류되면 100% 상승은 기본으로 본다.

하지만 일반인들은 관리지역 토지가 어느 지역으로 세분화할지 점치기가 어렵다. 따라서 평가기준을 좀 더 상세히 알아보기로 한다. 다음은 토지적성평가 기준을 지자체 별로 알기 쉽게 점수제로 만들어 시행하고 있다.

예를 들면 다음과 같다.

① 대상토지의 경사도가 15도 미만은 100점을 주고(수), 15~20도는 60점(미), 20도 초과는 20점(가)으로 분류한다.

② 고도 100미터 미만(수), 150미터 초과 시(가)

③ 토양적성 등급 중 농지로 상태가 양호하지 못한 농지(수), 양호한 농지(가)

④ 도시용지 비율이 5% 초과 시(수), 1% 미만 시(가)

⑤ 용도전용 비율이 1% 초과 시(수), 0.5% 미만 시(가)

⑥ 농업진흥지역으로부터의 거리 1킬로미터 초과 시(수), 0.5킬로미터 미

만(가)

⑦ 보전지역으로부터의 거리 1.5킬로미터 초과 시(수), 0.5킬로미터 미만(가)

⑧ 기 개발지와의 거리 1킬로미터 미만(수), 3킬로미터 초과 시(가)

⑨ 고속도로 IC 등 공공편익시설과의 거리 1킬로미터 미만(수), 4킬로미터 초과 시(가)

지방의 특성이나 권역의 특수성을 감안한 자료를 기초로 수(100점), 우(80점), 미(60점), 양(40점), 가(20점)로 분류하여 평가점수에 따라 토지를 5개 등급으로 분류하는 토지적성평가를 하고 있다.

1~2등급은 생산, 보전관리지역으로 분류돼 개발이 불가능해지며, 4~5등급은 계획관리지역으로 지정돼 아파트나 공장 등을 지을 수 있게 된다.

개발이 쉬운 계획관리지역으로 분류가 기대되는 토지

① 개발예정지로 둘러싸인 3천 평 미만의 토지

② 경사도(대략 15도 미만)와 고도가 낮은 임야

③ 기존 개발지와 거리가 가까운(대략 1~2킬로미터 이내) 토지

④ 도시용지 전용비율이 높을수록, 개발예정지 인근 지역

⑤ 고속도로 IC 등 공공편의시설(대략 3킬로미터 이내)에서 가까운 토지

⑥ 경지정리 면적 비율이 낮은(대략 10% 미만) 논·밭

⑦ 농업진흥지역에서 멀수록, 항공방제가 어려운 소규모 관리지역 농지

⑧ 들쭉날쭉한 모양의 개발예정지와 붙은 농지·임야

⑨ 취락지구

개발이 까다로운 생산·보전 관리지역으로 분류가 예상되는 토지

① 보전지역으로 둘러싸인 3천 평 미만 토지

② 국가하천 · 지방 1급 하천변에서 500미터 이내인 토지

③ 상수원보호구역에서 1킬로미터 이내인 집수구역(물을 모아두는 곳)

④ 면적 30만 ㎡ 이상 농업용 저수지에서 500미터 이내인 집수구역

⑤ 경지정리가 잘된 지역과 가까운 논 · 밭

⑥ 그린벨트 등 공적 규제지역

⑦ 상습침수 등 재해발생 가능성이 큰 토지

⑧ 토지적성평가 결과 관리지역이 보전, 생산관리지역 편입이 예상되면 개발하거나 매매한다!

관리지역 세분화 대응 요령

투자자의 경우

관리지역이 세분화되기 전의 투자는 위기와 기회를 함께 가지고 있다. 만약 투자자가 토지적성 평가가 완료되기 전에 어떤 지역, 어떤 토지가 계획관리지역이 될 것인지 다른 관리지역이 될 것인지 구분해낼 수 있다면 저렴한 가격으로 좋은 투자지를 매입할 기회를 잡을 수 있을 것이다.

하지만 일반인은 관리지역이 어느 지역으로 세분화될지 알기 어려우므로 가능한 주민공람 등을 통해 관리지역 세분화의 윤곽이 어느 정도 드러난 땅에 투자하는 것이 안전하다. 만약 이미 분류가 공람된 지역이나 공개된 지역

이라면 투자의 매력은 반감될 수밖에 없고, 따라서 전문가의 조언을 참고로 하는 것이 좋을 듯하다.

토지소유자의 경우

투자를 목적으로 관리지역 토지를 소유하고 있는 투자자라면 지금부터라도 가능한 토지적성 평가지침에 대해 공부한 다음, 보전지역이나 생산지역으로 편입되기 쉬운 1, 2등급이라면 가능한 세분화 이전에 개발행위허가 또는 건축허가를 받아놓거나 매도하는 것이 현명하다.

계획관리지역으로 편입이 예상되는 4, 5등급이라면 안심할 수 있겠지만 2등급 혹은 3등급 정도로 추정된다면 아직 미개발 토지일 경우, 즉시 개발행위허가를 신청하여 주변 토지와 합쳐 3천 평 이상의 개발지역 분위기를 연출할 수 있다면 세분화 작업 시에 계획관리지역으로 편입되는 데 유리하게 작용될 것이다.

또한 1, 2등급으로 분류되어 추후 생산지역, 보전지역으로 편입이 되더라도 기존 관리지역에서의 건폐율, 용적률(각각 40%, 100%)을 그대로 사용할 수 있게 되므로 토지효율성을 제고할 수 있다.

현재 주민공람 중이거나 준비 중이라면 공람기간을 이용해 도면을 면밀하게 검토해본 후 공람 공고 이후 2주 동안 주어지는 이의신청기간에 보유 토지가 뚜렷한 이유도 없이 생산지역이나 보전관리지역으로 묶였다고 판단되면 적극적으로 민원을 제기해 재조정을 받는 게 좋다. 주민의견서를 작성, 해당 지자체에 제출한다.

이때 지자체는 현장조사를 통해 생산이나 보전관리지역 편입 여부를 다시 평가해 계획관리지역 편입 여부를 최종적으로 검토하게 되는데, 지자체

별로 정도의 차이는 있지만 생산보전관리지역으로 묶였던 땅이 현장조사를 통해 계획관리지역으로 재조정되는 경우가 있다. 다만 재조정률이 2~3% 정도로 거의 통과될 확률이 적다. 마지막으로 세분화 재조정 기간은 5년이므로 확정 후 5년이 지난 뒤에 주민의견서 제출 등을 통해 이의신청을 하는 수도 있다.

보전용지를 피하라

토지 주변이 보전 성향으로 분류될 경우 향후 해당 토지 쪽으로 발전 추세 (Path of progress)가 근접해 올 수 있겠느냐 하는 관점을 검토 대상에 포함시켜야 한다. 주변 지역이 보전 성향이 짙은 용도지역으로 분류될 경우 닫힌 도시 또는 막다른 골목에 위치한 토지와 유사하게 된다. 극단적인 경우 인구밀도 등이 낮아 근린생활시설로의 용도전환의 이익을 배제할 수밖에 없는 단순 주거지역 이외의 용도로밖에 보기가 어려울 수 있으므로 주변 토지성향 분석이 필수적인 요소가 된다.

물론, 우리가 현재 평가하는 기본 툴로서 개발축, 교통축 또는 환경축의 관점에서나 투자자의 성향에 따라서 살펴본다면 조금 다를 수가 있다고 본다.

예를 들어 비교적 장기적인 투자가 아닐 경우에는 개발축과 교통축에 근거한 반사이익을 기대한다고 볼 수 있고 노령화에 따른 쾌적한 주거환경을 요구하는 장기적인 거주 목적의 투자자는 환경축을 고려할 수도 있다는 점을 간과해서는 안 된다.

그러나 보전환경축에 걸려 있을 경우 중단기적으로는 투자에 있어 개발축과 교통축의 확장에 따른 반사이익의 수혜 여지가 있는 지역보다는 투자수익이 적다. 물론 장기적으로는 환경가치의 반영에 따른 가치구조의 변화를 무시할 수 없다.

아래 보고서에서 투자목적을 중단기적인 방향에 중점을 둔다면 생태자연도 또는 임상도 등의 전문적인 지식을 필요로 하는 제반조건과 사회적 요인 등의 제한적인 요인을 배제하기로 하고 순수하게 해당 지역을 중심으로 산재한 토지의 성향만을 검토해 보아야 한다.

관리지역 중 다음에 해당하는 지역은 제1등급을 부여. 보전대상지역 판정기준

부문	보전대상지역 판정요소	판정기준
자연보전	생태자연도	1등급, 별도관리지역
	임상도(영급)	4영급 이상인 지역
수질보전	국가하천·지방1급 하천의 양안 중 당해 하천의 경계로부터의 거리	500m 이내인 지역
	상수원보호구역으로부터의 거리	동일 수계지역 내 1km 이내인 집수구역[1]
	호소 농업용저수지 만수위선으로부터의 거리	500m 이내인 집수구역
계획보전	재해발생위험지역	해당지역
	경지정리지역	해당지역[2]
	공적규제지역	해당지역
	공간정책 및 계획상 보전이 필요한 지역	해당지역[3]
	위의 보전대상지역 판정요소에 해당하는 지역으로 둘러싸인 1만 ㎡ 미만의 지역	해당지역

각주 : 1) 상수원보호구역의 경우에는 하류인 지역이나 집수구역이 아닌 지역은 제외
2) 이에 해당하는 지역은 농업적성등급으로 분류
3) 해당 시·군의 도시기본계획 등에 의한 공간정책 및 계획상 보전이 필요한 지역.
   녹지축으로 인하여 보전이 필요한 지역, 일정한 오픈 스페이스의 확보가 필요한 지역 등.

예시 : 안성시 도시기본계획변경 2020, 2030 (보전·관리)

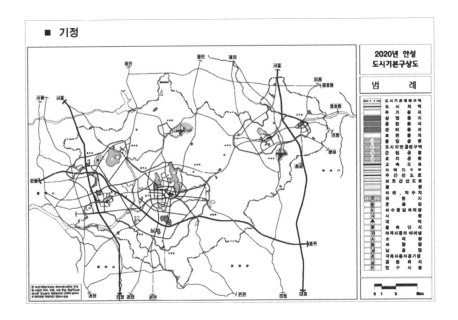

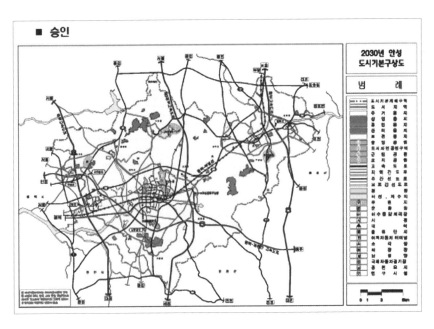

관리지역 종 세분화 사례 분석 (진흥지역 해제 → 계획관리지역)

강화군 고시 제2011-80호

도시관리계획(용도지역 : 관리지역 세분) 결정(변경) 및 지형도면 고시

농업진흥지역 해제 후 농림지역에서 환원된 관리지역에 대하여 국토의 계획 및 이용에 관한 법률 제30조 및 같은 법 시행령 제25조에 따라 도시관리계획 결정(변경) 고시하고, 같은 법 제32조 및 토지이용규제기본법 제8조 규정에 따라 지형도면을 고시합니다.

관계 도서는 강화군청 도시개발과(☎930-3807)에 비치하고 일반인에게 보입니다.

2011. 10. 7

강화군수

1. 목적 : 2007. 6. 25 농업진흥지역에서 해제되어 관리지역으로 환원된 지역에 대하여 토지의 효율적 이용과 특성에 따라 세분하여 관리하고자 함.
2. 위치 : 인천광역시 강화군 송해면 솔정리 627-8
3. 면적 : 1,673㎡
4. 결정 내용

구분		면적(㎡)			구성비(%)	비고
		기정	변경	변경후		
합계		1,673	0	1,673	100.0	
관리지역	관리지역(미세분)	1,673	감) 1,673	0	0.0	
	보전관리지역	-	-	-	-	
	생산관리지역	-	-	-	-	
	계획관리지역	-	증) 1,673	1,673	100.0	

○ 용도지역 결정(변경) 조서

도면 표시 번호	위치	용도지역		면적 (㎡)	용적률	변경사유
		기정	변경			
-	강화군 일원	계		1,673	-	
		관리지역 (미세분)	계획관리지역	1,673	100% 이하	농업진흥지역 해제로 농림지역에서 관리지역으로 환원된 토지로 도시관리수립지침 및 토지적성평가를 기초로 계획관리지역으로 세분

토지적성평가 지침을 활용한 투자법

토지적성평가 지표군을 투자에 활용하라

여기에서는 고수익을 올리는 투자법과 관련해 유용한 툴을 제시하고자 한다. 이름 하여 '토지적성평가지침'이 바로 그것이다. 이 지침은 대한민국 모든 토지의 개별 적성을 조사하여 5년 단위의 재정비 계획인 '도시관리계획'의 평가지표이다.

2004년 국토이용관리법이 국토계획법으로 개정될 당시 준도시+준농림지역을 관리지역으로 통합하고, 보전·생산·계획관리지역으로 세분화하던 지침이다.

세분화가 거의 완료된 현재도 등급이 되면 도시관리계획으로 용도지역을 변경하고 있으므로 이 지침은 토지의 공법상 분석을 하기 위한 필수항목이지만 투자자는 물론 중개사들도 이 지침을 무시하는 경향이 많다.

이 지침은 도시계획 전문가가 필지별로 개발적성·농업적성·보전적성으로 분류하는 것으로 전문지식이 부족한 일반인인 투자자가 굳이 전문가 수준으로 공부할 필요까지는 없다. 하지만 지침의 개념과 물리적 특성의 평가지침만은 알고 투자에 적용해도 최소한의 리스크는 피할 수 있을 것이다.

개발·농업·보전적성의 평가는 아래의 표와 같이 점수를 산출하여 1~5등급까지 분류하고 보통 1~3등급까지는 보전적성과 농업적성, 4~5등급은 개발적성으로 평가한다. 여기에서 주목해야 할 점은 평가지표 중 물리적 특성, 지역 특성, 공간 입지 특성의 경사도(도), 표고(미터로 표기) 그리고 공간 입지 특성(기개발지, 공공편익시설과의 거리를 킬로미터로 표기)의 표기 단위를 잘 보아야 한다는 것이다.

평가지표와 대체지표 사용가능 여부

적성	평가요인	평가지표	대체지표 사용가능여부
개발적성	물리적 특성	경사도	-
		표고	-
	지역 특성	도시용지 비율	○
		용도 전용 비율	○
	공간적 입지특성	기개발지와의 거리	○
		공공편익시설과의 거리	○
농업적성	물리적 특성	경사도	-
		표고	-
	지역 특성	경지정리 면적 비율	○
		전·답·과수원 면적 비율	○
	공간적 입지특성	경지정리 지역과의 거리	○
		공적 규제 지역과의 거리	○
보전적성	물리적 특성	경사도	-
		표고	-
	지역 특성	생태자연도 상위 등급 비율	○
		공적 규제지역 면적 비율	○
	공간적 입지특성	공적 규제지역과의 거리	○
		경지정리 지역과의 거리	○

경사도 점수값 산출 사례

경사도(도)	5 미만	5~10 미만	10~15 미만	15~20 미만	20 이상
개발 농업적성 관련 평가의 점수	100	80~99	60~79	40~59	20~39
보전적성 관련 평가의 점수	23~39	40~59	60~79	80~99	100

표고 점수값 산출 사례

표고(m)	50 미만	50~100 미만	100~150 미만	150~200 미만	200 이상
개발농업적성 관련 평가의 점수	100	80~99	60~79	40~59	20~39
보전적성 관련 평가의 점수	20~39	40~59	60~79	80~99	100

각종 거리지표의 점수값 산출 사례

공공편익시설과의 거리(km)	1 이하	1~2 이하	2~3 이하	3~4 이하	4 초과
개발성 관련 평가의 점수	100	25~99	11~24	6~10	1~5

공공편익시설과의 거리가 2km 이하이면 개발 적성

개발지와의 거리(km)	1 미만	1~1.5 미만	1.5~2 미만	2~3 미만	3 이상
개발적성 관련 평가의 점수	100	80~99	60~79	40~59	20~39

기개발지와의 거리는 2km 미만이라야 양호한 점수

경지정리지역과의 거리(km)	2 이상	1.5~2 미만	1~1.5 미만	0.5~1 미만	0.5 미만
농업 및 보전적성 관련 평가의 점수	20~39	40~59	60~79	80~99	100

경지정리지역(절대농지)과의 거리가 가까울수록 농업 및 보전적성으로 평가

농업 및 보전적성 관련 평가의 점수	20~39	40~59	60~79	80~99	100
공적규제지역과의 거리(km)	1.5 이상	1.0~1.5 미만	0.5~1.0 미만	0.2~0.5 미만	0.2 미만

공적규제지역(개발행위가 제한되는 모든 규제지역)도 가까울수록 농업/ 보전적성 평가 점수

적성등급의 부여 사례

적성등급	제1등급	제2등급	제3등급	제4등급	제5등급
기준 표준화값	$Zi < -1.5$	$-1.5 < Zi < -0.5$	$-0.5 < Zi < 0.5$	$0.5 < Zi < 1.5$	$-Zi > 1.5$
필지 또는 격자 분포 비율(%)[1]	6.7	24.2	38.2	24.2	6.7
비고	보전·농업 적성 강함	← - - - - - - - - - - - - - →			개발적성 강함

평가지표군

평가특성		평가지표군
물리적 특성	경사도, 표고	
지역특성	개발성 지표	도시용지 비율, 용도전용 비율, 도시용지 인접 비율, 지가 수준
	보전성 지표	농업진흥지역 비율, 전답과수원 면적 비율, 경지정리 면적 비율, 생태자연도 상위등급비율, 공적규제지역면적 비율, 녹지자연도 상위등급 비율, 임상도상위등급 비율, 보전산지 비율
공간적 입지 특성1)	계발성 지표	개발지와의 거리, 공공편익시설과의 거리, 도로와의 거리
	보전성 지표	경지정리지역과의 거리, 공적규제지역과의 거리, 하천, 호소·농업용 저수지와의 거리, 해안선과의 거리

이상에서 살펴본 것처럼 평가지침에 의한 등급산출 방식은 그다지 어렵지 않다.

다음으로는 토지시장의 일반적인 주 타깃인 관리지역에 대한 평가지표와 기준을 살펴보자.

관리지역 지표군의 결정 해독

표를 통해서 본 것과 같은 것이 토지적성 평가지침의 주요 골자이다. 물론 이 지침을 반드시 따라야 성공한다는 보장은 없다. 얼마든지 예외는 있을 수 있지만 국가에서 국토를 체계적, 계획적으로 개발하고자 하는 평가지침인 만큼 이 지침에 입각해 투자를 모색한다면 최소한 높은 등급의 땅과 그렇지 못한 땅을 구별해내는 것은 어렵지 않으리라 보는 것이다.

어느 지역이든 똑같은 경사와 표고를 가지고도 기존 도시지역과의 거리 때문에 연접한 토지는 계획관리지역이 되고, 반대쪽은 생산관리지역으로 되어 있음을 지번도를 보면 쉽게 찾을 수 있다. 바로 이런 평가지침 때문이다.

국가에서 등급을 매겨 우수한 점수를 주었다면 그에 합당한 용도와 개발의 허용치가 있을 것이다. 이런 정도만 기억하고 투자에 임해도 아무런 기준도 없어서 무엇을 어찌 파악해야 하는지 몰라 난감해 하지는 않을 것이다.

"경사도 15도 미만, 표고 150미터 미만, 도시지역과 2킬로미터 미만…"

관리지역에 대한 평가지표 및 평가기준

구분	부문	평가지표	기준	점수	비고
보전대상지역 판정기준	자연보전	생태자연도	1등급, 별도 관리지역	-	해당 지역안에 있는 평가대상토지는 A등급(보전등급) 부여
		임상도(영급)	5 영급 이상인 지역	-	
	수질보전 2)	국가하천 지방 1급 하천의 양안중 당해 하천의 경계로부터의 거리	300m 내외의 집수구역	-	
		상수원보호구역 경계로부터의 거리	동일수계지역내 1㎞ 내외의 집수구역1)	-	
		유효저수량 30만㎥ 이상인 호소 농업용저수지 만수위 선으로부터의 거리	300m 내외의 집수구역	-	
개발가능지역 판정기준	물리적 특성	경사도	15도 미만	100	
			15도 이상 20도 미만	60	
			20도 이상	20	
개발가능지역 판정기준	물리적 특성	표고	기준 표고로부터 표고차 50m 미만 50m 이상 150m 미만	100	
			50m 이상 150m 미만	60	
			150m 이상	20	
	지역특성	경지정리지역 비율	10% 미만	100	
			10% 이상 25% 미만	60	
			25% 이상	20	
개발가능지역 판정기준	지역특성	도시용지 비율	4% 이상	100	
			2% 이상 4% 미만	60	
			2% 미만	20	
	공간적 입지특성	공적규제지역과의 거리	1.5km 이상	100	
			0.5km 이상 1.5km 미만	60	
			0.5km 미만	20	
		공공편익시설과의 거리	1km 미만	100	
			1km 이상 4km 미만	60	
			4km 이상	20	

계획관리지역 투자법 해설

도시 용지 공급 확대로 소액 장기투자 적격

　보전관리지역으로 묶이게 되면 개발이 거의 불가능하기 때문에 토지소유자들은 큰 불이익을 당하게 되며, 지자체 역시 각종 개발사업에서 낭패를 볼 수밖에 없다. 따라서 토지투자를 고려 중이라면 지자체의 관리지역 세분화 작업이 끝나기 전에 계획관리지역으로 분류될 가능성이 높은 땅을 매입하는 것이 현명하다. 계획관리지역으로 지정되면 최소한 3배에서 많게는 6배까지 지가상승이 이루어질 것으로 전망된다. 도시용지를 공급할 수 있는 지역의 대부분이 계획관리지역으로 지정되거나 지정이 가능한 곳이기 때문이다.

　계획관리지역은 계획적으로 개발을 지속적으로 추진하겠다는 곳으로 제2종 지구단위계획 수립이 가능하다. 건폐율과 용적률도 각각 40%와 100%로서 보전이나 생산관리지역보다 높다. 보전관리지역은 자연환경보전지역 수준으로 자연을 보존하고, 생산관리지역은 농림지역 수준으로 관리하겠다는 뜻이다.

계획관리지역이 되면 지가가 몇 배로 뛴다!

용도지역 중의 하나인 관리지역은 국토계획법이 시행되기 전 준농림지와 준도시지역으로 분류됐던 땅이다. 그러나 지자체의 허가 남발로 이 지역에 난개발이 성행하자 국토를 계획적으로 개발하기 위해 준농림지와 준도시지역을 관리지역으로 지정했는데, 계획이냐 생산, 보전이냐에 따라 땅값이 몇 배씩이나 차이가 난다. 게다가 생산이나 보전관리지역으로 분류되면 향후 개발조차 여의치가 않다.

이 때문에 강원도 평창을 비롯한 많은 지역 주민들이 아예 관리지역 세분화를 반대하고 있기도 하다.

시가화 예정지구나 발전 속도가 느린 지자체 토지에 주목

계획관리지역으로 분류될 가능성이 높은 땅은 건축물이 많거나 행위제한 전에 건축허가가 난 땅들이다. 또한 도로변에 근접해 있고 주변에 대규모 공장이나 리조트 등이 있으면 계획관리지역으로 편입될 확률이 높다. 그러나 이런 땅들은 이미 계획관리지역으로 편입될 것이란 기대치가 반영돼 지가가 어느 정도 상승해 있다는 점을 염두에 둬야 한다. 계획관리지역으로 편입될 것이 확실하면서도 저평가돼 있는 토지는 현실적으로 구하기 어렵다는 점도 알아둘 필요가 있다.

시가화예정지구나 리조트 건설 예정부지, 군사 협의가 완료돼 있는 토지, 개발진흥지구 등도 계획관리지역으로 분류될 것이 거의 확실하다. 또한 상대적으로 발전 속도가 더딘 지자체일수록 계획관리지역의 비중이 높을 것으로 예측된다.

그러나 상수원보호구역인 한강수계 등 자연보전 관련 규제가 많은 지역은 계획관리지역으로 분류되는 곳이 상대적으로 적을 수밖에 없다. 계획관리지역으로 분류될 가능성을 점치기 힘든 일반인들은 주민공람이 진행 중인 곳의 토지를 매입하는 것이 안전하다.

관리지역 세분화 공람 공고는 신문 게재일로부터 2주 동안 진행되며 지정된 장소에서 자료를 열람할 수 있다. 또한 세분화의 향후 일정 등 세부적인 정보는 관련 지자체의 도시계획과 등에 문의하면 된다.

토지투자와 용도지역 변경

용도지역은 토지의 계급장

땅에도 팔자가 있다

종종 용도지역에 대해 이야기할 때 "용도지역은 땅의 팔자다."라고 이야기하곤 한다. "사람 팔자는 알겠는데 땅에도 팔자가 있다고? 별 이상한 말을 다하네."라고 말한다면 당신은 땅에 'ㄸ' 자도 모르는 사람이라고 해도 이상하지 않다.

우선 용도지역이 '왜 땅의 팔자라고 하는지' 논하기 이전에 용도지역이란 무엇인지 그리고 그것이 무엇을 의미하는지 살펴보자.

용도지역은 국토계획법상의 용어로서 다음과 같이 정의되어 있다.

"용도지역이란 토지의 이용 및 건축물의 용도, 건폐율, 용적률, 높이 등을 제한함으로써 토지를 경제적·효율적으로 이용하고 공공복리의 증진을 도모하기 위하여 서로 중복되지 아니하게 도시·군관리계획으로 결정하는 지역을 말한다."

용도지역이 토지의 쓰임새를 결정한다

용도지역의 정의에서 알 수 있듯이 용도지역에 따라 각 토지의 행위제한(용도) 및 효율성(건폐율, 용적률, 높이)이 결정된다.

이를 간단히 살펴보면 다음과 같다.

① 용도 : 해당 용도지역에 허용되는 건축물 및 시설물

② 건폐율 : 건폐율 = (건축면적÷대지면적)×100

　　→ 건축물의 수평적 밀도(바닥면적 결정 요인)

③ 용적률 : 용적률 = (건축물의 지상층 연면적÷대지면적)×100

　　→ 용적률은 건축물의 수직적 밀도(건축물 층수 결정 요인)

※ 추가 사항은 건폐율(건축법 55조), 용적률(건축법 56조) 참조

목적에 따라 각 용도지역에 허용 가능한 건축물 및 시설물이 제한된다. 만약 어떤 토지에는 상업용도의 상가건물을 지을 수 있는 반면 어떤 토지에는 오직 농사만 지을 수 있다고 한다면 어느 토지의 가치가 더 높겠는가?

상가건물을 지을 수 있는 땅의 가치가 더 높을 것이라는 점은 자명하다.

건폐율, 용적률도 마찬가지라 할 수 있다. 같은 100평짜리 땅에 어느 땅은 바닥면적이 60평에 연면적은 4층까지만 건축이 가능한 반면에 어느 땅에는 바닥면적 90평에 10층 이상을 건축할 수 있다면 어느 땅이 더 높은 가치를 가

질 것인지는 논할 필요가 없을 것이다.

이처럼 해당 토지의 용도지역이 무엇이냐에 따라서 쓰임새가 결정되며, 그로 인해 토지로부터 창출될 수 있는 부가가치의 차이가 발생한다. 이것이 바로 토지 가치가 달라지는 근본적인 원인이며, 토지의 운명을 결정하는 핵심 요인이다.

용도지역의 구분

용도지역은 도시지역, 관리지역, 농림지역, 자연환경보전지역 등 총 4개의 용도지역으로 구분된다. 이는 또 국토계획법 시행령 제30조, 제36조에 따라 도시지역 16개(주거, 상업, 공업, 녹지지역 등)와 보전관리지역, 생산관리지역, 계획관리지역, 농림지역, 자연환경보전지역 등 총 21개로 세분화 된다. 21개의 용도지역 세분화 사항은 다음과 같다.

지역 (법)		세분 (시행령)	지정목적
도시 지역	주거지역	제1종전용주거 제2종전용주거 제1종일반주거 제2종일반주거 제3종일반주거 준주거	단독주택 중심의 양호한 주거환경 보호, 공동주택 중심의 양호한 주거환경 보호, 저층주택 중심의 주거환경 조성 중층주택 중심의 주거환경 조성, 중 고층주택 중심의 주거환경 조성, 주거기능에 상업 및 업무기능 보완
	상업지역	중심상업 일반상업 근린상업 유통상업	도심·부도심의 상업·업무기능 확충 일반적인 상업 및 업무기능 담당 근린지역의 일용품 및 서비스 공급 도시내 및 지역간 유통기능의 증진
	공업지역	전용공업 일반공업 준공업	중화학공업, 공해성 공업 등을 수용 환경을 저해하지 아니하는 공업의 배치 경공업 수용 및 주·상·업무기능의 보완
	녹지지역	보전녹지 생산녹지 자연녹지	도시의 자연환경·경관·산림 및 녹지공간 보전 농업적 생산을 위하여 개발을 유보 보전할 필요가 있는 지역으로 제한적 개발허용
관리 지역		보전관리 생산관리 계획관리	보전이 필요하나 자연환경보전지역으로 지정이 곤란한 경우 농·임·어업생산을 위해 필요, 농림지역으로 지정이 곤란한 경우 도시지역 편입이 예상, 계획·체계적관리 필요
농림지역			농림업의 진흥과 산림의 보전을 위하여 필요
자연환경보전지역			자연환경등의 보전과 수산자원의 보호·육성

농지 · 산지의 구분

농지		산지	
농업진흥지역	농업진흥구역	보전산지	공익용 산지
	농업보호구역		임업용 산지
농업진흥지역 밖		준 보전산지	

용도지역 세분화 및 지정 목적

용도지역에 따른 땅의 가치는 일반적으로 도시지역, 관리지역, 농림지역, 자연환경보전지역 순이나, 절대적인 사항은 아니다. 개발이 급격하게 일어나는 지역에서는 이들의 가치가 급변하기 때문에 어느 용도지역의 가치가 더 높다고 분명하게 말하기에는 무리가 따른다.

예를 들면 관리, 농림지역은 인근 지역 개발이 진행되면서 도시지역으로 바뀔 수 있으며, 주거, 상업지로 편입되기도 한다. 이때 기존 도시지역의 녹지지역보다 미래가치가 더 클 수도 있다.

용도지역은 도시·군 관리계획으로 결정

각 토지의 용도지역은 도시 · 군 관리계획으로 결정된다. 이때 결정된 용도지역은 강력한 규제 사항이다. 지정되면 변경이 매우 어렵다. 용도지역을 지정(도시관리계획 수립)함에 있어 국토계획법 제22조에 따라 주민 의견을 청취할수는 있으나, 주민 의견으로 인한 영향은 한정적이다. 결국 일개 개인으로서는 용도지역을 바꾸는 것은 불가능하다고 보는 것이 타당하다.

토지의 용도지역을 알기 위해서는 토지이용계획확인서를 확인하면 된다. 모든 토지는 용도지역을 가지고 있으며, 하나의 필지는 하나의 용도지역을 가지고 있는 것이 원칙이다. 그러나 드물게는 토지이용계획확인서 상 용도지역이 2개가 표시되어 있는 경우가 있는데, 이는 지적도를 통해 추가적으로 용도지역을 확인해야 한다. 해당 필지의 지적도를 유심히 살펴보면 반드시 필지가 선으로 구분되어 있을 것이다.

해당 선이 용도지역을 구분하는 선이다.

토지의 팔자도 변할까?

사람이 살다보면 어려운 삶을 영위하다가도 인생 역전을 통해 팔자가 바뀌는 경우가 있다. 이럴 때 우리는 "팔자가 폈다." 라고 표현하기도 한다.

토지에 대해 "팔자가 핀다." 라는 표현을 쓴다면 좀 우습기는 하겠지만, 그렇다고 해서 아주 틀린 이야기도 아니다.

'땅의 팔자가 핀다'는 것은 그동안 개발을 할 수 없거나, 낮은 효율성 그리고 행위가 엄격히 규제되던 땅이 개발을 할 수 있게 되거나 용적률, 건폐율이 높아지거나 행위제한이 완화되는 등 더 나은 용도를 가지게 되는 경우를 말한다. 우리는 이를 '종상향' 또는 용도변경이라고 말한다.

종상향이란, 국토계획법에 따라 세분화된 용도지역(1·2종 전용주거, 1·2·3종 일반주거 등) 내에서 종구분이 변경되는 것을 말한다. 예를 들면 기존 1종 일반주거에서 2종 일반주거로, 또는 2종 일반주거에서 3종 일반주거로 변경되는 것이다.

이렇게 종상향이 되는 경우에는 기존보다 용적률 및 층수를 높여 지을 수 있기 때문에 토지의 효율성이 개선된다. 즉 토지의 효율성이 개선됨에 따라 토지가치도 상승하는 것이다.

용도지역 변경 또한 토지의 팔자가 바뀌는 사건이다. 용도지역이 바뀐다는 것은 국토계획법 제30조에 정의된 각호(주거, 상업, 공업, 녹지, 관리, 농림) 간의 변화라 할 수 있다. 일반적으로 보다 효율성이 높은 용도지역으로의 변경이 이루어진다. 예를 들면, 주거 → 상업, 녹지 → 주거 등으로 변경이 되는데, 이때 급격한 지가상승을 기대할 수 있다.

종상향과 용도변경으로 인한 토지가치의 변화는 사회적 편익에 많은 관련성을 가지고 있다. 특히, 해당 변경으로 인한 토지의 가치상승은 특혜적인 측면에서 많은 사회갈등 요소를 내포하고 있기 때문에 용도변경을 위해서는 타당성과 당위성이 필요하다. 그런 면에서 즉흥적인 용도변경은 쉽지 않으며 국토개발계획 및 그 하위계획(광역도시계획, 도시 · 군 기본계획 등) 그리고 국토정책을 시행하는 과정에서 발생되는 것이 일반적이다.

이것이 우리가 국토개발계획 및 국토 정책에 관심을 가져야 하는 이유 중에 하나다.

비도시지역 용도지역 세분과 허용 용도

용도지역별 행위 제한 내용

구분	건폐율	용적률	허용 용도(법 및 조례상의 허용 용도)
보전관리지역	20	80	4층 이하 건축물 및 시설물(단독주택, 공동주택 제1종 · 제2종 근린생활시설, 종교집회장, 의료시설, 창고(농 · 임 · 축 · 수산업), 위험물저장처리시설, 동식물 관련 시설, 공공용 시설, 묘지관리 시설)
생산관리지역	20	80	4층 이하 건축물 및 시설물(단독주택, 공동주택, 제1종 · 제2종 근린생활시설, 초 · 중 · 고등학교 · 교육원, 창고시설(농 · 축 · 임 · 수산업), 공공용 시설, 동식물 관련 시설, 판매 및 영업 시설, 의료 시설, 도정공장, 식품공장, 제재업)
계획관리지역	40	100	단독주택, 공동주택, 제1종 · 제2종 근린생활 시설, 의료시설, 교육연구시설, 운동장, 운동 시설, 공장, 창고 시설, 동물식물 관련 시설, 분뇨 및 쓰레기처리 시설, 공공용 시설, 묘지 관련 시설, 문화집회 시설, 숙박 시설(바닥면적 660㎡ 이하 3층 이하), 1만 ㎡ 이상 공장과 2,500㎡ 이상의 면적을 정하여 공장건축 가능지역으로 고시한 지역(화학제품 시설, 폐유기용제류 발생, 가죽 모피가공, 염색 시설 제외), 창고(농 · 임 · 축 · 수산업용 제외), 위험물저장 및 처리시설, 자동차 관련 시설, 관광휴게 시설

용도지역을 활용한 투자법

용도지역은 무엇을 규제하는가?

① 건축물의 종류, 층수, 건폐율, 용적률

② 용도지역은 도시지역 · 관리지역 · 농림지역 · 자연환경보전지역으로 나 뉜다.

③ 용도지역은 한 개의 지역만 지정할 수 있고 중복지정이 불가능하다.

④ 도시지역 · 관리지역 · 농림지역 · 자연환경보전지역으로 세분화되어 있 지 않을 때는 자연환경보전지역에 관한 규정을 적용한다.

⑤ 도시지역이 세분화되어 있지 않을 경우에는 보전녹지지역의 규정을 적 용한다.

⑥ 관리지역의 경우에는 보전관리지역의 규정을 적용한다. 다만, 관리지역 은 특례를 두어 세분화되기 전까지는 별도의 규제를 받는다.

⑦ 층수는 제1종 일반 주거지역은 4층 이하, 제2종 일반 주거지역 15층 이 하, 녹지지역과 관리지역은 4층 이하다.

건축물의 용도·시설군·용도지역 내 행위 제한

용도지역 내 행위제한(○ : 허용, ● : 제한적 허용, △ : 조례 허용, ▲ : 조례 제한적 허용)

시설군	용도군	건축물의 세부 용도	1종전용주거지역	2종전용주거지역	1종일반주거지역	2종일반주거지역	3종일반주거지역	준주거지역	중심상업지역	일반상업지역	근린상업지역	유통상업지역	전용공업지역	일반공업지역	준공업지역	자연녹지지역	생산녹지지역	보전녹지지역	계획관리지역	생산관리지역	보전관리지역	농림지역	자연환경보전지역
자동차 관련 시설군	자동차 관련시설	주차창①, 세차창②, 폐차장③, 검사 장, 매매장, 정비공장, 운전·정비학원 ④, 차고 및 주기장⑤	△①	△①	△①②	△①②	△①②⑤	△③	×	×	×	△①②⑤		○	○	○	○	△④⑥		△④⑥			

시설군	세부시설	대상 건축물																				
산업 등 시설군	운수시설	여객자동차터미널 및 화물터미널, 철도역사, 공항시설, 항만시설 및 종합여객시설, 집배송시설					△	○	○	●▲	○	△	○	○	△			△				
	창고시설	창고(냉장·냉동창고 포함) 하역장		△	△	△	△	○	△	●▲	●▲	●	●▲	●▲	●▲	●	▲	●		
	공장	물품의 제조·가공 또는 수리에 계속적으로 이용되는 건축물		▲	△	△	▲	▲	▲	▲	○	○	●▲	●▲	▲		△	▲		
	위험물저장 및 처리시설	주유소, 액화석유가스충전소, 위험물 제조소·저장소·취급소, 액화가스취급소·판매소, 유독물보관 저장시설, 고압가스 충전·저장소 , 도료류판매소		△	△	△	△	○	△	○	△	△			○	○	△	○	
	분뇨 및 쓰레기 처리시설	분요 폐기물처리시설, 고물상, 폐기물 재활용시설		△	△	△	△	○	△	○ ○	△								
	묘지관리시설	화장장, 납골당,(종교시설에 해당하는 것 제외), 묘지에 부수되는 건축물						○	○	○	○	○							
전기통신시설군	방송통신시설	방송국, 전신전화국, 촬영소, 통신용시설		△	△	△	△	○	△	△	△	△	○	○	△	○	△		
	발전시설	발전소로 사용되는 건축물로서 1종 근린생활시설이 아닌 것		△	△	△	△	○	△	△	△	△	△	△	△	△	△		
문화 집회 시설군	문화집회시설	공연장①, 집회장②, 관람장③, 전시장④, 동·식물원⑤	▲④	▲①②	△④②	①③×	③×	○	△	△	④	④	△②④	△②④				△⑤
	종교시설	종교집회장①, 종교집회장 안에 설치하는 납골당	▲	▲	○	○	○	○	△	△	△	△		○	△	△①	▲
	위락시설	단란주점(150㎡ 이상), 주점영업, 유원시설업의 시설, 투전기업소 및 카지노업소, 무도장과 무도학원					●	●	▲	▲								
문화 집회 시설군	관광휴게시설	야외음악당, 야외극장, 어린이회관				△										
		관망탑, 휴게소, 공원, 유원지 또는 관광지에 부수되는 시설						△			○			△			
영업 시설군	판매시설	도매시장, 소매시장①, 상점②		△①②	▲①②	▲①②	①②	○	△	●▲	○	▲	●▲	●▲		▲	
	운동시설	탁구장, 체육도장, 테니스장, 체력단련장, 에어로빅장, 볼링장, 당구장, 실내낚시터, 골프연습장(500㎡), 체육관, 운동장①		△	△	△	○	△	○		△	○	○①①①×	○①①①①			
	숙박시설	일반숙박시설,(호텔, 여관, 여인숙), 관광숙박시설(관광호텔, 수살관광호텔, 휴양 콘도미엄)					●	●	▲	△	△	▲		▲		
교육 및 복지 시설군	의료시설	병원(종합병원, 병원, 치과병원, 한방병원, 정신병원①, 요양소②)		△	△	△	○	○	○	△	○	○①②①②	△	△	○①②①②	△	△	△
		격리병원(전염병원, 마약진료소)				△	△		△	△	△	△	△	△	△	△	△
		장례식장				△	△	○	△	△	△	△	△	△	△	△
	교육연구시설	학교(초·중·고)	△	△	○	○	○	△	○	△		△	△	초△중△고	초△중△고	○	초△중△고	초△중△고	○초	○초
		대학교, 교육원①, 직업훈련소(운전 및 정비 관련 직업훈련소 제외)②, 학원(자동차 학원 및 무도학원 제외)③, 연구소④, 도서관		△②×	△③×	△③×	○	△	△②③④	○②③④	△②③④	○②③①④	○①△②	○	▲△①

시설군	분류	세부 시설
교육 및 복지 시설군	노유자시설	아동관련시설(영유아보육시설, 아동복지시설, 유치원) 노인복지시설, 사회복지시설 및 근로복지시설
	수련시설	생활권수련시설(청소년수련관, 청소년문화의 집, 유스호스텔) 자연권수련시설(청소년수련원, 청소년야영장)
근린 생활 시설군	제1종 근린생활 시설	일반음식점①, 기원, 휴게음식점(30㎡ 이상)②, 노래연습장
		테니스장, 체력단련장, 에어로빅장, 볼링장, 당구장, 실내낚시터, 골프연습장(500㎡ 미만) 금융업소, 사무소, 부동산중개업소, 결혼상담소 등 소개업소, 출판사(500㎡ 미만), 서점 게임제공업소, 멀티미디어문화콘텐츠설비제공업소, 복합유통제공업소(150㎡미만) 사진관, 표구점, 학원, 직업훈련소(500㎡미만), 장의사, 동물병원, 독서실, 총포판매소) 의약품 도매점 및 자동차영업소(1000㎡ 미만), 제조업소①, 수리점②, 세탁소(500㎡ 미만)③
		종교집회장(300㎡ 미만)
		단란주점(150㎡ 미만)
		안마시술소, 안마원
주거 업무 시설군	단독주택	단독주택, 다중주택, 다가구주택②, 공관
	공동주택	연립주택, 다세대주택
		아파트
		기숙사
주거 업무 시설군	업무시설	공공업무시설,(국가 또는 지방자치단체의 청사와 외국공관의 건축물로서 1000㎡ 이상) 일반업무시설(금융업소, 사무소, 신문사, 오피스텔 500㎡ 이상)
	교정 및 군사시설	교도소①, 감화원②, 군사시설③
그 밖의 시설군	동물 및 식물 관련시설	축사①, 가축시설, 도축장②, 도계장③
		버섯재배사, 종묘배양시설, 화초 및 분재 등의 온실①

〈범례〉 ×: 불허, ◑: 예외적 허용, ○: 입지허용

관리지역은 어느 쪽으로 분류되느냐가 땅값을 좌우

① 일반적으로 건축물의 토지 이용도를 나타내는 건폐율과 용적률이 높을 수록 이용가치가 높기 때문에 땅값이 비싸다.

② 예를 들어 계획관리지역은 건폐율과 용적률이 각각 최대 40%와 100%, 생산보전관리지역은 20%와 80%다. 그러므로 계획관리지역은 향후 전망도 밝고 땅값이 많이 올라갈 가능성이 크다.

③ 향후 계획관리지역은 규제를 더욱 완화해 택지개발 등에 활용할 가능성이 높아 땅값이 더욱 상승할 것으로 본다. 이 경우 수도권의 관리지역이 주된 투자 대상이 될 수밖에 없다.

④ 하지만 관리지역 세분화에 따라 땅값에 미치는 영향을 일률적으로 볼 수는 없다. 땅의 용도와 법적 규제를 비교해서 판단해볼 필요가 있다.

⑤ 예를 들어 주택을 지을 경우, 보전·생산관리지역에도 문제없이 건축이 가능하기 때문에 무조건 땅값이 떨어지는 것은 아니다.

한 필지에 2가지 이상 용도지역이 걸치는 경우

① 원칙은 각각의 용도지역별 규정을 적용받는다.

② 하지만 한 부분의 용도지역 규모가 330㎡ 이하인 토지 부분에 대해서는 토지 중 가장 넓은 면적이 속하는 용도지역의 규정을 적용받는다.

③ 예를 들어 주거지역 250㎡이고 상업지역 350㎡가 한 필지에 걸쳐져 있다면, 이 토지는 상업지역 규정을 적용받는다.

④ 단, 녹지지역 250㎡와 상업지역 350㎡가 걸쳐 있는 경우는 각각의 용도지역에 대한 규제를 받는다. 이 규정은 용도지구와 용도구역에서도 똑같이 적용된다.

Tip.

둘 이상의 용도지역, 지구, 구역에 걸친 행위 규제 해설

2개 이상의 용도지역, 지구, 구역에 걸친 토지의 토지이용계획확인서로 보는 투자 방법으로 둘 이상의 용도지역, 용도지구, 용도구역에 걸치는 토지에 대한 적용기준을 살펴보도록 하자.

전국의 모든 토지는 시·군 단위로 원칙적으로 하나의 용도지역으로 지정되며, 하나의 토지에 대하여 2개 이상의 용도지역이 중복 지정될 수 없다. 다만, 용도지역의 지정이 없는 토지도 있을 수 있는데 이를 용도미지정 토지라 하며, 하나의 토지에 대하여 용도지역과 용도지구 또는 용도지역과 용도구역 상호간에는 서로 중복지정될 수 있다.

용도지구제에서 어떤 토지는 어느 하나의 지구로 지정될 수 있고 아무런 지구도 지정되지 않을 수도 있으며 2개 이상의 용도지구로 중복지정될 수도 있다. 또한 어느 용도지구는 어느 특정 용도지역 또는 용도구역에만 지정될 수 있는 것은 아니지만 취락지구는 녹지지역, 관리지역, 농림지역, 자연환경보전지역 또는 개발제한구역에서만 지정될 수 있다.

경관지구, 미관지구, 고도지구, 방재지구, 보존지구, 시설보호지구, 취락지구, 개발진흥지구, 특정 용도제한지구, 아파트지구, 기타 지구와 시·도의 도시계획 조례에 의해 용도지구의 명칭 및 지정목적과 건축 그 밖의 행위의 금지 및 제한에 관한 사항 등을 정하여 열거한 용도지구 외에 용도지구를 지정할 수 있는데, 이러한 용도지구는 1필지에 복수로 지정이 가능하다.

용도지구제에서 어떤 토지는 어느 하나의 지구로 지정될 수 있고 아무런 지구도 지정되지 않을 수도 있으며 2개 이상의 용도지구로 중복지정될 수도 있다. 또한 어느 용도지구는 어느 특정 용도지역 또는 용도구역에만 지정될 수 있는 것은 아니지만 취락지구는 녹지지역, 관리지역, 농림지역, 자연환경보전지역 또는 개발제한구역에서만 지정될 수 있다.

경관지구, 미관지구, 고도지구, 방재지구, 보존지구, 시설보호지구, 취락지구, 개발진흥지구, 특정 용도제한지구, 아파트지구, 기타 지구와 시·도의 도시계획 조례에 의해 용도지구의 명칭 및 지정목적과 건축 그 밖의 행위의 금지 및 제한에 관한 사항 등을 정하여 열거한 용도지구 외에 용도지구를 지정할 수 있는데, 이러한 용도지구는 1필지에 복수로 지정이 가능하다.

용도구역은 어떤 토지는 다시 하나의 용도구역으로 지정될 수 있고, 아무런 구역으로도 지정되지 않을 수도 있으나 2개 이상의 구역으로 중복지정될 수는 없다. 개발제한구역, 시가화조정구역, 수산자원 보호구역, 지구단위계획구역 등은 중복지정이 될 수 없다. 예를 들면 어느 1필지의 토지가 관리지역으로 지정되어 있으면서 경관지구, 미관지구, 방화지구로 중복지정되어 있고, 시가화조정구역으로 지정될 수도 있다는 것이다.

이렇듯 1필지의 토지에 대해 용도지역과 용도지구, 용도구역은 중복지정이 가능한데, 중복지정에 따라 1필지의 토지에 2 이상의 용도지역, 용도지구, 용도구역에 관한 규정은 국토계획법 제84조에 별도로 규정하고 있다.

1필지의 토지가 2 이상의 용도지역, 용도지구 또는 용도구역에 걸치는 경우 그 토지 중 용도지역, 용도지구, 또는 용도구역에 있는 부분의 규모가 330㎡ 이하인 토지부분에 대해 그 1필지는 토지 중 가장 넓은 면적이 속하는 용도지역, 용도지구 또는 용도구역에 대한 규정을 적용한다. 예를 들면 1천 ㎡의 토지에 관리지역과 농림지역이 중복지정되어 있는데(원칙적으로는 허용되지 않아야 하지만 현실적으로 존재함) 관리지역이 700㎡이고 농림지역이 300㎡일 경우, 이 토지의 일부분인 농림지역도 관리지역으로 규정한다는 것이다.

건축물이 미관지구 또는 고도지구에 걸쳐 있는 경우에는 그 건축물 및 토지의 전부에 대하여 미관지구 또는 고도지구 안의 건축물 및 토지에 관한 규정을 적용한다고 규정되어 있다. 즉 면적제한에 따른 예외 규정이 없고, 두 개의 용도지구에 대한 규정을 적용한다는 개념이다.

용도지구에 대한 규정은 시·군 도시계획조례에 있으니 용도지구로 지정되어 있을 경우 반드시 지자체 도시계획조례를 참조해야 한다. 또한 용도지구는 토지이용계획확인서에 기재되지 않을 수도 있으므로 도시계획과 등 관련부서에 확인해야 한다.

하나의 건축물이 방화지구와 그 밖의 용도지역·용도지구 또는 용도구역에 걸쳐 있는 경우에는 그 전부에 대하여 방화지구 안의 건축물에 관한 규정을 적용하게 된다. 다만, 그 건축물이 방화지구와 그 밖의 용도지역, 용도지구 또는 용도구역의 경계가 건축법에 의한 방화벽으로 구획되는 경우 그 밖의 용도지역, 용도지구 또는 용도구역에 있는 부분에 대하여는 그러하지 아니하다.

필지의 토지가 녹지지역과 그 밖의 용도지역, 용도지구 또는 용도구역에 걸쳐 있는 경우에는 각각의 용도지역, 용도지구 또는 용도구역의 건축물 및 토지에 관한 규정을 적용한다. 다만, 녹지지역의 건축물이 미관지구, 고도지구에 걸쳐 있는 경우에는 미관지구, 고도지구 안의 건축물 및 토지에 관한 규정을 적용하고, 방화지구에 걸쳐 있는 경우에는 방화지구 안의 건축물에 관한 규정에 의하게 된다.

용도지역은 도시관리계획에 의해 변경되기 때문에 개인이 바꾼다는 것은 사실상 불가능하다. 하지만 위의 규정을 이용하게 되면 많은 부분은 아니지만 용도지역을 바꿀 수 있는 기회가 될 수 있으며, 이럴 경우 토지이용의 용도를 높이는 계기가 될 수도 있을 것이다. 예를 들면, 1필지의 토지에 상업지역과 주거지역이 혼재되어 있을 경우 상업지역 면적이 3천 ㎡이고, 주거지역이 600㎡라고 가정했을 때, 상업지역과 주거지역을 양분하여 상업지역 1천 500㎡, 주거지역 300㎡로 각각 분필하면 주거지역도 상업지역으로 이용할 수 있어 주거지역 600㎡의 지가를 올릴 수 있을 것이다.

미관지구와 고도지구, 방화지구가 지정되어 있을 경우에는 용도지역에 대한 건축물의 용도, 건폐율, 용적률, 층수 제한이 강화된다. 용도지구가 중복지정 되어 있다면 거기에 따른 각종 제한이 더욱더 가해질 것이다. 따라서 토지에 투자할 때 위와 같이 1개의 필지에 대해 2개의 용도지역, 용도지구, 용도구역이 지정되어 있다면 반드시 규정을 이해해 착오 없이 투자에 임하도록 해야 한다.

용도지역 변경을 염두에 둔 투자

① 용도지역은 도시기본계획에 의거해 수립, 도시관리계획으로 지정한다.

② 용도지역 지정과 변경은 유용한 재테크 수단이지만 쉽지는 않다.

③ 시 기본계획은 20년마다 수립, 5년마다 변경된다. 도시 발전과 인구 증

가 등을 반영해 결정되기 때문에 도시관리계획 변경에 따른 용도지역 변경은 쉽지 않다.

④ 농업진흥구역이나 보전산지 등은 농림부장관이나 산림청장의 결재 및 허가가 있어야 하기 때문에 규제 완화가 더 어렵다.

⑤ 용도지역 변경을 생각하고 투자할 때는 자연녹지지역에 투자하는 것이 리스크를 줄일 수 있다.

⑥ 자연녹지지역은 도시지역과 연접해 지정하기 때문에 향후 시가지로 편입될 가능성이 높다. 지구단위계획에 의한 시가지로 개발할 경우 자연녹지지역이 도시지역으로 변경되는 최우선 검토 대상이다.

⑦ 고속도로나 철도의 신설 등 호재가 있는 경우 자연녹지지역에 장기적으로 투자하는 것도 좋다.

Tip.

산지 이용 구분도 안(공람) 이의신청으로 용도지역 변경이 된다면?

언젠가 양평군 산지(임야)에 대한 산지 구분도를 토지소유자들에게 공람한 적이 있었는데, 양평군에서 산림청으로 자료를 보내 다시 양평군으로 내려온 도면은 확정짓기 전 공람 절차를 거치고 있었다.

공람 후 이의시청 기간은 25일 정도. 최근 이 도면 때문에 심심치 않은 물건이 등장하고 있다.

최고의 관심사는 '보전임지'가 '준보전임지'로 변경되는 것. 반면 준보전임지였으나 보전임지로 바뀌는 것도 있다. 다행히 소유자가 확인해 이의신청을 하면 다시 준보전임지로 확정지어 준다고 한다.

내가 알고 있는 몇몇 임야를 열람한 결과 재미있는 일이 많았다. 개인 토지가 자연휴양림 부지(자연휴양림 용도는 소유자가 국國이 아니면 지정이 되지 않는다)로 지정되었거나 자연환경보전지역이 임업용 산지로 구분되었고 경사도 10도가 안 되는 임지가 보전임지로 지정되는 엉망이었다. 또 재미있는 일은 경사의 높고 낮음에 상관없이 보전임지를 전용 받아 공사와 준공검사를 마친 토지는 전체가 준보전임지로 바뀌었다는 것이다.

개발 가능한 토지를 준보전임지로 변경해야 한다는 취지는 좋지만 (어떻게 허가를 받았는지 모르지만) 급경사지를 허가받아 훼손한 많은 보전임지들이 모두 준보전임지에 포함되었다고 한다.

이러한 상황을 눈치 채고 현재 허가받은 보전임지를 서둘러 준공 받고 이의신청을 접수하는 사람들의 움직임도 부산하다.

4년 전 대심리에 토목공사를 의뢰받아 1천여 평의 보전임지를 공사해 준 적이 있었다. 대충 공사 후 준공검사를 받고 나니 5년 만에 관리지역으로 용도가 변경되었다. 구입 가격은 평당 10만 원, 관리지역으로 변경된 후 가격은 평당 100만 원. 1억이 10억이 되었으니 세금만 잘 관리하면 어마어마한 이익을 올릴 수 있게 된 것이다.

이의신청기간 중 이런 보전임지의 구입을 검토해볼 만하다. 경사도가 낮은 보전임지가 있으면 관할군청 산림경영사업소에 비치되어 있는 산지 구분 도안을 확인하여 기타 임업용 산지로 되어 있다면 이의신청이 받아질 수도 있다. 이런 보전임지를 찾아 변경하는 것도 부동산의 가치를 찾아내어 바꾸는 재미있는 작업이 될 수 있다.

조건은 다음과 같다.
① 경사도 15도 미만의 완경사지
② 간선도로에서 접근성이 좋은 임지(넓은 도로가 있어야 함은 기본)
③ 전·답과 연결된 완경사의 구릉지대에 위치할 것
④ 수목의 밀집도가 40% 이하일 것
⑤ 인근 지역의 임지가 주택 및 근린시설 등으로 바뀌어 가는 이행 지역일 것
⑥ 기타 개발지역 인근의 임지일 것 등.

조건은 다음과 같다.
① 경사도 15도 미만의 완경사지
② 간선도로에서 접근성이 좋은 임지(넓은 도로가 있어야 함은 기본)
③ 전·답과 연결된 완경사의 구릉지대에 위치할 것
④ 수목의 밀집도가 40% 이하일 것
⑤ 인근 지역의 임지가 주택 및 근린시설 등으로 바뀌어 가는 이행 지역일 것
⑥ 기타 개발지역 인근의 임지일 것 등.

시간이 얼마 남지 않아 발 빠르게 움직여야 하지만 굳이 시간에 쫓기기보다는 향후 5년 정도의 투자를 계획하고 이런 보전임지가 있다면 구입하여 농장, 창고, 재배사, 관상수 식재부지 등 다용도로 전용허가를 받아 공사를 한 후 준공을 받아 놓는다면 100% 관리지역으로 용도변경이 된다는 것을 기억해 두면 짭짤한 투자를 기대해도 좋을 것이다.

황금의 땅 시가화예정용지 투자법

도시기본계획이 도입되면서 토지투자의 '입지론'을 등에 업은 유망한 토지가 바로 '시가화예정용지'이다. 도시 인근 지역의 개발은 개발 방향 및 국토이용에 관한 법률에 따라 먼저 도시 인근에 시가화예정용지를 정하고 그 발전 방향에 따라 개발하기 때문에 시가화예정용지가 무엇인지를 알아보는 것이 매우 중요하다.

시가화예정용지는 도시기본계획상의 개념으로, 장차 도시가 확산 또는 발전 방향에 따라 개발돼 주거·상업·공업지역 등으로 쓰일 곳이다. 잘 살펴보면 의외로 좋은 투자처가 될 수 있다.

예전에는 도시기본계획, 도시계획 재정비(지금은 '도시관리계획'이라 함)를 할 때 주거·상업·공업·녹지지역을 미리 계획 및 결정했지만 지금은 그렇게 하지 않는다. 도시기본계획, 도시관리계획을 수립할 때 '시가화지구' 또는 '시가화 예정지구'를 책정하는데, 이는 장차 도시화가 되어 주거·상업·공업지역 등으로 개발될 지역이라는 뜻이다.

시가화예정용지는 당해 도시의 발전에 대비해 필요한 개발 공간을 확보하기 위한 용지이다. 계획적으로 정비 또는 개발할 수 있도록 각종 서비스의 질적, 양적 기준을 제시하고 개발한다. 대상지역은 도시지역의 자연녹지지역과 관리지역의 계획관리지역 및 개발진흥지구 중 개발계획이 수립되지 않은 지역을 중심으로 계획하되, 먼저 개발계획 및 개발의 타당성을 면밀히 분석해야 한다.

목표년도의 인구 규모와 도시 기능 및 도시의 발전 방향 등 도시 지표의 달성을 위해 필요한 용지와 도시의 장래 성장 방향 및 도시와 주변 지역의 전반적인 토지 이용 상황을 고려해야 한다.

시가화예정용지는 기반시설이 갖추어진 토지를 우선 개발할 수 있도록 시가지의 개발축, 간선교통 체계 등을 고려해 계획하고 개발의 우선순위를 제시하며, 1단계 개발계획에 포함된 시가화예정용지는 개발 및 정비계획을 설정한다. 시가화예정용지에 대해서는 주변 지역의 개발 상황, 도시 기반시설의 현황 및 수요 등을 고려해 지역별 또는 생활권별로 개발 목적과 수용 인구, 개발 방법, 적정 밀도를 제시한다.

시가화예정용지는 토지 수요량과 관계없이 포괄적으로 계획해 지정할 수 있으나, 실제 개발에 있어서는 원칙적으로 목표년도 및 단계별 총량을 토지 수요량 범위 내에서 유지한다. 단, 제2종 지구단위 계획구역으로 지정되는 토지는 위치 표시를 하지 않는다.

시가화예정용지는 인구변동과 개발 수요가 해당 단계에 도달함에 따라 개발용도로 용도지역을 부여하여야 하며, 도시 여건의 급격한 변화 등 불가피한 사유가 있는 경우에는 목표년도의 총량을 유지하면서 단계별 수요량의 10% 내에서 조정할 수 있다.

시가화예정용지란 도시 발전에 대비하여 개발축과 개발 가능지를 중심으로 시가화에 필요한 개발 공간을 확보하기 위한 용지를 말한다. 즉 주거, 공업, 상업 지역 등으로 개발하기에 앞서 도시기본계획에 미리 개발예정지로 지정해 둔 곳을 말한다.

시가화예정용지는 자연녹지지역과 계획관리지역 또는 개발진흥지구에 지정하며, 개발 용도지역으로 부여하기 위해서는 지구단위계획 수립이 수반되어야 한다. 지방자치단체는 인구 계획이나 균형 발전 등을 감안해 각 시가화예정용지의 개발 우선순위를 결정하게 된다.

5년 단위를 기준으로 1단계(2000~2005년), 2단계(2006~2010년), 3단계(2011~2015년), 4단계(2016~2020년)로 정해 순차적으로 개발된다. 따라서 시가화예정용지의 주변 토지에 투자할 때는 해당 예정용지의 개발 단계가 몇 단계로 계획되어 있는지를 확인해야 한다.

시가화예정용지는 향후 주거지나 공장, 상업시설 등으로 개발될 예정인 땅이어서 투자자들의 관심이 집중되고 있으며, 투기가 우려되는 지역은 개발행위 제한지역으로 묶여 건축이나 개발 행위가 일정 기간 제한되기도 한다.

이제는 이론이 아닌 실물적 도시 개발 방향에 맞추어 투자를 하는 것이 올바른 방법이다. 부동산 투자에 있어서도 정책이 어느 방향으로 흐르는지, 또 법이 어떤 방향으로 나아가는지 예의 주시하여야 한다. 도시 주위 시가화예정용지 또한 관리지역(계획관리지역) 등에서 이루어진다.

'부동산 투자는 돈 벌어 땅을 사는 것이 아니고 땅 사서 돈 버는 것'이라는 점을 강조하고 싶다.

시가화예정용지란?

시가화예정용지란 자연녹지지역, 생산녹지지역, 계획관리지역, 개발진흥구역 등의 보전지역을 도시가 팽창됨에 따른 주거·상업·공업지역 등으로 개발하기에 앞서 도시기본계획 상에 개발예정지로 미리 지정하는 것을 말한다. 이는 도시기본계획에 의한 도시관리계획을 수립할 때 지구단위계획구역으로 지정되어 체계적인 도시계획이 시행될 예정인 일단의 토지를 포함한다.

시·군·구 등 각 지방자치단체는 개발이 필요한 지역에 대해 도시기본계획에서 시가화예정용지로 먼저 지정한 후 시간을 두고 이에 대한 세부계획을 수립하고 개발한다. 시가화예정용지로 지정할 수 있는 땅은 주로 자연녹지지역이나 생산녹지지역, 계획관리지역이다. 이 지역 중 개발계획이 아직 수립되지 않은 지역을 중심으로 시가화예정용지를 지정하게 된다.

각 지자체가 시가화예정용지를 지정할 때에는 주변 지역의 개발 상황, 도로 등 도시기반시설의 현황과 수요 등을 먼저 고려한 후 각 지역별, 생활권별로 개발 목적과 수용인구, 개발 방법, 적정 밀도 등을 제시해 도시기본계획에 반영하고, 이때 각 지자체 인구 배분, 지역균형발전계획 등을 감안해 개발 우선순위를 결정하게 된다.

다음에는 토지 자원을 효율적으로 이용하기 위한 토지이용계획의 기초가 되는 시가화용지, 시가화예정용지, 보전용지를 정리해보았다.

시가화용지

① 시가화용지는 현재 시가화가 형성된 기존 개발지로서 기존 토지 이용을 변경할 필요가 있을 때 정비하는 토지다. 주거용지·상업용지·공업용지·관리용지로 구분하여 계획하고, 면적은 계획 수립 기준년도의 주거용지·상업용지·공업용지·관리용지로 하여 위치별로 표시한다.

② 대상지역

가. 도시지역 내 주거지역, 상업지역, 공업지역

나. 택지개발 예정지구, 국가 또는 지방산업단지 및 농공단지, 전원개발사
   업구역

다. 도시공원 중 어린이공원, 근린공원

라. 계획관리지역 중 제2종 지구단위계획이 구역으로 지정된 지역(관리용지
   로 계획)

③ 시가화용지에 대하여는 기반시설의 용량과 주변 지역의 여건을 고려하
   여 도시경관을 유지하고 친환경적인 도시 환경을 조성할 수 있도록 정
   비 및 관리 방향을 제시한다.

④ 개발 밀도가 높은 용도지역으로 변경(up-zoning)할 경우에는 지구단위계
   획 수립을 수반하여 용도를 변경한다.

시가화예정용지

시가화예정용지 해당 지역이나 그 주변 지역에 투자할 때에는 해당 시가화
예정용지의 개발 시기가 어느 단계로 잡혀 있는지 반드시 확인해야 한다. 이
는 해당 시·군·구청 도시과를 방문해 도시기본계획 도면을 열람해보면 확
인할 수 있다.

시가화예정용지의 지정 역시 각 지자체 별로 수시로 지정되기 때문에 지자
체 별로 발표하는 도시기본계획을 정기적으로 확인하는 것이 중요하다. 시가
화예정용지는 도시계획의 확장에 따라 향후 주택이나 상가 등으로 개발이 예

정된 땅이어서 그만큼 투자 가치가 높다. 그만큼 땅값이 크게 상승할 여지가 있다는 의미다.

시가화예정용지는 이렇듯 토지투자자라면 누구나 관심을 기울여야 할 대상이다. 각 지자체 별 도시계획을 꼼꼼히 들여다보고, 예정 지역은 물론 인근 지역까지 범위를 확대하여 주의 깊게 살펴본다면 기대 이상의 투자수익을 올릴 수 있을 것이다. 따라서 투자자들이 관심을 갖는 것은 당연하지만 시가화예정용지 대부분은 토지거래 허가구역으로 묶여 있어 외지인이 매입하기에는 그리 쉽지 않은 것이 현실이다.

① 시가화예정용지는 당해 도시의 발전에 대비하여 개발축과 개발 가능지를 중심으로 시가화에 필요한 개발 공간을 확보하기 위한 용지이며, 장래 계획적으로 정비 또는 개발할 수 있도록 각종 도시적 서비스의 질적 · 양적 기준을 제시한다.

② 대상지역

가. 도시지역의 자연녹지지역과 관리지역의 계획관리지역 및 개발진흥지구 중 개발계획이 수립되지 않은 지역을 중심으로 시가화예정용지를 계획하되, 상위 계획상의 개발계획과 조화되는지 여부와 개발의 타당성을 면밀히 분석하여야 한다.

나. 목표년도의 인구규모와 도시기능 및 도시의 발전 방향 등 도시 지표의 달성을 위하여 필요한 용지

다. 도시의 장래 성장 방향 및 도시와 주변 지역의 전반적인 토지이용 상황에 비추어 볼 때 시가화가 예상되는 지역으로 시가화용지와 종합적으로 계획 · 관리할 필요가 있는 용지

③ 시가화예정용지는 도시의 무질서한 개발을 방지하고 계획적인 이용·개발을 도모하기 위하여 우선 자연녹지지역과 계획관리지역 또는 개발진흥지구에 지정하고 개발용도지역으로 부여하기 위해서는 지구단위계획 수립이 수반되어야 한다.

가. 시가화예정용지는 기반시설이 갖추어진 토지를 우선 개발할 수 있도록 시가지의 개발축, 간선교통체계 등을 고려하여 계획하고, 개발의 우선순위를 제시하며 1단계 개발계획에 포함된 시가화예정용지는 개발 및 정비계획을 설정한다.

나. 시가화예정용지에 대하여는 주변 지역의 개발 상황, 도시 기반시설의 현황 및 수요 등을 고려하여 지역별 또는 생활권 별로 개발 목적과 수용 인구, 개발 방법, 적정 밀도를 제시한다.

④ 시가화예정용지는 토지 수요량과 관계없이 포괄적으로 계획하여 지정할 수 있으나, 실제 개발에 있어서는 원칙적으로 목표년도 및 단계별 총량을 토지 수요량 범위 내에서 유지한다. 단, 제2종 지구단위계획구역으로 지정되는 토지는 위치 표시를 하지 아니한다.

⑤ 시가화예정용지는 인구 변동과 개발 수요가 해당 단계에 도달함에 따라 개발용도로 용도지역을 부여한다. 다만, 도시 여건의 급격한 변화등 불가피한 사유가 있는 경우에는 목표년도의 총량을 유지하면서 단계별 수요량의 30% 내에서 조정할 수 있다.

돈이 묶이는 보전용지

① 보전용지는 토지의 효율적 이용과 지역의 환경보전·안보 및 시가지의 무질서한 확산을 방지하여 양호한 도시 환경을 조성하도록 개발억제지

및 개발 불가능지와 개발 가능지 중 보전하거나 개발을 유보하여야 할 지역으로 한다.

② 대상지역

가. 도시지역의 개발제한구역 · 보전녹지지역 · 생산녹지지역 및 자연녹지 중 시가화예정용지를 제외한 지역

나. 농림지역 · 자연환경보전지역 · 보전관리지역 · 생산관리지역 및 계획관리지역 중 시가화예정용지를 제외한 지역

다. 도시공원(어린이공원과 근린공원은 제외)

라. 문화재 보호구역, 상수원의 수질보전 및 수원 보호에 필요한 지역, 호수와 하천구역 및 수변지역

③ 상습 수해지역 등 재해가 빈발하는 지역과 하천 하류지역의 수해를 유발할 가능성이 있는 상류지역은 원칙적으로 보전용지로 지정하되, 시가화예정용지로 설정하고자 하는 경우에는 당해 지역에 유수되는 우수의 흡수율을 높이기 위하여 녹지 비율을 강화하는 등 방재 대책을 미리 수립한다.

④ 쾌적한 환경을 조성하고 도시의 건전하고 지속가능한 발전을 위하여 적정량의 보전용지가 확보될 수 있도록 계획한다.

⑤ 도시 내 · 외의 녹지 체계 연결이 필요한 지역이나 도시 확산과 연담화 방지를 위하여 필요한 지역 등은 원칙적으로 보전용지로 계획한다.

정답은 시가화예정용지의 선점

정리하면, 도시기본계획(장기적인 발전 방향을 제시하는 정책 계획) 상 토지 수요를 추정하여 산정된 면적을 기준으로 시가화예정용지, 시가화용지, 보전용지로 토지이용을 계획하여 구분하고, 시가화예정용지는 당해 도시의 발전에 대비하여 개발축과 개발 가능지를 중심으로 시가화에 필요한 개발공간을 확보하기 위한 용지라고 볼 수 있다.

시가화조정구역은 도시지역과 그 주변 지역의 무질서한 시가화를 방지하고 계획적, 단계적인 개발을 도모하기 위하여 일정 기간 동안(5년에서 20년) 시가화를 유보할 필요가 있다고 인정되는 경우에 시가화조정구역의 지정 또는 변경을 도시관리계획으로 결정할 수 있다. (국토계획법 제39조 참조)

Tip

국토계획법 제39조 (시가화조정구역의 지정)

① 국토교통부장관은 직접 또는 관계 행정기관의 장의 요청을 받아 도시지역과 그 주변 지역의 무질서한 시가화를 방지하고 계획적·단계적인 개발을 도모하기 위하여 대통령령이 정하는 일정 기간 동안 시가화를 유보할 필요가 있다고 인정되는 경우에는 시가화조정구역의 지정 또는 변경을 도시관리계획으로 결정할 수 있다.
② 시가화조정구역의 지정에 관한 도시관리계획의 결정은 제1항의 규정에 의한 시가화 유보기간이 만료된 날의 다음날부터 그 효력을 상실한다. 이 경우 건설교통부장관은 대통령령이 정하는 바에 따라 그 사실을 고시하여야 한다.

결론적으로, 시가화예정용지는 장기적인 발전 방향을 제시하는 정책 계획으로 별도의 행위제한을 받지 않으나, 시가화조정구역 안에서는 행위제한을 받는다. 또한 시가화예정용지는 토지이용계획확인서에 표시되지 않지만, 시가화조정구역은 토지이용계획확인서에 표시된다.

시가화예정용지는 도시기본계획상의 개념으로, 장차 도시가 확산 또는 발전 방향에 따라 개발되어 주거·상업·공업지역 등으로 쓰이는 곳으로, 의외의 투자처로 주목을 받고 있다.

지적도를 보면, 미래를 그리는 것에 불과하여 점선으로 구역 영역을 표시하고, 개략적인 면적만 표시하였기에 외지인들은 투자 대상으로 삼기 어려운 것이 현실이다. 따라서 현장 전문가의 도움을 받아 투자를 하는 것이 중요하다.

다만, 신도시와 같은 대단위 개발의 경우 투기와 무분별한 개발을 막기 위해 개발행위허가제한구역으로 정하여 행위허가를 제한하는 경우가 많다는 것에 유념하여야 한다. 개발행위허가제한구역으로 지정되면, 일반적으로 3년간은 개발을 하지 못한다.

이외에도, 수시로 지정되는 곳이 있기에 지자체 별로 발표하는 도시기본계획을 열람하는 것이 중요하다. 지자체 별로 속속 도시기본계획을 발표하고 있다.

황금의 땅인 시가화예정용지, 토지투자자는 필수적으로 접근해야 하는 상품이다. 지자체 별 도시기본계획은 투자 가이드로 꼼꼼히 정리하고, 거래를 하고자 할 때는 정확히 예정지역과 인근 지역까지 범위를 확대하여 투자한다면 결코 실패하지 않는 투자자가 될 것이라 확신한다.

시가화 압력에 투자하라

토지투자를 위해 공법을 공부하다 보면 대강 암기를 하듯 의미는 이해하였는데, 속뜻을 몰라 투자에 잘 응용하기 어려운 경우가 있다. 특히 개발을 유도하기 위한 주거지역, 상업지역, 공업지역 등은 의미를 쉽게 알 수 있지만 관리지역과 녹지지역은 그 의미에서 투자의 맥을 잡아내기가 쉽지 않다.

토지투자는 결국 당장의 가치보다 장래의 가치를 보고 투자하는 것이다. 투자를 하는 시점에 개발을 유도하는 용도지역의 토지(주거, 상업, 공업지역)보다는 장래 개발 압력이 높아져 주거, 상업, 공업지역의 용도지역이 될 토지가 좋을 것이다. 이러한 용도지역상 주거·상업·공업지역을 시가지 지역이라고도 하는데, 이러한 용도지역으로 변경될 후보군에 있는 지역이 녹지지역과 관리지역이라 하겠다.

녹지지역과 관리지역의 의미는 잠시 제쳐두고 녹지지역 중 생산녹지와 보전녹지 그리고 관리지역 중 생산관리지역과 보전관리지역을 비교하고 어떠한 토지가 더 장래성이 있는지 살펴보자.

포털 사이트를 검색해보면 각 용어에 대한 해석이 다음과 같이 나온다.

생산녹지

용도지역 중 녹지지역의 하나로, 주로 농업적인 생산을 위해 개발을 유보할 필요가 있는 지역으로 국토교통부장관·특별시장·광역시장이 지정하는 지역을 말한다.

보전녹지

녹지지역 중 하나로 도시의 자연환경·경관·산림 및 녹지공간을 보전할 필요가 있는 지역을 말한다.

생산관리

용도지역 중 하나로, 농업·임업·어업 생산 등을 위하여 관리가 필요하거나 주변 용도지역과의 관계 등을 고려할 때 농림지역으로 지정하여 관리하기 곤란한 지역으로 국토교통부장관·특별시장·광역시장이 지정하는 지역을 말한다.

보전관리

관리지역 중 하나로 자연환경 보호, 산림 보호, 수질오염 방지, 녹지공간 확보 및 생태계 보전 등을 위해서 보전이 필요하나 주변 용도지역과의 관계 등을 고려할 때 자연환경보전지역으로 지정해서 관리하기가 곤란한 지역을 말한다.

여기에 보태 건폐율과 용적률 그리고 건축 가능한 건물의 종류를 열거하는 데 그친다. 이것으로는 어떻게 투자를 해야 할지 답을 찾기 어렵다.

지금처럼 산업화되기 전 우리나라의 주된 산업은 무엇이었을까? 주된 산업은 농업이었고 교통이 발달하지 않았으므로 농지 인근에 사람들이 모여 사는 마을이 생겨나게 되었을 것이며 인근 지역에는 산도 있을 것이다. 이를 그림으로 나타내면 다음과 같다.

다시 투자의 관점으로 돌아와 생각해보자. 마을이 있는 곳, 농지로 이용 중인 곳, 산림으로 쓰이는 곳, 이 세 곳을 용도지역으로 살펴보면 마을은 주거지역과 상업지역(간혹 계획관리지역이나 자연녹지지역의 취락지구도 있다), 농지는 생산녹지지역 또는 생산관리지역, 산지는 보전녹지나 보전산지지역이다.(물론 농지나 임야이면서 국토계획법상 농림지역이거나 자연환경보전 지역인 경우도 있지만 이들은 지금 여기에서 논하는 대상은 아니다.)

토지에 투자를 한다는 것은 매입 당시엔 주거지역과 상업지역이 아닌 녹지지역이거나 관리지역이었지만 도시지역의 수요가 커져(여기에서는 주거지역과 상업지역으로 쓰이는 마을이 커졌다고 하는 게 쉽겠다) 일부 녹지지역이나 관리지역을 도시지역으로 편입시켜 이 마을로 편입될 가능성이 있는 토지를 골라내는 게임인 것이다.

농지(평지) ◀──────── 마을(평지) 확장시 어디로? ────────▶ 임야(산지)

머릿속에 위 그림을 그려보고, 마을이 커지면 농지를 마을로 바꿀 것인지, 산지를 마을로 바꿀 것인지 생각해보자. 힌트는 농지는 대체로 평지이고 산지는 거의 다 경사도가 있다. 당연히 평지인 농지라고 해야 맞다. 게다가 우리나라는 쌀이 남는 상황이다. 농지에 대한 수요가 줄고 있다는 뜻이다.

이제 투자 포인트가 보인다. 시가지로 편입될 가능성이 큰 녹지지역이나 관리지역이 토지투자의 주요 대상인데, 헷갈리는 것은 생산OO이냐, 보전OO이냐 하는 것이며, 평지인 생산OO지역이 훨씬 가능성이 커 보인다.

그런데 여기에서 생각해야 할 것은 생산관리지역이나 생산녹지지역보다는 보전관리나 보전녹지가 공부해야 할 내용이 훨씬 많다는 것이다. 규제가 많기 때문이다.

시가화예정용지 분석 예시

번호	시군	세부지역
1	인천시	오류, 왕길동
2	김포시	고천면 전호리, 풍곡리, 신곡리, 대곶면 상마리, 송마리, 월곶면 갈산리, 통진읍 고정리, 양촌면 마산리
3	부천시	오정구 내동, 오정동, 박천, 내장 일원
4	고양시	일산동구 문봉동, 설문, 덕양구 내유동, 지축(GB)
5	파주시	파주시 백석리, 부곡리, 봉서리 일원, 문산읍 운천리, 당동리, 선유리(서강대), 내포리 월롱면 덕은리(LCD지방산업단지), 영태리(이대), 교하읍 신촌리 및 금촌동, 탄현면 금승리(LCD지방산업단지)
6	광주	오포읍 45번 국도 좌, 우측
7	남양주시	진전읍 진벌 팔야리(463㎡, 주거), 팔야리(팔야산업단지, 26㎡), 지금동(행정업무타운, 200㎡), 화도읍 가곡리(132㎡), 창현리(주거 28㎡), 오남읍 양지리(주거 36㎡), 진건읍 송능리(주거, 31㎡)
8	이천시	호법면 유산리, 신둔면, 마장면 일원
9	성남시	판교신도시에서 제외된 운중동(판교신도시 서측) 아래(남쪽)
10	용인시	모현면 초부리, 백암면 용천리, 남사면 봉명리, 원삼면 죽능리, 이동면 덕성리, 양지면 양지리, 포곡읍 금어리

도시기본계획으로 판독하는
용도지역·구역과 지가의 인과관계

용도지역 변경이 가져오는 가치의 변화에 주목

그린벨트가 해제되는 경우 토지 가격이 급속히 상승하게 되는 것을 보았을 것이다. 바로 이 그린벨트가 '개발제한구역'으로서 용도구역의 한 종류에 들어가는데, 이처럼 토지 용도에 대한 규제의 변화는 가격과 인과관계를 가지고 있다.

흔히 많은 사람들은 토지투자에서 그린벨트 정도만 조심하면 되는 것으로 여기는 경우가 많다. 하지만 도시지역에서의 부동산 투자에서도 용도지역 및 용도구역은 조심해야 할 항목이다.

용도지역이라 함은 토지의 이용 및 건축물의 용도·건폐율·용적률·높이 등을 다양하게 제한하는 지역으로서 모든 토지에 지정되어 있고, 용도구역은 이러한 제한을 완화 또는 강화하는 구역을 의미한다.

국토계획법 시행령에서는 이러한 각 용도지역에서의 건폐율 및 용적률 등과 건축할 수 있는 건축물을 특정하고 있다. 따라서 이러한 용도지역 등이 인접 부동산과 서로 다를 때 당연히 본건 건물의 건축면적 및 층수 제한과 허가

받을 수 있는 건축물이 다르게 되어 가격 또한 달라진다.

따라서 가격 조사 대상은 단순히 주변 부동산이 아니다. 예를 들어 조사 대상 건물 맞은편에 위치한 건물들의 가격이 높게 형성되어 있다고 해도 용도지역을 검토한 결과 본건 건물이 제2종 일반주거지역에 속하고 맞은편 건물은 일반상업지역에 속한다는 사실을 알게 되었다면 이 가격 정보는 본건 건물의 가격 지표로 삼을 수 없는 죽은 정보라고 할 수 있다. 왜냐하면 건축 가능한 건물 층수만 감안해도 2~3배 이상 차이가 나서 유사한 부동산으로 볼 수 없기 때문이다.

이와 같은 예는 다소 극단적인 경우일 수 있지만 실제로 서울에서 조금만 떨어져도 바로 이웃한 부동산과 세분화된 용도지역이 각각 달라서 허가가 날 수 있는 시설 및 토지 활용도의 차이가 큰 경우가 많다.

그럼에도 시세를 조사할 때 용도지역 등 제한을 간과한 채 주변 부동산들의 시세만을 분석하게 되므로 본건 부동산 시세가 싸다고 판단해 덜컥 투자하는 경우가 발생하게 된다. 만약 경매에 나온 매물 중에 임야나 잡종지 등의 감정평가액이 주변 시세에 비해 저렴하다면 불리한 용도지역 등이 주된 이유가 될 수 있다. 즉 단순히 거리상 인접한 주변 부동산이 아니라 '용도지역 등이 같은' 인접한 부동산이어야 한다.

참고로 용도지역 등 각종 제한은 토지이용계획확인서에서 확인할 수 있다.

용도지역은 토지의 핵심

토지이용계획확인서를 발급받아 보면 맨 위에 해당 토지의 용도지역이 표시되어 있다. 용도지역은 토지의 가치를 결정하는 아주 중요한 사항이다. 해당 토지의 건폐율이 얼마가 될지 또 용적률은 얼마가 될지가 용도지역에 따라서 결정되는 것이다. 즉 부동산 투자자에게 있어서 '용도지역'은 가장 기본적으로 알아야 할 핵심 내용이 된다. 토지의 용도지역을 모르고 투자한다는 것은 모래 위에 집을 짓는 것이나 마찬가지로 위험한 일이다.

토지이용계획확인서를 보면 맨 위에 용도지역에 관한 내용이 기재되어 있는데, 순서는 도시지역, 관리지역, 농림지역, 자연환경보전지역 순으로 되어 있다. 담당자가 토지의 해당 용도지역에 표시를 해 준다. 예를 들어 해당 토지의 용도지역이 농림지역에 해당하는 경우 농림지역에 체크를 하고 그 위에 담당자의 도장을 찍는다. 만일 자연환경보전지역에 체크가 되어 있고 그 위에 담당자의 도장이 찍혀 있다면 해당 토지의 용도지역이 자연환경보전지역이라는 말이 된다.

용도지역과 달라지는 토지의 가격

용도지역은 토지의 가치를 결정하는 가장 중요한 요인이다. 그런데 어떠한 용도지역이 좋은가에는 정답이 없다. 상황에 따라, 투자 목적에 따라, 토지의 이용 목적에 따라 그에 적합한 용도지역이 달라지기 때문이다. 다만 몇 가지 공통된 점들은 있을 수 있다.

토지의 가치는 건폐율이나 용적률에 따라 달라진다. 건폐율이나 용적률이 클수록 토지의 가격이 높아진다. 건폐율이나 용적률이 크다는 것은 그만큼 토지를 효율적으로 이용할 수 있다는 것이기 때문이다. 건폐율, 용적률의 크기는 용도지역에 의해서 결정된다.

네 개의 용도지역 중에서 도시지역의 건폐율이나 용적률이 가장 높다. 따라서 일반적으로는 도시지역의 토지가 가장 쓸모가 크고 가치도 높다고 할 수 있다. 반면에 네 개의 용도지역 중 건폐율이나 용적률이 가장 낮은 자연환경

보전지역은 토지의 가치가 가장 낮은 지역이라고 할 수 있다.

건폐율, 용적률이 큰 순서

도시지역 〉관리지역 〉농림지역, 자연환경보전지

행위제한의 정도도 용도지역에 따라 달라진다. 즉 해당 토지에 어느 정도의 개발이 가능한가에 대한 것도 토지의 용도지역에 따라 결정된다. 일반적으로 도시지역이 가장 행위제한의 정도가 약하다. 즉 도시지역이 가장 개발이 쉽다. 반대로 행위제한의 정도가 가장 강한 지역이 자연환경보전지역이다. 자연환경보전지역에서는 개발행위가 엄격히 제한되고 있다.

개발하기가 쉬운 순서

도시지역 〉관리지역 〉농림지역, 자연환경보전지역

이제 토지의 용도지역에 대해서 좀 더 자세하게 알아보자.

국토계획법에서는 전국의 토지를 ① 도시지역 ② 관리지역 ③ 농림지역 ④ 자연환경보전지역이라는 4개의 용도지역으로 구분한다. 전 국토를 이렇게 4개의 용도지역으로 구분한 다음 각 용도지역별로 행위제한의 정도를 다르게 한다. 여기서 행위제한이라 하는 것은 예를 들면 개발행위제한, 건축행위제한 등을 말한다.

토지의 용도지역 (국토계획법 제36조 제1항)

① 도시지역 : 주거지역, 상업지역, 공업지역, 녹지지역

② 관리지역 : 계획관리지역, 생산관리지역, 보전관리지역

③ 농림지역

④ 자연환경보전지역

도시지역은 4개의 용도지역 중 행위제한의 정도가 가장 약하다. 즉 개발이 가장 많이 허용되는 용도지역이며 건축하기가 제일 쉬운 곳이다. 따라서 토지 가격도 일반적으로 가장 비싸다.

토지의 가격은 행위제한의 정도에 크게 영향을 받는다. 행위제한의 정도가 약할수록 당연히 토지의 가격은 높아진다. 행위제한에 대한 규제가 강할수록 그 토지는 쓸모가 적고, 행위제한에 대한 규제가 약한 토지일수록 쓸모 있는 토지라고 생각하면 된다.

도시지역은 다시 주거지역, 상업지역, 공업지역, 녹지지역으로 나누어진다. 주거지역은 주거기능을 위주로 하는 지역, 즉 주택들이 주로 있는 지역이다.

상업지역은 상업기능을 위주로 하는 지역이다. 주로 상가들이 있다.

공업지역은 공업기능을 위주로 하는 지역으로 공장들이 많이 있는 지역이다.

녹지지역은 녹지의 보전을 위해 지정된 지역으로, 도시지역 중에서 행위제한의 규제가 가장 강한 곳이다. 그래서 일반적으로 토지의 가격이 낮다.

도시지역에 비해 농림지역이나 자연환경보전지역은 행위제한의 정도가 강하다. 이 지역은 개발에 상당한 제한을 받고, 건축이 쉽지 않다. 특히 자연환경보전지역은 개발이 대단히 어렵다. 이곳은 말 그대로 자연환경을 보전하고자 하는 지역이다. 그래서 가격도 매우 낮다.

한편, 관리지역은 개발 목적과 보전 목적이 동시에 존재하는 지역이다. 관리지역은 다시 보전관리지역, 생산관리지역, 계획관리지역으로 나누어진다. 보전관리지역은 자연환경보전지역에 준하여 관리하는 지역이다. 따라서 개

발보다는 보전이 주 목적이 된다. 생산관리지역은 농림지역에 준하여 관리하는 지역인데, 이곳도 역시나 개발보다는 보전 위주로 관리되는 지역이다.

반면, 계획관리지역은 도시지역에 준하여 관리하는 지역이다. 이 지역은 보전보다는 개발에 더 무게를 두고 있는 지역이다. 관리지역 중 개발이 가장 많이 허용되는 지역이고 따라서 토지 가격도 관리지역 중에서 가장 높다.

용도지역과 토지의 이용 방향

앞서 살펴본 대로 토지의 용도지역은 국토계획법에 의해 크게 도시지역, 관리지역, 농림지역, 자연환경보전지역으로 구분된다. 그리고 도시지역은 다시 주거지역, 상업지역, 공업지역, 녹지지역으로 나누어지고, 또 관리지역은 계획관리지역, 생산관리지역, 보전관리지역으로 나누어진다.

여기서 용도지역 중 도시지역은 다시 국토계획법 시행령에서 다시 다음과 같이 세분이 된다.

주거지역은 전용주거지역(1, 2종), 일반주거지역(1, 2, 3종), 준주거지역으로 나누어진다. 주거지역에서 가장 중요한 포인트는 '쾌적성'과 '편리성'이다. 위의 세분된 용도지역 중 쾌적성이 가장 좋은 지역은 전용주거지역이며 그 중에서도 제1종 전용주거지역이 가장 양호한 지역이다.

주거지역

제1종 주거지역은 단독주택 중심의 양호한 주거환경을 보호하기 위한 지역이다. 이 지역은 단독주택 중심이므로 아파트 건축이 불가능하다. 다만, 연립주택이나 다세대는 그 지역의 조례로 가능한 경우도 있다.

제2종 주거지역은 공동주택 중심의 양호한 주거환경을 보호하기 위하여 필요한 지역이다. 이곳은 공동주택 중심이므로 아파트 건축이 가능하다. 일반주거지역은 쾌적성보다는 편리성에 중점을 두고 있다. 쾌적성을 심하게 해치지 않는 범위 내에서 편리성에 초점을 맞추고 있다고 이해하면 좋다. 그래서 전용주거지역보다 쾌적성은 좀 떨어지지만 편리성은 상대적으로 더 좋다. 쾌적성보다 편리성을 우선시 하는 사람들은 일반주거지역의 주택이나 토지를 구입하는 것이 좋다.

제1종 일반주거지역은 저층주택을 중심으로 편리한 주거환경을 조성하기 위하여 필요한 지역이다. 여기서 저층주택이란 4층 이하의 주택을 말한다. 그래서 제1종 일반주거지역에서는 아파트를 지을 수 없다.(아파트란 주택으로 쓰이는 5층 이상인 주택을 말한다)

제2종 일반주거지역은 중층주택을 중심으로 편리한 주거환경을 조성하기 위하여 필요한 지역이다. 중층주택이란 15층 이하의 주택을 말한다. 따라서 제2종 일반주거지역에서 아파트를 지을 때는 15층 이하로 지어야 한다.

제3종 일반주거지역은 중고층주택을 중심으로 편리한 주거환경을 조성하기 위하여 필요한 지역이다. 이 지역은 층수제한이 없다. 따라서 제3종 일반주거지역에서 아파트를 지을 때는 층수 제한 없이 지을 수 있다.

준주거지역

주거기능을 위주로 하면서 일부 상업기능까지가 가능한 지역이다. 그래서 쾌적성보다는 편리성을 강조하는 지역이다. 쾌적성을 많이 희생하면서 주거생활의 편리성을 극대화하자는 지역이라고 생각하면 된다.

상업지역

다시 '중심·일반·근린·유통'의 네 가지 지역으로 나누어진다. '중심상업지역'은 도심에 있는 상업지역을 의미한다. 토지를 가장 효율적으로 이용하는 곳으로 토지의 집약도가 가장 높은 곳이다. 따라서 토지의 가격도 가장 높다. 주로 고층빌딩들이 들어서 있다.

일반상업지

말 그대로 일반적인 상업 기능을 수행하는 곳이다. 근린상업지역에서 '근린지역'이란 '인근 지역'이라고도 하는데, 쉽게 말하면 우리가 살고 있는 주변 지역을 말한다. 근린상업지역이란 주거지역 근처에 형성된 상업지역으로 이해하면 된다. 주로 소매시장이 여기에 해당한다. 여기에 비해 '유통상업지역'이란 유통기능을 수행하는 곳, 즉 도매시장을 의미한다.

공업지역

전용공업지역, 일반공업지역, 준공업지역으로 나누어진다. 전용공업지역은 주로 중화학공업이 들어서 있는 지역이다. 일반공업지역은 말 그대로 일반적인 공업이 입지하는 지역으로 생각하면 된다. 준공업지역이란 경공업을 위주로 하면서 여기에 주거기능과 상업기능이 추가된 지역이다. 쉽게 정리하자면 '경공업+주거+상업' 지역이라고 할 수 있다. 준공업지역은 토지의 용도가 다양하므로 지가가 높다.

녹지지역

보전녹지지역, 생산녹지지역, 자연녹지지역의 세 종류가 있다. 보전녹지지역은 말 그대로 녹지공간을 보전하기 위한 지역으로 녹지지역 중에서 행위제한의 규제가 가장 강하다. 따라서 토지의 가격이 낮고 쓸모도 적다.

생산녹지지역은 농업적 생산을 위하여 개발을 유보하는 지역인데, 주로 현재의 용도는 농지가 많다. 현재는 행위제한의 규제가 많고 개발이 금지되만 나중에 상황의 변화가 올 수도 있는 지역이다. 보전녹지지역과 생산녹지지역은 둘 다 개발보다는 보전을 위주로 하는 지역인데, 생산녹지지역이 상대적으로 규제가 더 약하고 향후 발전 가능성도 더 밝다. 그래서 생산녹지지역의 지가가 더 높다. 생산녹지지역은 규제의 정도나 토지 가격 등이 녹지지역 중에서 중간 단계에 해당한다고 보면 된다.

자연녹지지역에서는 제한적인 개발이 허용된다. 녹지지역 중에서는 행위제한의 규제가 가장 약한 곳이다. 그러므로 토지 가격은 녹지지역 중에서 가장 높다. 자연녹지지역은 투자 대상으로 선호되며 거래가 많이 이루어진다. 그래서 자연녹지지역의 토지는 환금성이 높은 편이다.

도시계획시설의 실효
장기미집행 도시계획시설 투자법

장기미집행 도시계획시설 투자 전망

현 시점에서 부동산시장에는 만만한 투자처가 적다. 하지만 새로운 화두로 떠오르고 있는 '장기미집행 도시계획시설'의 개념과 투자에 대해 정리해보도록 하겠다.

부동산 투자에 관심을 가지고 있는 사람이라면 누구나 한번쯤 '장기미집행 도시계획시설'이라는 말을 들어보았을 것이다. 용어의 의미를 해석해보면 '장기간 집행(개발)되지 않은 도시계획시설'이라는 뜻이다. 여기서 '장기간'이란 10년 이상을 말하는 것으로 정부와 지자체가 도시관리계획으로 결정·고시한 도로, 공원, 녹지 등의 총 7종 53개의 도시기반시설을 말한다.

장기미집행 도시계획시설 투자법

도시계획시설이란 기반시설 중 국토계획법에 따라 도시관리계획으로 결정·고시된 시설을 말한다.

총 53개의 시설이 있으며 기반시설의 설치는 도로 등과 같이 반드시 도시관리계획으로 결정하여 설치하는 경우와 체육시설 등과 같이 도시관리계획으로 결정하지 않고도 설치하는 경우로 구분되며 이 기반시설 중 도시관리계획으로 결정하여 설치하는 시설이 도시계획시설에 해당한다.

기반시설에 대한 도시관리계획 결정(도시계획시설결정)은 해당 도시계획시설의 종류와 기능에 따라 그 위치·면적 등을 결정하여야 하며, 시장·공공청사·문화시설·도서관·연구시설·사회복지시설·장례식장·종합의료시설 등의 건축물 시설로서 그 규모로 인하여 특별시·광역시·시 또는 군의 공간이용에 상당한 영향을 주는 도시계획시설인 경우에는 건폐율·용적률 및 높이의 범위를 함께 결정하여야 한다.

항만·공항·유원지·유통업무설비·학교(대학, 산업대학, 교육대학, 전문대학, 방송대학·통신대학·방송통신대학) 및 운동장에 대하여 도시계획시설 결정을 하는 경우에는 그 시설의 기능 발휘를 위하여 설치하는 중요한 세부시설에 대한 조성계획을 함께 결정하여야 한다.

토지를 합리적으로 이용하기 위해 필요한 경우에는 둘 이상의 도시계획시설을 같은 토지의 지하·지상·수중·수상 및 공중에 함께 결정(도시계획시설의 중복 결정)할 수 있으며, 도시계획시설이 위치한 지역의 적정하고 합리적인 토지이용을 촉진하기 위하여 필요한 경우에는 도시계획시설이 위치하는 공간의 일부만을 구획하여 결정(입체적 도시계획시설 결정)할 수 있다.

도시계획시설은 특별한 경우를 제외하고는 용도지역·용도지구 안에서의 건축제한을 받지 않고 설치할 수 있으며, 도시계획시설 결정이 고시된 도시계획시설에 대하여 그 고시일로부터 20년이 지날 때까지 그 시설의 설치에 관한 도시계획시설사업이 시행되지 아니하는 경우 그 도시계획시설 결정은 그

고시일로부터 20년이 되는 날의 다음날에 그 효력을 상실한다.

도시계획시설 부지란 무엇을 의미하는가?

 기반시설 중 국토계획법에 따라 도시관리계획으로 결정·고시된 도시계획시설의 부지를 말하며 토지를 합리적으로 이용하기 위하여 필요한 경우에는 둘 이상의 도시계획시설을 같은 토지의 지하·지상·수중·수상 및 공중에 함께 결정(도시계획시설의 중복결정)할 수 있으며, 도시계획시설이 위치한 지역의 적정하고 합리적인 토지이용을 촉진하기 위하여 필요한 경우에는 도시계획시설이 위치하는 공간의 일부만을 구획하여 결정(입체적 도시계획시설 결정)할 수 있다.

 도시계획시설에 대한 도시관리계획의 결정(도시계획시설 결정)의 고시일로부터 10년 이내에 그 도시계획시설의 설치에 관한 도시계획시설사업이 시행되지 아니하는 경우(실시계획의 인가나 그에 상당하는 절차가 진행된 경우는 제외) 그 도시계획시설의 부지로 되어 있는 토지 중 지목이 대지堂地인 토지(그 토지에 있는 건축물 및 정착물 포함)의 소유자는 특별시장·광역시장·시장 또는 군수에게 그 토지의 매수를 청구할 수 있으며 이때 특별시장·광역시장·시장 또는 군수는 매수 청구를 받은 날부터 6개월 이내에 매수 여부를 결정하여 토지소유자에게 알려야 하며, 매수하기로 결정한 토지는 매수 결정을 알린 날부터 2년 이내에 매수하여야 한다.

 다음에는 장기미집행시설 제도를 알아보자!

 우선, 도로·공원 등 도시계획시설 예정부지는 건축등 행위를 제한하고 있는데, 지자체의 재정 부족으로 장기간 집행되지 않아 많은 민원이 발생하고 있으며 따라서 10년 이상 미집행시설은 지자체가 5년마다 재검토하여 불필요한 시설은 해제하고 향후 결정되는 도시계획시설은 20년 이상 미집행 시 자동 실효된다는 것이다.

결정된 도시계획시설은 어떻게?

10년 이상 미집행시설은 대지 소유자에게 매수청구권을 부여하여(현재의 위헌판결 이후) 2002년 1월 1일부터 토지소유자가 당해 시장·군수에게 매수청구서를 제출하고 당해 시장·군수는 매수청구가 있는 날부터 6개월 이내에 매수 여부를 결정하여 토지소유자에게 통지하고, 매수하지 아니하기로 결정한 경우와 매수하기로 결정한 후 2년 내에 매수하지 않을 경우 일정한 건축물의 건축을 허용하고, 소규모 건축물 등의 증·개·재축을 허용해야 한다고 하였다. 또한 3년 내 사업 계획이 없는 경우 가설건물의 건축 및 기존 건축물의 개축·재축을 허용하고 미집행시설의 추가 발생 방지를 위해 도시계획결정시 재원조달 방안의 첨부를 의무화하며, 앞으로 모든 도시계획시설은 보상계획·재원조달 방안 등이 포함된 단계별 집행계획 수립·공고하라는 것이다.

도시계획시설 부지 투자법

실제 사례

부천시는 2011년 7월 11일자로 부천시 원미구 심곡동 3○○번지 2,870㎡와 같은 동 3○○-1 번지 647㎡에 대해 도시계획시설(광장, 도로)로 결정 고시하고, 2012년 1월 2일 민간인 "갑"을 사업시행자로 지정하고, 더불어 실시계획을 인가하였다. 민간인 "갑"은 위 토지 중 일부에 광장 및 도로 조성을 완료하였으나, 부도가 나서 사업을 준공하지 못하고, 위 토지는 경매로 넘어갔다.

그러자 부천시는 경매 법원에 "본 대상지는 도시계획시설 사업 대상지이며 향후 무상 귀속 토지임을 명시토록 협조요청"하였고, 경매 법원은 그러한 취지를 기재하여 경매를 실시하였다.

경매실시 결과 민간인 "병"이 위 토지를 평당 약 1,200만 원(낙찰가 128억 원, 2회 유찰)에 낙찰 받고, 2013년 9월 24일 소유권이전등기를 완료하였다. 위 토지는 부천역 앞 만화거리에 있고, 일반상업지역이며, 현재 공시지가는 평당 1,500만 원이고, 시가는 최소한 평당 3,000만 원에 육박한다.

부천역 앞 상업지역으로서 부천시가 야심차게 추구하는 만화거리의 중심 토지이다. 그 가치는 충분히 짐작하리라고 본다. 결국 "병"은 도시계획시설부지에 대한 경매 투자로 순식간에 150억 원 이상을 벌었다.

도시계획시설 부지란?

도시계획시설이란 기반시설 중 도시관리계획으로 결정된 시설을 말한다. 기반시설이란 도로 · 철도 · 항만 · 공항 · 주차장 등 교통시설, 광장 · 공원 · 녹지 등 공간시설, 유통업무설비 · 수도 · 전기 · 가스공급설비 · 방송 · 통신시설 · 공동구 등 유통공급시설, 학교 · 운동장 · 공공청사 · 문화시설 · 체육시설 등 공공 문화체육시설, 하천 · 유수지 · 방화설비 등 방재시설, 화장장 · 공동묘지 · 납골시설 등 보건위생시설, 하수도 · 폐기물처리시설 등 환경 기초시설을 말한다.

한편, 도시관리계획이라 함은 특별시·광역시, 시 또는 군의 개발, 정비 및 보전을 위하여 수립하는 토지 이용, 교통, 환경, 경관, 안전, 산업, 정보통신, 보건, 후생, 안보, 문화 등에 관한 계획으로서 용도지역, 용도지구의 지정 또는 변경에 관한 계획, 개발제한구역, 시가화조정구역, 수산자원 보호구역의 지정 또는 변경에 관한 계획, 기반시설의 설치, 정비 또는 재량에 관한 계획, 도시개발사업 또는 정비사업에 관한 계획, 지구단위계획구역의 지정 또는 변경에 관한 계획과 지구단위계획 등을 포함하고 있다.

따라서 지구단위계획도 도시관리계획의 하나이므로 당연히 지구단위계획으로도 도시계획시설을 결정할 수 있는 것이다.

도시계획시설 부지 투자란?

과거에는 도시계획시설 부지를 낙찰 받으면, 곧 경매사고로 연결되기 일쑤였다. 그러나 지금은 관점을 달리하여 블루오션, 즉 특수물건 중의 특수물건으로서 경우에 따라서는 300%의 수익률도 달성할 수 있다.

그 비밀은 무엇일까?

도시계획시설 부지를 낙찰 받을 때는 다음과 같은 점을 고려하여야 한다.

첫째, 행정청으로부터 보상을 받을 수 있느냐 여부이다.

둘째, 도시계획시설에서 풀리거나 스스로 폐지 소송에 이겨서 푸는 것을 고민하여야 한다.

셋째, 부당이득금반환청구가 가능한지에 대해서도 살펴보아야 한다.

이하에서는 각각에 대해서 상세히 살펴보고자 한다.

보상을 받을 수 있는지 여부

도시계획시설 부지는 당연히 행정청이 보상을 하여야 한다. 만일 2020년 7월 1일까지 보상에 착수하지 않으면 도시계획시설에서 자동으로 풀리게 된다. 즉 실효된다. 따라서 당해 부지가 꼭 필요한 경우 행정청은 손실 보상을 실시하게 된다.

행정청이 손실 보상을 실시할 때 바로 위력이 드러난다. 즉 경매 감정 시에 당해 부지가 도시계획시설 부지로 제한되지 않은 상태로 감정을 실시하여야 함에도 불구하고 제한을 받는 상태로 감정하여 저가 감정을 하는 경우도 있고, 또한 도시계획시설 부지이므로 몇 번 유찰이 되어 싸게 낙찰을 받고, 후일 보상을 받을 때에는 정상 가격으로 보상을 받으면 상당한 수익을 낼 수 있는 것이다. 따라서 언제 보상을 할 것인지, 보상금은 얼마나 나올 것인지를 예측하여 투자를 하면 블루오션을 발견하는 것이다.

그러나 여기에 위험성도 있다. 우리가 반드시 알아야 할 지식은 도시계획시설 부지라고 하여 반드시 행정청이 보상을 하여 주어야 하는 것은 아니라는 점이다. 행정청은 보상을 하지 않고, 2020년 7월 1일에 실효되게 하는 것을 선택할 수도 있기 때문이다. 이 경우는 만일 실효되면 당해 부지를 정상적으로 이용 가능한지를 살펴서 투자를 하여야 한다.

실효·폐지 여부

장기미집행 도시계획시설 부지는 도시계획시설 결정의 고시일로부터 10년 이내에 당해 도시계획시설사업이 시행되지 아니하는 경우 당해 도시계획시설의 부지로 되어 있는 토지를 말한다. 이러한 장기미집행 도시계획시설 부지에 대해, 헌법재판소는 헌법에 합치되지 아니한다고 판시하였다.(1999.10.21. 97헌바 26결정 참조)

이에 위 헌재 결정에 따라 도시계획법을 개정하여 장기간 동안 시행되지 아니한 도시계획시설결정의 실효제도, 도시계획시설 부지 중 지목이 대지인 토지에 대한 매수청구제도, 기존의 도시계획시설에 대한 경과 조치를 신설하였다.

따라서 모든 장기미집행 도시계획시설 부지 소유자는 국토계획법상 ① 매수청구제도, ② 실효제도로 대응이 가능하게 되었다. 다만 매수청구는 지목이 "대"인 토지에 국한하고, 매수청구에 반드시 응하지 않아도 되는 실정이므로 그 실효성이 약하고, 실효제도는 그 기산점이 2000. 7. 1.로 하여, 결국 2020. 7. 1.까지 실시계획인가 또는 그에 상당한 조치를 취하지 않은 경우에 적용되는 것이므로, 아직도 상당한 시일을 기다려야 한다는 약점이 있다.

하여간 2020년 7월 1일까지 기다려서 도시계획시설에서 풀려 정상적으로 이용이 가능한 토지는 장기적인 관점에서 투자를 할 만하다. 또한 도시계획시설 부지에 대해서는 토지소유자가 폐지소송을 하는 것도 가능하다. 최근 필자도 폐지소송을 제기해 승소했었고, 이에 토지소유자는 상당한 시세차익을 거두었다.

부당이득금 반환청구

만일 도로나 공원처럼 행정청이 당해 토지를 사용하고 있거나 일반 공중의 이용에 제공하고 있다면 부당이득금 반환청구도 가능하다. 다만, 도로의 경우는 배타적 사용수익권 포기이론에 의해 부당이득금을 받지 못하는 경우가 있음을 유의하여야 한다. 이러한 부당이득금은 세금도 내지 않는다.

결론

기존 도시계획시설부지 소유자는 ① 도시계획시설지정 폐지신청을 하는 방법, ② 2020년 7월 1일 실효를 기다리는 방법, ③ 매수청구를 하는 방법(지목이 '대'인 토지만 해당), ④ 손실 보상을 받는 방법(행정청이 스스로 보상을 하는 경우에만 해당), ⑤ 일반인이 사용하고 있다면 행정청을 상대로 부당이득금(지료) 반환청구를 하는 방법이 있다.

　새롭게 투자를 하고자 하는 자는 위와 마찬가지로 ① 도시계획시설 지정 폐지 소송 승소여부, ② 실효제도 이용여부, ③ 매수청구 가능여부, ④ 보상 가능여부, ⑤ 지료청구 가능여부를 검토하여야 한다. ⑥ 만일 매수청구 또는 보상이 된다면 인근 토지가격으로 보상을 받게 될 가능성이 있는지 검토해야 할 것이다. ⑦ 나아가 기타 목적, 즉 재개발사업에서 분양권을 받을 목적, 지적불부합 해결목적 등 확실한 투자목적을 가지고 낙찰을 받아야 한다. 막연히 싸니까 경험삼아 투자를 해보라는 주변 권유에 덜컥 낙찰을 받으면, 보상도 받지 못하고, 지료도 못 받고, 그저 돈이 묶일 가능성도 있으므로 주의하여야 한다.

　거듭 말하지만, 도시계획시설 부지는 토지소유자의 보상 요구에 행정청이 반드시 응할 의무가 없다. 이 점을 명심하고 투자하여야 한다.

　처음 사례에서는 부천시가 향후 기부체납을 하여야 한다는 단서를 달아 응찰자가 없었으나, 이러한 조건은 무효로서 무시해도 된다.

미집행시설에 대한 법적 대응

　개정 국토계획법에 따라 2020년 1월 1일부터는 장기미집행 도시계획시설에 대해 실시계획 인가가 이루어지더라도, 사업시행자가 5년 내 부지 내 사유지에 관한 수용재결신청을 하지 않으면 실시계획인가는 실효되고, 도시계획시설 결정도 해제된다. 그러나 개정법에 의하더라도 지방자치단체가 시설 결정이 해제된 부지의 개발 가능성을 사실상 봉쇄하는 방법(공원부지, 경계 부분 및 등산로 등 분할 집행)으로 도시계획시설을 사실상 유지하는 것까지 막을 수는 없다.

장기미집행 도시계획시설 부지 소유자들은, 개정 국토계획법에 따라 서울시를 포함하여 여러 지방자치단체들이 기존의 단계적 집행계획을 개정, 보완할 것으로 보이므로 예의 주시할 필요가 있다.

이와 같은 도시계획시설 분할 시행에 관한 위법성은 실시계획 인가 이후 제소기간 내(인가고시일 이후 90일 이내)에 취소소송을 제기하는 방법으로 다투어야 한다. 국토계획법 제87조는 "도시 · 군계획시설사업을 효율적으로 추진하기 위하여 필요하다고 인정"될 경우에 한하여 대상지역 또는 대상시설을 둘 이상으로 분할하여 사업을 시행할 수 있도록 규정하고 있을 뿐이므로, 도시계획 시설 해제에 관한 법령의 규범력을 무력화시키고, 시설 결정이 해제되는 공원부지의 사적 개발 가능성을 봉쇄하기 위한 목적으로 시행되는 실시계획인가는 위법하다고 판단될 가능성이 있으므로 이에 관한 부지 소유자의 주의와 관심이 필요하다.

헌법 제23조 제3항에서는 "공공의 필요에 의한 재산권에 대한 수용 · 사용 · 제한 및 그에 대한 보상은 법률로서 하되, 정당한 보상을 지급하여야 한다."라고 규정하여 재산권 침해에 대한 보상을 타 법률에 위임하고 있다.

도시계획법 제6조(손실 보상) 위헌소원 [97 헌바 26, 1999.10.21]

【결정요지】

1. 사인의 토지가 도로, 공원, 학교 등 도시계획시설로 지정된다는 것은, (중

략) '변경금지의무'를 토지소유자에게 부과하는 것을 의미한다.

2. 도시계획시설의 지정으로 말미암아 당해 토지의 이용가능성이 배제되거나 또는 토지소유자가 토지를 종래 허용된 용도대로 사용할 수 없기 때문에 이로 말미암아 현저한 재산상 손실이 발생하는 경우에는 (중략) 국가나 지방자치단체는 이에 대한 보상을 해야 한다.

3. (나대지인 경우) 입법자는 매수청구권이나 수용신청권의 부여, 지정의 해제, 금전적 보상 등 다양한 보상 가능성을 통하여 재산권에 대한 가혹한 침해를 적절하게 보상하여야 한다.

미집행시설의 투자가치

① 1단계와 2단계로 구분하여 집행(보상)하므로 1단계 집행시설을 잘만 고르면 단기간에 고수익을 올릴 수 있다.

② 실효되는 물건 중 고부가가치의 물건을 선택하면 감정된 보상가가 아닌 일반 시가에 매매가 가능해 더 높은 수익을 노릴 수 있다.

③ 그 외에도 매수청구권(지목이 '대(垈)'에 한함) 행사나 손실 보상, 도시계획시설 폐지, 부당이득금 반환(지료)청구 또는 개발행위 특례를 통한 수익창출 등 다양한 기법이 있다.(법률 및 개발 전문가의 자문 필요)

아직까지 장기미집행시설 투자는 고수들만이 접근할 수 있는 신흥시장이었다. 정부의 근본적인 방어책이 수립되지 않는 한, 이들은 이 시장의 선발 주자로서 틈새를 공략해 재미를 볼 것이고 개미투자자들이 그 뒤를 따르게 될 상황은 명확하다.

하지만 위에서 설명했지만 장기미집행시설은 투자만 하면 성공하는 시장이 아니다.

장기미집행 도시계획시설을 투자자의 관점에서 SWOT 분석을 해보자.

Strength(강점)	Weakness(약점)
• 도시지역 내, 또는 도시를 연결하는 도시기반시설이기 때문에 대부분 가치가 높다 • 개발행위가 어려워 저평가 되어 있다 • 경·공매를 통해 저가에 매입이 가능하다	• 광범위한 분포로 고수익 물건분석에 많은 시간이 소요된다 • 지식, 정보, 법률 등 전문가의 자문이 필요해 투자 결정이 어렵고 추가지출이 발생할 수 있다 • 우선집행사업이 아닐 경우 자금이 묶일 수 있다
Opportunity(기회요인)	Threat(위협요인)
• 일몰제로 인해 기간과 목표수익률을 설정할 수 있다. 신흥시장으로 선점이 가능하고 시장성이 넓다 • 다양한 출구전략으로 자금 회수가 용이하다 • 전국의 모든 지자체가 해당되어 선택의 폭이 넓다	• 권리 및 법률·수익분석을 잘못하면 보상도 해제도 않되어 영원히 묶일 수 있다 • 손실 보상 등 쟁송으로 갈 경우 지자체의 의무대응이 없을 수 있어 수익을 장담할 수 없다 • 집행 시 시설별 감정평가 방식이 다르기 때문에 싸게 매입하지 못할 경우 수익을 기대하기 어렵다 • 해제 후에도 개별적 활용이 어려운 토지도 있다

모든 투자의 결정은 전적으로 본인의 몫이며 훗날 돌아오게 될 냉탕과 온탕도 역시 자신의 운명이다. 하지만 작금의 상황은 세월 속에 돈을 묻어두고는 매매차익을 기대하기 어려운 시기다. 따라서 옥석을 고르는 안목과 노하우가 준비되었다면 심층적인 분석을 통해 장기미집행시설 투자는 도전해볼 만한 블루오션이라고 판단된다.

제4장

투자 유망 지역의 도시기본계획 분석

당진 _ 2025년 도시기본계획 분석

사람마다 투자하는 방식과 물건은 다르겠지만 토지거래 현황과 소유 편중 현상이 달라지지 않는 것을 보면 아직 투자 방법을 몰라서 토지투자를 기피하는 사람들이 많은 것도 사실인 것 같다.

정부가 공개하는 정보의 일정 부분만 잘 활용해도 확실한 잣대로 성공투자를 할 수 있다. 시세차익을 노리고 토지를 매입한다면 다음과 같이 분석하고 투자하도록 하자.

일단, 정부의 국토개발정책의 방향을 가늠하고 2~3곳 정도 유망투자지역을 선별한다. 지역을 선별할 때는 '2040 국토종합계획'에서 거점도시 성격의 산업과 물류가 교차하는 지역으로 기업, 물자와 인구가 집적되며 정부의 정책과 예산이 지원되는 도시를 선택한다.

지역 선택의 주요 지표는 도시기본계획을 통해 확인이 가능한데, 도시기본계획이 수립되지 않는 인구 10만 명 미만의 도시는 무조건 제외한다.

① 도시기본계획상 도시기본 구상 - 목표년도의 인구계획과 인구증가율
   (과거 5년 - 통계연보로 확인)

② 토지이용계획(개발 가능지 분석 - 토지적성평가도 - 용도별 입지배분계획 - 관리

지역 세분 - 시가화예정용지 및 시가화용지 확인)

③ 기반시설계획(도로 · 철도 · 항만 등 교통망계획)

④ 경제 · 산업계획(관광 · 산업개발계획 및 현황)

⑤ 재정 및 주요 사업계획(연차보고서 = 예산집행계획 및 현황 - 해당 지자체 홈페

　이지 또는 국토교통부에서 열람)

위의 매뉴얼대로 충남 당진 지역의 투자유망지역을 선별해보도록 하겠다.

당진은 충남에서 가장 떠오르고 있는 지역으로 전국 인구증가율 상위에 랭

크된 시이다.(2017년 9월 기준 172,801명)

유망 투자지역을 '2025 당진 도시기본계획'으로 분석해 보도록 한다.

주요 개발축 분석

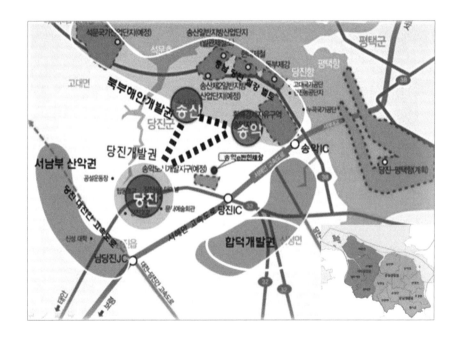

도시기본 구상도 분석

그림에서 보듯 중심 도시인 당진읍을 기점으로 철강단지가 있는 송악과 송산이 주 개발축이고, 동남쪽으로 신평, 합덕, 면천과 북으로 석문공단 방향이 부개발축이라는 것을 알 수 있다.

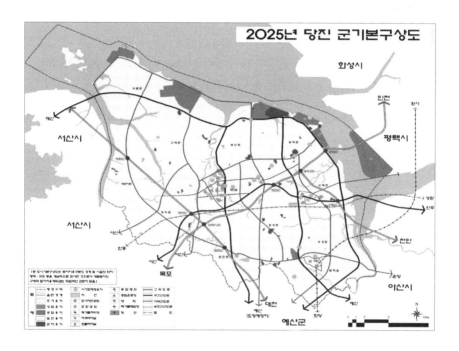

토지적성평가 분석

국토교통부의 토지적성평가기준으로 평가한 개발 가능지의 분포도를 보면 투자유망지인 저평가지역, 즉 개발 가능지역과 개발억제지역을 어느 정도 파악할 수가 있다. 토지적성평가도를 보고 유망지를 분석하려면 등급별 평가기준을 알아야 한다.(4, 5등급이 개발적성)

개발적성과 농업적성, 보전적성으로 나뉘며 평가지표는 토지적성평가지침을 통해 공부할 수 있다. 따라서 토지적성평가도에서 붉은 색으로 표기된 지역이 개발적성이 높아 가격상승이 두드러진 것을 알 수 있다.

시가화예정용지 분석

　아래 표는 도시지역으로 편입이 대상지인 시가화예정용지 지정계획이다.

　이와 같이 시가화예정용지는 주거형, 상업형, 공업형, 복합형으로 분류하고 단위는 〈ha〉 또는 〈㎢〉로 표기된다. 1ha는 1만 ㎡(약 3천 평)이고, 1㎢는 약 30만 평이 조금 넘는 규모다.

　위의 신평면 거산리 11.1ha는 약 33,500평 정도가 시가화예정용지로 지정된다는 내용이다.

연번	주용도	위치	규모 (ha)	개발방향	승인조건
A-12	주거	신평면 거산리 일원	11.1	• 용도배분 : 주거, 상업 • 개발방식 : 도시 개발사업 등 • 인구밀도 : 150인/ha	
A-13	주거	신평면 금천리 일원	28.0	• 용도배분 : 주거 • 개발방식 : 도시 개발사업 등 • 인구밀도 : 150인/ha	
A-14	주거	신평면 금천리 일원	13.0	• 용도배분 : 주거, 상업 • 개발방식 : 도시 개발사업 등 • 인구밀도 : 150인/ha	
A-15	주거	우강면 송산리 일원	9.3	• 용도배분 : 주거 • 개발방식 : 도시 개발사업 • 인구밀도 : 150인/ha	
A-16	주거	연천면 성상리, 성하리 일원	26.8	• 용도배분 : 주거, 상업 • 개발방식 : 도시 개발사업 등 • 인구밀도 : 150인/ha	• 생태자연도 2등급지는 보전용도로 계획

A-17	주거	당진읍 수청리, 사곡리, 원당이 일원	498.0	• 용도배분 : 주거, 상업 • 개발방식 : 도시지역 확장 　　　　　(도시 개발사업 등) • 인구밀도 : 150인/ha	• 생태자연도 2등급지는 절대 보전하고, 어임상양호지를 포함한 녹지축을 살려 계획
A-18	주거	송악면 중흥리 일원	30.0	• 용도배분 : 주거, 상업 • 개발방식 : 도시 개발사업 등 • 인구밀도 : 180인/ha	• 임상양호지는 보존용도로 계획
A-19	공업 (송산 제2차)	송악위산면 유곡리 일	67.5	• 용도배분 : 공업(주거) • 개발방식 : 산업법에 의한 산업단지 조성(배후 주거단지) • 인구밀도 : 120인/ha	• 생태자연도 2등급지는 절대 보전 • 대단위 개발사업으로 기반시설계획 등 전체적인 개발방안을 보완하고 오염대책을 철저히 수립
B-1	공업 (송산 제2차)	송산면 가곡, 동곡, 유곡리 일원	493.1	• 용도배분 : 공업 • 개발방식 : 산업단지 개발	
B-2	공업 주거	합덕읍, 우강면, 순성면 일원	334.4 (주거 66)	• 용도배분 : 공업, 주거 • 개발방식 : 도시확장 + 복합산업단지 개발 • 인구밀도 : 150인/ha	• 생태자연도 2등급지는 보전용도로 계획

위성사진 분석

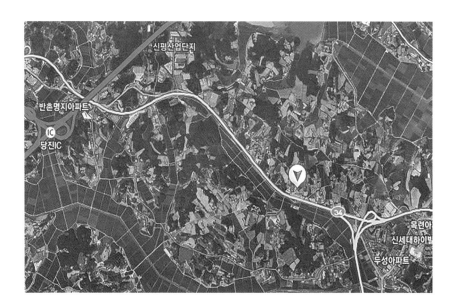

당진 IC에서 약 4킬로미터 거리에 있는 거산리 일대를 시가화예정용지로 지정하겠다는 계획이다.

그렇다면 과연 시가화용지가 되어야만 꼭 좋은 걸까?

정부는 현재 지방정부에 도시개발의 권한을 상당 부분 이양해 자체 개발과 기업의 참여를 유도(제3섹터 방식-민관합동)하고 있기 때문에 수용에 따른 리스크는 적다고 할 수 있지만 '공익사업'으로 개발 방식이 변경되면 수용이 될 위험도 있기 때문에 지자체의 정책 동향을 세밀하게 파악한 후 투자를 결정해야 한다.

해당 지자체 주요 사업계획 분석

그 외에 교통망 계획과 경제·산업계획 및 재정은 해당 관청의 홈페이지를 통해 확인할 수 있으며 마지막으로 권역별 주요 사업계획을 살펴보면, 다음과 같이 정리할 수 있다.

당진읍

중심도시권으로 당진~송악~중흥리~황해경제자유구역~아산 산단으로 이어지는 행정, 업무, 경제, 교육 등 중심지 위상으로서 개발.

합덕읍과 우강면 권역

합덕/순성 테크노폴리스, 합덕 일반산업단지 등 170만 평 개발. 우강면 도시개발사업, 서해선 복선 전철역사 설치. 합덕제 재건, 솔뫼성지, 합덕성당 등 성지순례 체험프로그램 개발.

면천, 순성권역

합덕/순성 테크노폴리스로 합덕읍과 연계한 남부 거점도시 육성. 면천읍성 복원, 대전~당진간 고속도로, 외곽순환도로 등.

송악, 송산권역

송악 테크노폴리스, 황해경제자유구역(송악지구), 송산 일반산업단지 등 신규산업단지 및 배후 주거지구. 철강 산업단지 및 당진항 개발에 따른 이주 수요 배후지역.

석문지구

석문 국가산업단지 개발, 왜목마을, 마리나리조트, 도비도, 난지도 관광개발, 국도 38호선 확장으로 각 지구 연계.

석문산단 배후지구의 기능, 당진~대산간 고속도로 건설, 정미 IC 개발, 외곽순환도로(지방도 647호선) 연계 체계 구축 등.

개발 프로젝트별로 진행 과정은 지자체의 홈페이지를 통한 공지/공람이나 국토부가 고시/공고하는 도면과 공청회 등으로 추가적인 정보를 얻을 수 있다.

당진은 이미 소문이 난 지역은 수도권 못지않을 정도로 토지 가격이 올라 있으므로 현 시점에서의 투자는 부개발축의 용도변경 대상의 농지 또는 산지 투자를 추천할 수 있다. 단, 임야의 경우 평균경사도 25도 이하, 표고 50미터를 넘지 않는 한도 내에서 투자해야 산지전용허가를 온전하게 받을 수 있다.

요점 정리

땅을 매입하는 거의 대부분의 사람들이 관할 지자체의 도시계획에 대해 신경을 쓰지 않는 경우가 많다. 과학적인 투자가 필요하다는 것을 간과하는 것이다. 물론, 대충 투자해도 운이 좋으면 잘 되는 경우도 있지만 어떤 투자든 갈수록 경쟁이 심화되고 리스크도 많다. 요행을 바라고 투자한다면 성공할 확률이 낮아질 수밖에 없다는 것은 상식이다.

도시계획에 대해 눈을 뜬다면 중개업자의 말에 현혹되지 않고 소신껏 매물을 분석해 비교적 정확한 결정을 흔들림 없이 내릴 수 있으며, 그만큼 성공 확률 또한 높아진다.

당진을 찾는 투자자들은 수도권에 밀려 내려와 충남의 일개 군 지역의 땅값이 수도권 못지않게 비싸다는 것을 보고는 다들 놀란다. 당진의 요지는 이미 고수들이 선점해 가수요자들에겐 그림의 떡이다. 따라서 부개발축의 신설 도로와 도시기본계획에 나와 있는 개발계획의 주민설명회 등의 정보를 통해 끊임없이 연구하는 자세와 발품이 필요하다.

이 시점에서 늦었다고 생각하는 사람들은 끝까지 투자를 꺼릴 것이고, 나름대로 틈새를 찾아 꾸준히 정보를 얻고 연구, 분석하는 투자자에게는 항상 문이 열려 있는 지역이 바로 당진이라고 할 수 있다. 아직도 신선하고 가치 높은 매물은 남아 있다. 단, 원칙을 알고 투자한다는 전제 아래서 말이다.

광주시 _ 2025 도시기본계획 분석

대표적으로 수도권 규제가 집중되어 있는 지역인 경기도 광주시가 중장기 도시개발계획(계획기간-2025년)의 새 판을 짰다. 팔당호수질보전특별대책권역, 개발제한구역 등의 규제로 묶여 바닥이 난 개발 용지를 새로 확충하기 위해서다.

광주시는 이를 위해 오포읍 추자리, 장지동 일대를 포함해 총 300만 평을 신규 시가화예정용지(개발 예정지)로 지정, 주거용지 등으로 개발해 만성적인 '용지난'을 해결한다는 계획이다. 또 전 지역을 경안도심 · 퇴촌 · 곤지암 · 오포 · 중부 등 5개 생활권으로 나눠 균형적인 지역개발을 유도하기로 했다.

성남-여주간 복선전철 역세권 개발 계획

개발 예정지는 주로 주거 · 산업기능 중심인 오포생활권에 집중돼 있다. 우선 광주시는 오포생활권인 오포읍 추자리 일대 5만 4천 평을 '2025년 도시기본계획'상 시가화 예정지로 지정해 단계적으로 주거단지로 개발한다는 계획이다.

이곳은 새로 문을 연 오포읍사무소 신청사 주변 지역이다. 시는 오포읍사무소 신설에 따라 늘어나게 될 주거 수요를 수용하기 위해 이곳을 개발하려는 것이다. 오포권인 매산리 일대 15만 평도 주거단지로 개발될 예정이다. 광주시는 이를 위해 '2025년 도시기본계획'에 일대를 시가화예정용지로 반영했다.

주변 토지시장은 잠잠한 편이다. 광주시가 강남을 대체하는 분당급 신도시 후보지로 유력하게 거론되면서 땅값이 이미 크게 오른 데다 토지거래 허가구역으로 묶여 외지인의 땅 매입이 제한을 받기 때문이다.

경기도 성남 판교 – 여주간 복선 전철 노선

주거·행정·업무기능 중심인 경안 중심생활권의 기존 주거지역도 큰 변화가 일어날 것으로 보인다. 광주시는 이를 위해 '2025년 도시기본계획'에 장지동 일대 1만 8천 평의 기존 주거지역을 시가화예정용지로 지정했다. 시는 노후주택이 밀집한 일대를 단계적으로 개발해 신흥주거단지로 개발할 예정이며, 이를 위해 우선 이곳을 '2025년 도시기본계획'상 시가화예정용지로 반영해 놓고, 지구단위계획구역으로 지정해 개발하기로 했다.

현재 준공예정인 성남-여주 노선의 복선전철역 예정지 주변 지역도 역세권 상업지역으로 개발될 예정이다.

광주시는 이번 도시기본계획에서 장지동 광주역 예정지 일대 7만 평, 실촌읍 곤지암리 곤지암역 예정지 일대 3만 6천 평을 시가화예정용지로 반영했다.

광주시는 이번 도시기본계획에 개발제한구역에서 전면 해제된 39개 마을, 61만 평도 시가화예정용지로 반영했다. 도시기본계획에 시가화예정용지로 반영된 개발제한구역 해제지역을 규모·입지·주변 여건 등을 감안해 제1종 일반주거지역이나 제1종 전용주거지역으로 각각 구분하고 용도를 결정해 주거단지 등으로 개발을 유도한다는 방침이다.

그린벨트에서 해제된 지역에는 다가구·단독주택, 다세대·빌라·연립 등의 건축이 가능하다. 현재 광주시는 전 지역이 자연보전권역 I 권역으로 묶여 있다. 또 도척면 방도리 제외 전 지역이 팔당호 수질보전특별대책 1권역으로 지정돼 외지인의 주택신축 등과 같은 개발행위가 엄격하게 제한을 받는다.

광주는 개발제한구역, 토지거래 허가구역, 토지 및 주택 투기지역, 수변구역 등의 중복 규제가 심해 투자에 조심해야 한다.

주요 신개발지

구분	위치	면적	개발방향	추진일정
①	장지동 광주역 예정지 일대	23만㎡(7만 평)	상업, 숙박 기능 갖춘 복합 역세권	기본계획 수립 용역 착수
②	실촌읍 곤지암리 곤지암역 예정지 일대	12만㎡(3만 6천 평)	상업, 숙박 기능 갖춘 복합 역세원	기본계획 수립 용역 착수
③	오포읍 추자리 일대	18만㎡(5만 4천 평)	주거단지	
④	오포권인 매산리 일대	50만㎡(15만 평)	주거단지	
⑤	장지동 일대	6만㎡(1만 8천 평)	주거단지	
* 개발계획은 국토교통부 심의과정에서 바뀔 수 있음 (자료 : 광주시)				

세종시 _ 2030 도시기본계획 분석

우리나라의 토지는 도시지역, 관리지역, 농림지역, 자연환경 보존지역으로 용도지역이 지정되어 있다.

도시지역은 사람과 공장이 밀집된 시 지역 또는 어느 정도 밀집된 군, 읍 등의 지역으로 주거지역, 상업지역, 공업지역, 녹지지역으로 나누어져 있다.

농촌지역은 주택과 상가가 군데군데 있는 면, 리 지역으로 관리지역이란 용어를 사용하고 있으며 계획관리, 생산관리, 보전관리로 나누어져 있다. 농림지역은 농지 중 논과 수목이 우거진 임야 지역을 보통 말하며 자연환경 보존지역은 저수지, 호수, 강, 습지 등을 보호하기 위한 지역이다.

건물과 사람이 밀집한 어느 정도 밀집한 지역을 도시지역이라 하고 듬성듬성 있는 지역은 관리지역이라고 하는데, 이런 설명을 듣게 된다면 지금 이 책을 읽고 있는 독자들은 과연 어디가 도시지역인지 관리지역인지를 구별할 수 있을까?

아마 구분하기 어려울 것이다. 인구가 적은 면, 리 지역은 관리지역이란 용어가 아니라 농촌지역이란 용어를 사용해야 농어촌(농촌, 어촌 등)지역과 도시지역의 구분이 가능하지 않을까? 국민 눈높이 맞는 용어의 수정이 필요해 보인다.

예를 들어 세종시가 행정수도로 개발되면서 외지의 투자자들이 가장 선호했던 용도지역은 관리지역이다. 농림지역은 농업인 외에는 주택 등의 건설이 제한되지만 관리지역은 외지인들도 주택이나 상가 등의 건축이 자유롭기 때문이다.

계획관리지역은 도시지역으로 편입이 예상되는 지역으로 농촌지역 중 가장 용도가 다양해 상권이 활발한 지역이다. 생산관리지역은 농업 등을 위하여 관리가 필요한 지역으로 농림지역으로 지정하기 곤란한 지역을 말하며, 보전관리지역은 자연환경 등을 위하여 보전이 필요하나 자연환경 보존지역으로 지정하기 곤란한 지역을 지정한다.

어떤 용도지역의 토지가 가장 많이 오르고 있을까? 2014년 3월 국토교통부의 용도지역, 이용 상황별 동향을 보면 계획관리지역과 주거지역이 가장 많이 올랐다.

도시지역에서는 주거지역을 선호하고 농촌지역은 규제가 많은 농림지역, 자연환경 보존지역보다는 용도가 다양한 관리지역을 선호하면서 계획관리지역을 선호하고 있는 것으로 나타났다.

그럼 계획관리, 생산관리, 보전관리지역과 농림지역, 자연환경 보존지역의 건폐율과 용적률, 건축할 수 있는 건축물을 한 번 비교해보자.

건폐율과 용적률의 비교

생산 · 보전관리지역, 농림지역, 자연환경 보존지역의 건폐율은 20%지만 농촌지역 중 도시의 상업기능 역할을 하고 있는 계획관리지역은 40%다. 용적률도 생산 · 보전관리지역, 농림지역, 자연환경 보존지역은 80%이나 계획관리지역만 100%다.

100평의 토지에 건물을 짓는다고 가정할 경우 생산·보전관리지역, 농림지역, 자연환경 보존지역의 건폐율은 20%고, 용적률은 40%이므로 건축면적은 20평을 지을 수 있다. 연면적은 1층 20평, 2층 20평으로 총 40평을 지을 수 있다. 반면 계획관리지역의 건폐율은 40%고 용적률이 100%이므로 건축면적은 40평을 지을 수 있고 연면적은 100평을 지을 수 있다. 1층 40평, 2층 40평 3층 20평으로 총 100평. 즉 계획관리지역과 기타 농촌지역의 용도지역과의 건폐율과 용적률의 차는 약 2.5배가 나고 있는 것이다.

건축할 수 있는 건축물의 비교

계획관리지역에서는 단독주택, 공동주택(아파트는 제외)의 건축이 가능하며 제1종 근린생활시설, 제2종 근린생활시설(단란주점 제외)도 가능하다. 숙박시설도 가능하나 위락시설은 설치할 수 없다.

생산관리지역에서는 단독주택, 공동주택(아파트는 제외)의 건축이 가능하다. 제1종 근린생활시설 중에는 소매점, 휴게음식점은 할 수 없으며, 제2종 근린생활시설 중에는 종교집회장, 게임방, 일반음식점, 단란주점 등이 제외된다. 숙박·위락시설도 불허된다.

보전관리지역에서 단독주택의 건축은 가능하나 공동주택은 지을 수가 없다. 제1종 근린생활시설 중 휴게음식점, 제과점은 제외되며, 제2종 근린생활시설 중에는 종교집회장, 게임방, 일반음식점, 단란주점이 제외된다. 숙박·위락시설은 불허된다.

농림지역에서는 농업인 주택만 지을 수 있으며 단독주택, 공동주택은 건축할 수가 없다. 제1종 근린생활시설 중 휴게음식점, 제과점은 제외되며, 제2종 근린생활시설 중에는 종교집회장, 게임방, 일반음식점, 단란주점, 안마시술소는 제외된다. 숙박·위락시설은 불허된다.

자연환경 보존지역에서는 농업인 주택만 지을 수 있으며 단독주택, 공동주택은 건축할 수가 없다. 제1종 근린생활시설은 소매점, 주민공동시설, 공공업무시설만 가능하며 제2종 근린생활은 지목이 종교용지인 토지만 종교집회장으로 건축이 가능해 제2종 근린생활시설은 거의 건축할 수 없다고 볼 수 있다. 숙박·위락시설은 불허된다.

농촌지역의 용도지역 중 가장 규제가 심한 곳은 자연환경 보존지역으로 이 지역은 농림지역에서 허가가 가능한 근린생활시설의 허가도 불허되며 농업인 주택과 소매점 등만 건축이 가능하다.

비도시지역에서 건축할 수 있는 건축물 비교표

지역 건물의 종류	관리지역			농림지역	자연환경 보전
	계획	생산	보전		
단독주택	○	○	○	농업인 주택	농업인 주택
공동주택	○ (아파트 ×)	○ (아파트 ×)	×	×	×
제1종 근린시설	○	소매점, 휴게음식점 제외	휴게음식점, 제과점 제외	휴게음식점, 제과점 제외	소매점, 주민공동시설, 공공업무시설만 가능
제2종 근린시설	○ (단란주점 ×)	종교집회장, 게임방, 일반음식점, 단란주점 제외	종교집회장, 게임방, 일반음식점, 단란주점 제외	종교집회장, 게임방, 일반음식점, 단란주점, 안마시술소 제외	지목이 종교용지에 건축하는 종교집회장만 가능
숙박시설	○	×	×	×	×
위락시설	×	×	×	×	×

그럼 건폐율·용적률, 건축할 수 있는 건축물을 비교해 보았을 때 농촌지역의 토지 중 가장 가치가 있는 용도지역은 어떤 지역일까?

건폐율·용적률도 가장 높고 건축할 수 있는 건축물의 용도도 가장 다양한 계획관리지역일 것이다. 그러나 전원주택만을 목적으로 비싼 계획관리지역의 토지를 구입하는 것은 비효율로 보인다.

계획관리지역

계획관리지역을 도시지역으로 편입이 예상되는 지역이라고 설명하고 있는데 과연 계획관리지역이 도시지역인 주거지역 등으로 용도변경이 가능할까?

세종시는 농촌지역이어서 그 지역의 중심은 면사무소를 중심으로 형성하고 있으며 농협, 우체국, 파출소, 초등학교 등의 공공시설과 슈퍼마켓 등의 편의시설이 있다.

조치원읍을 제외하고는 면마다 1만 명도 안 되는 인구가 살면서 벼농사, 콩 등 밭농사, 복숭아·배 등 과수원, 비닐하우스, 축산업 등에 종사하면서 경제 활동을 하고 있다.

인구가 많지 않다보니 조치원, 부강면, 금남면 지역을 제외하고는 5층 이상인 아파트를 지을 수 있는 주거지역도 없는 형편이다.

세종시 인구는 구도심도 2030년까지 기존 약 10만 명에서 20만 명이 늘어 30만 명이 될 계획이다. 인구 20만 명이 늘리려면 도시개발, 택지개발 등으로 토지, 주택개발을 하든지 아니면 기존 면사무소 주변의 관리지역을 주거지역으로 용도 변경해 아파트를 지을 수밖에 없다.

세종시 면사무소 중 계획관리지역은 어디에 있을까?

장군면, 연기면, 연동면, 전동면, 소정면 면사무소 주변은 아직도 농촌지역인 계획관리 지역으로 용도가 지정되어 있다. 연서면 면사무소 주변도 제1종 일반주거지역으로 용도가 지정되어 있다. 아파트를 지으려면 제2종 일반주거지역 등으로 용도변경이 필요하다.

조치원 주변은 택지개발, 도시 개발등으로 녹지지역이 주거지역으로 용도

변경되고 면사무소 주변의 계획관리 지역은 제2종 일반주거지역 등으로 용도 변경될 가능성이 높다.

농촌지역의 용도지역 중 가장 활발한 지역은 어디일까?

도시의 상업기능을 대체할 수 있는 농촌지역 중 계획관리 지역으로 단란주점, 모텔, 일반음식점 등 유흥과 숙박이 가능해 투자자들이 선호하는 지역이다. 세종시는 "도시계획 조례"에서 계획관리지역에 단란주점의 용도를 제한하고 있다.

계획관리지역에서 휴게음식점 등을 설치할 수 있는 지역

[별표 19의 휴게음식점 · 제과점 · 일반음식점 및 숙박시설 관련] (제31조 제22호 관련) (개정 2013. 4. 10)

1. 다음 각목의 어느 하나에 해당하지 아니하는 지역

가. 상수원보호구역으로부터 500미터 이내인 집수구역

나. 상수원보호구역으로 유입되는 하천의 유입지점으로부터 수계상 상류 방향으로 유하거리가 10킬로미터 이내인 하천의 양안 중 해당 하천의 경계로부터 500미터 이내인 집수구역

다. 유효저수량이 30만 ㎡ 이상인 농업용 저수지의 계획홍수위 선의 경계로부터 200미터 이내인 집수구역

라. 도로법에 의한 도로의 경계로부터 50미터 이내인 지역(숙박시설을 설치하는 경우에 한한다)

마. 하천법에 의한 국가하천 · 지방하천(도시계획조례로 정하는 지방하천은 제외한다)의 양안 중 해당 하천의 경계로부터 100미터 이내인 집수구역(하천법 제10조의 규정에 의한 연안구역을 제외한다)

2. 하수도법에 의한 하수종말처리시설 또는 마을 하수도가 설치 · 운영되거

나 10호 이상의 자연마을이 형성된 지역(제1호 각목에 해당하는 지역을 포함한다)

Tip.

1) "집수구역"이라 함은 빗물이 상수원·하천·저수지 등으로 흘러드는 지역으로서 주변의 능선을 잇는 선으로 둘러싸인 구역을 말한다.
2) "유하거리"라 함은 하천·호소 또는 이에 준하는 수역의 중심선을 따라 물이 흘러가는 방향으로 잰 거리를 말한다.
3) "10호 이상의 자연마을이 형성된 지역"이라 함은 행위허가 신청 당시 이미 설치된 주거용 건축물(단독주택)의 총 세대수가 10호 이상인 지역으로서 행위허가 경계로부터 250미터 이내의 세대수가 10호 이상인 마을을 말한다.

모텔 등 숙박시설은 어떤 지역에서 허가가 날까?

세종시에서 모텔 등 숙박시설을 지으려면 금강, 미호천, 조천 등 국가·지방하천으로부터 100미터 떨어져야 하고 국도, 지방도, 시·군도 등 도로로부터 50미터 떨어져야 하고 고복저수지에서는 200미터 떨어져야 한다. 상수원보호구역이 있다면 집수구역 등으로부터 500미터 밖이어야 한다.

또 하수종말처리시설이 있는 곳, 마을 하수도가 설치·운영되어 있는 곳, 10호 이상인 자연마을이 있는 곳이어야 하기 때문에 과거처럼 마을이 없는 외딴 곳은 허가가 나지 않는다.

이런 지역을 찾을 수가 있을까?

찾기가 쉽지 않을 것이다. 정부나 지자체가 미관상 보기에 좋지 않은 모텔 등 숙박시설의 허가를 제한하겠다는 의도다. 2,200만 평으로 개발되는 세종시 정부청사 지역도 지구단위계획에서 모텔 등을 제한하고 있는데, 구도심인 읍·면 지역까지도 조례에서 제한하고 있다. 모텔 허가가 가능한 입지만 구한다면 대박이 아닐까?

행정수도 세종시에 펜션이나 한 번 지어볼까?

우리나라 숙박의 개념에서 펜션이 등장하면서부터 건전화되고 있으며 펜션은 호텔의 고급화, 콘도의 편리성, 민박의 가정적인 분위기를 종합한 한국형 숙박시설이다. 별장처럼 아늑한 분위기와 조용함, 가족적인 친근감 등 때문에 가족, 연인, 친구 등으로부터 사랑을 받고 있다. 객실, 주방, 화장실, 샤워공간 등을 갖추고 있으며 식당, 족구장 등 놀이공간, 강의실, 노래방, 수영장, 캠프파이어 등 다양한 테마도 갖추고 있다.

요금은 호텔보다 싸지만 모텔보다는 비싼 편이다. 수도권 주변 경치 좋은 산과 강이나 바닷가의 해변 등 관광지를 가보면 모텔보다는 가정적인 분위기로 친근감이 있는 펜션 등이 더 인기를 끌고 있다.

세종은 아직 개발 중인 도시여서 그런지 수도권 주변에 널려 있는 펜션이 거의 없다. 2030년경이 되면 세종권은 약 인구 328만 명(세종 약 80만 명, 내선 약 153만 명, 청주·청원 약 83만 명 공주 약 12만 명 등)으로 부산을 넘어 대한민국 제2의 경제권으로 부상할 것이다.

또 세종시는 행정수도로, 대전은 제3청사와 대덕연구단지 등이 있는 과학의 수도로, 계룡은 3군 본부가 있는 군사의 수도로, 청주는 충청북도의 도청 소재지와 오송생명과학단지 등을 매개로 충북의 수도로 성장할 것이다.

대부도, 강화, 홍천 등은 수도권과 한 시간 정도 거리에 있으면서 강, 바다, 산 등이 잘 발달해 펜션타운이 형성된 곳으로 주말이면 여행객이 즐겨 찾고 있다. 행정수도 세종특별자치시가 건설되면서 수도권에서 세종까지 대형인프라가 건설될 예정이며 국토교통부는 제2경부고속도로를 2024년 6월까지 조기 개통하겠다고 발표했다. 수도권 전철 등이 착공될 예정으로 있다.

세종시는 자동차로 서울에서 한 시간 정도면 주파가 가능하게 되며 용산에서 전철을 타고 천안을 거쳐 1시간 30분 정도면 이동이 가능하다. 수도권과 세종까지 접근성이 향상되면서 서울에서 일을 하고 세종에서 생활을 하는, 세종에서 업무를 보고 서울에서 생활을 하는 하루생활권 시대가 오고 있다.

인구와 경제가 밀집하면서 서울 주변의 한강과 북한산 등이 이름값을 했듯이 금강과 청벽산 등도 상표값을 하는 시대가 오게 될 것이다. 세종시는 대한민국 중원에 위치해 우리나라 5천 만 인구의 배후지로 부상하고 있다. 세종시 주변 지역이 관광지로 뜨는 시대가 오고 있는데, 펜션도 유망한 투자처가 아닐까 싶다.

① 펜션은 어떤 지역에 지을 수 있는가?

금강변이나 고복저수지 주변의 경치가 좋은 곳일 경우 모텔은 허가가 나지 않지만 펜션은 허가가 가능하다. 모텔은 숙박이기 때문에 상업지역, 계획관리지역에서만 허가가 나지만 펜션은 민박의 한 종류여서 물 좋고 산 좋은 농어촌지역에서 허가가 가능하기 때문이다.

그럼 어떤 지역에 펜션을 지을 수 있을까!

펜션은 농어촌민박사업이다. 농어촌정비법에서는 농어촌지역과 준 농어촌지역의 주민이 거주하고 있는 단독주택(국토계획법 시행령 별표 1에 따른 단독주택과 다가구주택을 말한다)을 이용하여 농어촌 소득을 늘릴 목적으로 숙박·취사시설 등을 제공하는 사업이라고 설명하고 있다.

농어촌지역은 읍·면지역을 말하며 "준농어촌 지역"은 광역시 관할구역의 지방자치단체인 구의 구역 중 농어촌 외의 지역으로 농업진흥지역과 개발제한구역을 말한다. 결국 군 지역, 시 지역 중 읍·면 지역, 광역시 구 지역 중 개발제한구역 및 농업진흥구역, 일반 시의 동 지역 중 녹지지역 등 지역에는 펜션 건축이 가능하다.

② 농림지역에도 건축이 가능할까?

우리나라 농촌지역 중 숙박시설이 가능한 지역은 계획관리지역이다. 이 지역은 단독주택, 공동주택의 건축이 가능해 펜션 등의 건축도 가능하다. 농림지역은 숙박시설과 단독주택은 건축할 수 없으나 농업인 주택은 가능하다.

지역	농림지역	관리지역		
		계획관리	생산관리	보전관리
숙박시설	×	○	×	×
단독주택	농업인주택	○	○	○
공동주택	×	○	○	×

생산관리지역과 보전관리지역은 숙박시설은 건축할 수 없으나 단독주택은 가능하다. 단독·공동주택, 숙박 건축이 가능한 지역.(아파트는 제외한다) 결국 펜션은 단독주택을 지을 수 없는 농림지역만 제외하면 누구나 가능하며 세종시인 경우 읍·면 지역에 속하기 때문에 농림지역을 제외한 모든 지역에서 지을 수 있다고 볼 수 있나. 색실은 7실 이하여야 하며 주택의 연면적은 230㎡ 미만이다.

그러나 농업인은 농림지역에 농업인 주택을 지을 수 있으므로 민박은 가능하다. "농어촌민박사업"은 농어촌지역에서 민박사업을 하는 해당 주택에 주민등록이 되어 있고 실제로 거주하면서 7실 이하의 객실을 이용해 이용객의 편의와 농어촌의 소득증대를 목적으로 숙박·취사시설 등을 제공하는 업종이다. 즉 펜션 사업은 주택을 짓고 그 주택으로 전입신고를 하고 실제 거주를 할 경우 누구나 운영이 가능하다는 얘기다.

계획관리지역에서 건축할 수 있는 건축물

아래는 국토계획법 시행령과 "세종시 도시계획조례"를 참고한 자료이다.

• 단독주택

- 공동주택(아파트는 제외한다)
- 제1종 근린생활시설
- 제2종 근린생활시설(단란주점은 제외한다)
- 문화 및 집회시설
- 종교시설
- 판매시설(성장관리 방안이 수립된 지역에 설치하는 판매시설로서 그 용도에 쓰이는 바닥면적의 합계가 3천 m^2 미만만 가능)
- 운수시설
- 의료시설 중 종합병원 · 병원 · 치과병원 · 한방병원
- 교육연구시설 중 직업훈련소, 학원, 연구소
- 노유자시설
- 수련시설
- 운동시설(운동장은 제외)
- 숙박시설(해당 용도에 쓰이는 바닥면적의 합계가 $660m^2$ 이하이고 3층 이하로 건축하는 것에 한한다)
- 공장(세종시 도시계획조례 별표 19 참조)
- 창고(농업 · 임업 · 축산업 · 수산업용으로 쓰는 것은 제외한다)
- 위험물 저장 및 처리시설
- 자동차관련시설
- 동물 및 식물 관련시설
- 자원순환관련시설
- 교정 및 군사시설
- 방송통신시설
- 발전시설
- 묘지관련시설

- 관광휴게시설
- 장례식당

계획관리지역은 도시지역 중 주거지역과 상업지역에 준하는 지역으로 모텔, 일반음식점, 공동주택(아파트는 제외) 등의 건축은 가능하지만 단란주점, 위락시설, 업무시설, 아파트, 4층을 초과하는 건축물의 건축은 불가능하다.

생산관리지역

농업·임업·어업 생산 등을 위하여 관리가 필요하거나, 주변 용도지역과의 관계 등을 고려할 때 농림지역으로 지정하여 관리하기 곤란한 지역이다.
다음 이미지 중 노란색은 계획관리, 보라색은 생산관리, 흰색은 농림지역, 연하늘색은 보전관리지역이다. 왜 어떤 지역은 용도가 다양한 계획관리지역으로 지정되어 땅값이 비싸고 어떤 지역은 농림지역으로 지정되어 쌀까?

계획관리지역은 농지나 임야가 개발되어 공장이나 대지 등으로 지목이 변경된 지역이나 마을 주변, 도로 주변의 농지나 임야 등 지역에 주로 지정한다. 생산관리지역은 도로 주변의 농지나 임야 등의 지역에 주로 지정하며, 보전관리지역은 산이 그리 높지 않은 곳에 주로 지정한다. 농림지역은 산이 높은 곳이나 경지정리가 된 논 등 지역에 주로 지정한다.
계획관리지역과 농림지역의 땅값의 차이는 건폐율과 용적률, 개발할 수 있는 건축물의 용도 등의 차이다. 부동산 투자를 할 때 어떤 토지에 투자를 하는 것이 투자자의 입장에서 유리할까?
서울에 인구 1,000만 명이 살고 수도권에 대한민국 절반의 인구가 모여 사는 이유는 서울에 행정 권력이 집중돼 경제가 발전했기 때문일 것이다.

그렇다면 행정 권력이 세종시로 이전하면서 2,200만 평의 정부 세종청사 지역은 서울의 강남, 조치원 등 지역은 서울의 용산, 부강 등은 서울의 신촌 등과 같은 지역으로 성장하는 시대가 오게 될 것이다.

세종시도 서울 정도는 아니라 해도 그에 준하는 발전을 한다고 보았을 때 농지로서 효용성이 떨어지는 마을 주변의 농지나 도로 주변의 임야 등이 도시공간의 확장정책으로 용도변경이 될 가능성이 높다.

생산관리지역에서 건축할 수 있는 건축물

- 단독주택
- 공동주택(아파트는 제외한다)
- 제1종 근린생활시설(소매점, 휴게음식점, 정수장 등은 제외)
- 제2종 근린생활시설(종교집회장, 게임방, 일반음식점, 단란주점은 제외)
- 판매시설(농업 · 임업 · 축산업 및 수산업용에 한한다)
- 의료시설
- 교육연구시설(유치원 · 중학교 · 고등학교 및 교육원 · 농업 · 임업 · 축산업 · 수산업과 관련된 교육시설에 한한다)
- 노유자시설
- 수련시설
- 운동시설 중 운동장
- 공장(세종시 도시계획조례 참조)
- 창고시설(창고로 농업 · 임업 · 축산업 · 수산업용만 해당한다)
- 위험물 저장 및 처리시설
- 자동차관련시설(운전학원 및 정비학원, 여객자동차 운수사업법, 화물자동차 운수사업법 및 건설기계관리법에 따른 차고 및 주기장駐機場에 한한다)

- 가축시설(가축용 운동시설, 인공수정센터, 관리사管理舍, 가축용 창고, 가축시장, 동물검역소, 실험동물 사육시설, 그밖에 이와 비슷한 것을 말한다.), 도축장, 도계장에 한한다.
- 분뇨 및 쓰레기처리시설
- 교정 및 국방·군사시설
- 방송통신시설
- 발전시설
- 묘지관련시설
- 장례식장

보전관리지역

보전관리지역은 자연환경보호, 산림보호, 수질오염방지, 녹지 공간 확보 및 생태계 보전 등 보전이 필요하나 주변 여건상 자연환경보전지역으로 지정관리가 곤란한 지역이다.

농촌지역 중 촌락 주변의 산이나 좀 떨어진 곳의 얕은 산지 등에 해당하는 지역으로 세종시의 경우 전원주택 개발 바람이 불었던 지역이 보전관리지역이다.

왜 전원주택 개발업자들은 임야를 선호할까?

① 토지의 가격이 저렴하다.

전원주택지를 개발하려면 적은 면적보다 큰 면적의 토지가 필요한데, 농지의 경우는 단위가 작고 시장 가격도 높은 편이어서 면적이 크고 땅값이 저렴한 임야를 선호하는 것이다.

세종시에서 전원주택지를 개발한 업자들은 거의 평당 30만 원 이하로 임야를 구입해 집을 지을 수 있는 상태로 토목공사를 해서 약 130~150만 원선에서 팔고 있다.

② 주변환경이 쾌적하다.

농지는 보통 마을 주변이나 마을 중간에 위치해 주거지로서의 입지로는 부족하지만 개발이 가능한 임야는 보통 산 아래에 위치하거나 주변에 계곡, 구거 등이 있어 쾌적하다.

③ 대체 산림자원 조성비가 농지보전 부담금보다 저렴하다.

2017년 현재 대체 산림자원 조성비의 가격은 준보전산지 4,250원/㎡, 보전산지 5,520원/㎡, 산지전용제한지역은 8,500원/㎡다. 하지만 농지보전부담금은 개별 공시지가의 30%이면서 상한선이 ㎡당 5만 원으로 비싼 편이다.

④ 법인은 법인세를 내지만 개인은 양도소득세를 낸다.

법인이 임야 등의 개발을 주 사업을 하는 경우에는 사업용 토지로 보아 매입원가와 공사비 등의 비용을 차감한 잔액만 수익으로 법인세(10~22%)를 부담한다.

그러나 개인이 임야를 개발하는 경우 비사업용 토지로 보아 양도소득세 기본세율 6~42%를 부담해야 한다.(2018년 4월 1일부터)

⑤ 법인은 농지를 소유할 수 없다.

농지는 자기의 농업경영에 이용하거나 이용할 자(개인, 영농법인 등)가 아니면 소유하지 못한다.

이 정도는 알아야 부동산 고수(세종시 개발행위허가 기준)

① 복토·성토시 개발행위 허가를 받아야 하나?

경작을 위한 토지의 형질변경은 제외되나 이 경우도 2미터 이상의 성토나 절토를 하고자 하는 때에는 농지조성 행위로 보아 허가대상에 포함하고, 경작을 위한 형질변경을 함에 있어 옹벽의 설치(옹벽설치가 경미한 경우는 제외)가 수반되는 경우에도 개발행위 허가를 받아야 한다. 결국 개발을 위한 복토·성토는 면적에 관계없이 개발행위 허가를 받아야 한다.

② 개발시 진입도로는 얼마나 확보해야 하나?

전원주택 등을 개발할 때에는 진입도로를 확보해야 되는데 그 기준은 다음과 같다.

가. 진입도로는 도시·군 계획 도로 또는 시·군도, 농어촌 도로에 접속하는 것을 원칙으로 하며, 위 도로에 접속되지 아니한 경우 나. 및 다.의 기준에 따라 진입도로를 개설해야 한다. 단, 차량진출입이 가능한 기존 마을안길, 농로 등에 접속하는 농업·어업·임업용 시설(가공, 유통, 판매 및 이와 유사한 시설은 제외), 부지면적 1천 ㎡ 미만으로서 제1종 근린생활시설 및 단독주택의 건축인 경우는 그러하지 아니하다.

나. 별도의 진입도로를 개설하고자 하는 경우 진입도로의 폭은 개발 규모가 5천 ㎡ 미만은 4미터 이상, 5천 ㎡ 이상, 3만 ㎡ 미만은 6m 이상으로서 개발행위 규모에 따른 교통량을 고려하여 적정 폭을 확보하여야 한다.

다. 별도의 진입도로를 개설하는 경우로서 개발 규모가 3만 ㎡ 이상인 경우에는 진입도로의 폭은 8미터 이상으로서 교통성 검토 등 교통영향 분석 결과에 따라 적정 폭을 확보한다.

라. 가.~ 다.까지의 기준을 적용함에 있어 지역 여건이나 사업특성을 고려
하여 법령의 범위 내에서 도시계획위원회 심의를 거쳐 이를 완화하여
적용할 수 있다.

③ 세종시에서 투기를 목적으로 토지분할을 하지 못 한다.

허가 · 인가를 받지 않고 토지를 분할할 수 있는 면적은 다음과 같다.

녹지지역 : 990㎡ 이상, 보전관리지역 : 990m^2 이상, 생산관리지역 : 990㎡이
상, 계획관리지역 : 660㎡ 이상, 관리지역 : 990㎡ 이상, 농림지역 : 1,650㎡ 이
상, 자연환경보전지역 : 1,650㎡ 이상, 임야는 1,650㎡ 이상이다.

택지 식(바둑판식) 분할은 분할 규모와 관계없이 허가하지 아니할 수 있다.
허가를 받아 분할하는 경우 위의 면적 미만으로 분할이 가능하나 1필지를
2필지로 분할하는 경우의 분할 제한면적은 200㎡ 이상이다.(그러나 1필지를 3필
지 이상으로 분할하는 경우는 200㎡ 미만도 가능)

허가일로부터 1년 이내에는 재분할할 수 없다. 지금까지 기획부동산은 토
지를 싼값에 매수해 바둑판 식 형태로 분할해 비싸게 되파는 방법으로 폭리
를 취하면서 사회적 문제를 발생시켜 왔다. 이러한 문제점을 해결하기 위해
세종시는 허가일로부터 1년 이내에는 재분할할 수 없도록 조례를 개정해 바
둑판식 분할이 어려워졌다. 결국 세종시는 정상적인 개발업자들만 개발이 가
능하도록 한 것이다. 그러나 기획부동산이 임으로 가분할도를 만들어 지분등
기로 팔 것으로 보여 주의를 요한다.

④ 경사도 구하는 요령

임야를 매수하기 위해 현장에 가보면 나무가 우거져 산이 높아 보여 허가
가 가능한지를 잘 가늠할 수가 없다. 어떤 지자체는 경사도가 25도를 넘지 않
아야 허가가 가능하지만 세종시는 20도 미만이어야 허가가 가능하다.

네이버나 다음 지도를 보면 등고선이 표시가 되는데, 1칸은 10미터 높이를 나타낸다. 위 토지는 시작점부터 끝 지점까지 등고선이 4개이므로 표고가 40미터이며 총거리는 수평거리로 98미터다.

기울기 = 경사도는 tan 각도로 40(높이) / 98(길이) = 0.4082가 된다. 삼각함수표에서 탄젠트의 값을 보면 약 22도의 근사치가 나온다.

세종시 개발행위허가에서 경사도의 기준은 20도 아래이므로 위의 경우는 허가가 불가능하다는 것을 알 수 있다.

보전관리지역에서 건축할 수 있는 건축물

- 단독주택
- 제1종 근린생활시설(휴게음식점 및 제과점 제외)
- 제2종 근린생활시설(종교집회장, 게임방, 일반음식점, 단란주점 제외)
- 의료시설
- 교육연구시설 중 유치원 · 중학교 · 고등학교
- 노유자시설
- 창고(농업 · 임업 · 축산업 · 수산업에 한한다)
- 위험물 저장 및 처리시설
- 동물 및 식물관련시설(가축시설, 도축장, 도계장은 제외)축사는 가능
- 교정 및 국방 · 군사시설
- 방송통신시설
- 발전시설
- 묘지관련시설
- 장례식장

보전관리지역에서 주유소, 부동산중개업소, 일반음식점은 가능한가?

일반음식점

세종시의 경우 농촌지역인 관리지역에서 일반음식점의 허가는 보존·생산관리지역은 불허되고 계획관리 지역에서만 가능하다. 그러나 계획관리지역이라고 해도 도로, 하천, 상수원보호구역, 농업용저수지 등과 근접하면 설치할 수 없으며 하수종말처리시설이 있는 지역, 마을 하수도가 설치 운영되는 곳, 10호 이상 자연마을이 형성된 지역에서만 가능하다.

부동산중개업소

부동산중개업소는 "건축법" 용도별 건축물의 종류 중 제2종 근린생활시설에 해당하므로 모든 관리지역에서 가능하다. 그러나 금융업소, 사무소, 부동산 중개사무소, 결혼상담소 등 소개업소, 출판사 등 일반 업무시설의 건축물에 해당 용도로 쓰는 바닥면적의 합계가 500㎡ 미만이어야 한다. "바닥면적의 합"이란 대지 내에 수 개의 동이 있는 경우 특정 용도로 쓰이는 모든 동의 바닥면적을 합한 면적을 말한다. 금융업소가 250㎡ 있고, 결혼상담소가 150㎡ 있으며, 사무소가 100㎡ 있을 경우 부동산 중개사무소는 50㎡만 가능하다는 이야기다.

주유소, LPG 충전소 등

주유소, LPG 충전소 등은 "위험물저장 및 처리시설"로 세종시의 경우 계획·생산·보전관리지역에서 모두 가능하다. 그러나 국토계획법에서는 가능해도 석유 및 석유 대체연료사업법, 위험물안전관리법 등에 따라 설치가 가능한 지역이어야 한다.

아래는 서울시 주유소 등록 요건이다.

1. 주유소 설치 면적은 660㎡ 이상이어야 한다.

2. 주유소 설치 위치는 폭 20미터 도로에 접해야 한다.

3. 학교 출입문으로부터 직선거리 50미터 이상의 거리를 유지하여야 한다.

4. 동주택 외벽, 의료시설(약국 제외), 노인정으로부터 25미터 이상 유지하여 야 한다.

5. 어린이놀이터, 유치원, 보육시설로부터 50미터 이상 유지하여야 한다.

6. 건축법에 의해 건축된 20세대 이상의 공동주택의 외벽과 주유소 외벽 또 는 부지 경계선으로부터 25미터 이상 유지하여야 한다.

평택 _ 2035 도시기본계획 분석

평택 도시기본계획 변경

2018년 수립된 도시기본계획 변경에 맞춰 도시관리 계획과 도시경관계획, 도시교통계획, 공원녹지계획 등 관련 하위 계획도 바뀌게 되며, 변경을 추진하게 된 이유로는 아래와 같다.

1. 평택시의 급격한 인구 증가세를 반영해 2018년 확정된 2035년 도시기본계획의 계획목표 인구 90만 명의 적정성을 재검토해 수정했다. 현재 평택 인구는 1년에 약 2만 5천여 명 정도가 늘고 있는데다 인구증가 폭이 점점 커지는 상황이어서 2035년 계획인구 90만 명을 넘길 가능성이 점쳐진 가운데 이를 미리 예측하고 준비하지 않으면 자칫 도시가 과밀화될 우려가 있기 때문이다.

2. 제5차 국토종합계획, 제4차 수도권정비계획, 제4차 국가철도망 구축계획 등 상위계획 반영하게 되며, 대표적인 예로는 국가철도망 구축 계획에 반영된 안중역 서해선과 경부고속선 KTX 직결에 따른 안중역세권 토

지이용 구상을 들 수가 있다.

3. 도시개발 패러다임의 변화로 지속가능한 성장을 위해 친환경, 녹색, 생태 등의 가치가 부여되는데, 이를 위해 생활권역 균형 불균형과 미세먼지 등 도시환경문제, 산지보전 방안을 모색하고 도시개발지역의 경우엔 용적률을 높이는 대신 공원 등 녹지공간을 더 넓게 확보해 계획을 수립하게 된다.

2021년 5월 공고되고 7월 고시된 157만 평의 안중역세권 개발계획은 기존 도시기본계획에서는 없었던 큰 이슈이므로 눈길이 쏠리고 있다. 평택항 주변 약 7만 평을 제1종 배후단지로 개발한다고 하며 3년 전 발표되었던 2021년의 개발지도와 큰 차이는 바로 자동차 클러스터와 157만 평의 안중역세권 개발행위제한지역이다.

제4차 국가철도망계획에 따르면 청북지역에서 서해선 노선으로 서울역까지 30분대라는 획기적인 접근성이 만들어지며 이곳 서해선 복선전철 역세권에 불을 지폈다. 지금은 개발행위제한구역으로 3년간 고시되어 잠시 숨을 고르고 있지만 숨어 있는 에너지는 만만치 않을 것으로 예상된다.

평택에서 임장을 갈 때 중점적으로 둘러보아야 할 사항은 고덕국제신도시, 브레인시티개발, 해경제자유구역개발, 평택호 관광단지 개발, 평택항 배후도시 개발, 평택항 개발, 현곡지구, 가곡지구, 안중역 역세권 개발 등이다. 평택시는 도시기본계획 보고서만 봐도 매우 디테일하다는 것을 알 수 있다.

평택시 위치를 살펴보면 경기도 남서부 최남단에 위치하고 있으며 동쪽으로 안성시 동북 방향으로 용인시 서쪽으로 충남 당진 남쪽으로 천안시 아산시 북쪽으로는 오산시와 화성시가 접해 있다.

평택시의 인구 현황을 보면 송탄시와 통합 직후 한동안 인구가 정체되었으나 2010년대부터 시작된 신도시와 택지개발로 인하여 2019년 4월 11일 특례시의 조건인 50만 인구를 돌파하였으며 현재는 신도시 여파로 평택시 인구 유입이 지속되면서 경기도에서 10위권 안에 드는 인구수를 가짐과 동시에 경기도 자체에서 인구증가율 4위에 등극하여 주변 인구를 흡수하고 있는 중이다. 2021년 기점으로 비슷했던 김해시와 안양시 인구수를 추월하였다.

평택시 기본 방향 및 목표

고덕신도시, 택지개발 및 도시개발사업 등 동쪽으로 개발이 편중되어 있어 지역이 불균형이 가중되고 있어 지역의 균형적인 발전을 위한 생활권 구상 필요하다.

계획의 기본 방향

- 도시의 성장 방향 제시 및 개발과 보전축 설정과 기능 강화
- 광역적 분산배치 및 생활권별 도시개발
- 평택항 주변 지역을 생산 및 산업 업무 국제교류 관광위락 주거 녹지

공간 어우러진 항만 배후도시 개발

- 수서-평택간 고속철도, 국도1호선 우회도로, 국도43호선, 국도38호선 우회도로 개설로 동부지역의 개발 수요가 급증함에 따른 토지이용계획 수립
- 동서교통의 강화와 남북교통축, 순환교통의 보강
- 농림지역의 최대한 보전으로 쾌적한 환경의 공간구조 유도
- 미군기지 주변지역 정비 및 국제상업중심지로 개발
- 신규 산업단지 (신재생, 마산, 고렴, 진위2산단, 삼성, 유창산단, 브레인시티)를 조성하여 지역경제 활력화 도모
- 첨단 R&D 시범단지 조성 및 황해경제자유구역 개발
- 지제역(SRT) 복합환승센터, 안중역, 진위역 개발에 따른 역세권 개발
- 미군기지 이전에 따른 미군정착을 위한 주거 및 위락단지 확보

* 현재까진 평택 동쪽인 고덕신도시 위주 개발이 이루어졌다면 이젠 평택항과 안중역이 위치한 서측 개발과 고덕과 가까운 북측에 진위역 위주로 개발 압력이 가해질 것으로 보여진다.

도시 공간구조 구상 대안 1

- 도시공간 구조를 2도심 3지구 중심으로 설정
- 2도심
  - 고덕·송탄·남평택 : 국제상업, 문화, 주거, 행정복합, 국제교류, 교육 기능 부여
  - 안중·포승·현덕 : 국제교류, 항만 배후도시, 관광·휴양기능 부여

- 3지구 중심
  - 진위 지구중심 : 주거, 생산기능 부여
  - 팽성 지구중심 : 한미교류, 국제상업 기능 부여
  - 청북 지구중심 : 생산, 유통, 전원도시 기능 부여

2035년 도시공간구조(대안 1)

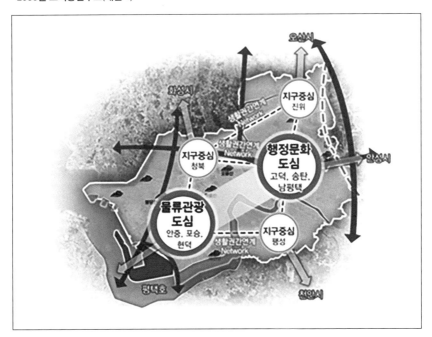

도시공간구조 대안 2

- 도시공간구조를 1도심, 1부도심, 3지역으로 설정
- 1도심
  - 고덕·송탄·남평택 : 행정복합, 국제교류, 교육 기능 부여
- 1부도심

- 안중·포승·현덕 : 항만 배후도시, 관광·휴양기능 부여
- 3지역중심
  - 진위 중심지역 : 주거, 생산기능 부여
  - 팽성 지역중심 : 한미교류, 국제상업 기능 부여
  - 청북 지역중심 : 생산, 유통, 전원도시기능 부여

2035년 도시공간구조(대안 2)

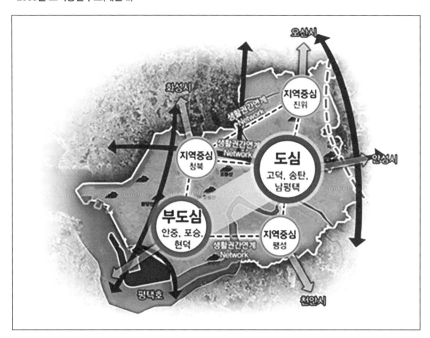

 * 동측 위주 개발에서 앞으로는 서측인 부도심인 안중·포승·현덕 위주로 개발이 이루어질 예정.

발전 축 (서측으로 물류 관광도심 육성)

2035년 도시기본계획 발전 축

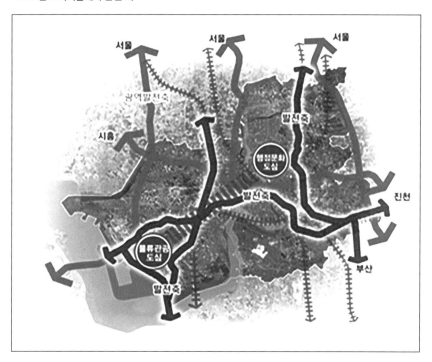

송탄·남평택·고덕 도심은 행정중심 가능, 안중·포승·현덕 도심은 관광도심 육성

국도 1호선 중심으로 남북을 연결하는 축과 국도 38호선을 중심으로 동서로 연결하는 축을 연계하여 십자형 개발축을 설정하고 팽성에 국도 45호선과 청북이 국도 39호선을 보조축으로 설정하여 기존 시가지 쇠퇴를 방지하고 신시가지의 연계성 강화.

생활권 개발 방향

생활권별 개발방향

구분	주요기능	개발방향
동부생활권	· 문화기능 · 국제교류 · 주거기능 · 행정타운기능 · 유통기능 · 교육기능 · 국제상업기능 · 복합업무기능 · 한미교류기능	· **국제교규 국제상업 도시 육성** · 장래 평택시 신청사 예정지를 지원하기 위해 행정, 업무, 주거 상업 등이 종합적으로 개발되도록 연계구상(고덕국제신도시) · R&D 단지 조성 및 4년제 대학의 유치를 통한 지역경쟁력 제고 · 상업, 문화, 사회복지 기능이 완비된 도시로 개발 · 가용토지를 최대로 활용한 친환경적 신도시 개발(진위역세권, 지제역세권, 소사벌택지지구) · 조성된 공업용지의 공급으로 지역경제 활성화 도모 · K-6주변지역 국제상업도시로 육성 및 미군기지 이전에 따른 주거용지 확보 · 고덕(삼성)산업단지 개발에 따른 협력단지 조성 · 구도심의 재정비를 통한 도시이미지 제고
서부생활권	· 항만배후도시기능 · 생산기능(공업기능) · 관광휴양기능 · 유통기능 · 전원도시기능	· 평택항 배후지역을 생산, 물류유통, 국제교류, 상업, 업무, 녹지기능을 부여하여 평택항 배후도시로 건설 · 기존의 평택호 유원지 및 인접 계획관리지역 일대를 종합레포츠타운 개발을 위한 평택호 관광단지로 개발 · 주거 교육기능을 갖춘 평택항 배후도시로 개발 · 주변자연환경과 조화된 중·저밀도의 쾌적한 전원도시 개발 · 산업단지 개발로 지역경제 활성화도로 · 황해 경세사유구역 개발 및 안중역세권 개발

인구배분 계획

생활권별 단계별 인구배분 계획

구분	2015년 (현재인구)	1단계 (2016~2020)	2단계 (2021~2025)	3단계 (2026~2030)	4단계 (2031~2035)
계획획인구	479,176	740,000	850,000	870,000	900,000
동부생활권	370,399	580,000	670,000	680,000	690,000
서부생활권	108,777	160,000	180,000	190,000	210,000

　　2035년까지 고덕국제도시 소사벌 택지개발 브레인시티 삼성산업단지 미군기지이전 등이 개발되는 동부생활권에는 69만 명을 채우고, 황해경

제자유구역 평택항 및 평택항 배후도시가 이루어지는 서부생활권에 21만 명을 채워 2035년까지 총 90만 인구를 만드는게 평택시의 계획 목표이다.

구분	위치	면적	시가화예정지 지정 목적	용도
송탄생활권				
1	서탄면 수월암리 일대	2.033㎢	경기도 공업지역 수요 타당성 조사서 개발 적지로 평가	구역외*→ 공업용
2	진위면 가곡리 매일유업 북쪽 일대	0.498㎢	진위 역세권 개발 및 진위산업단지 개발에 따른 주거 용지 확보	보전용지→ 주거용
3	서탄면 금암리 내리 마을 북쪽 일대	0.425㎢	산업단지 개발에 따른 배후 주거단지 확보	구역외→주거용
4	진위면 견산리 매일유업 남쪽 일대	0.152㎢	기개발된 주택밀집지역의 계획적인 개발유도	구역외→주거용
5	진위면 갈곶리 일대	0.152㎢	취락지구 용도현실화	구역외→주거용
6	신장동 군부대 정문 일대	0.106㎢	군부대 주거용지 확보	보전용지→주거용
7	장당동 장당공원 동쪽 일대	0.039㎢	경부선 주변 주택밀집지역 용도현실화	보전용지→주거용
8	칠괴동 쌍용자동차 남쪽 일대	0.112㎢	공업용지 정형화, 토지이용계획 효율성 제고	보전용지→주거용
9	장당동, 이충동 일대	0.024㎢	주거용지 확보	보전용지→주거용
고덕생활권				
10	고덕면 일대	9.159㎢	국제화 계획지구 건설계획에 따른 용도반영	보전용지→주거용
남평택생활권				
11	비전동 죽백초등학교 일대	0.604㎢	인구증가에 따른 주거용지 확보	보전용지→주거용
12	동삭동 쌍용자동차 남쪽 일대	0.049㎢	이안아파트 주변 지역 개발 압력 수용	보전용지→주거용
13	죽백동 배다리저수지 앞쪽 일대	0.044㎢	유원지 기능 상실한 곳의 토지 효율성 제고	유원지→주거용
14	칠원동 수촌마을 일대	0.869㎢	인구증가에 따른 주거용지 확보	보전용지→주거용
팽성생활권				
15	팽성읍 근내리 일대	1.665㎢	군부대(미8군,한미연합사등) 이전에 따른 도시확장	구역외, 보전용지→ 주거용(1.587㎢), 상업용 (0.078㎢)
16	팽성읍 안정리 안정주공 아파트 남쪽 일대	0.429㎢	용도 현실화	보전용지→주거용
17	팽성읍 대사리 경부고속철도 일대	1.258㎢	산업단지 개발	구역외→시가화예정용지

18	팽성읍 송화4리 일대	0.249㎢	개발압력 증가	보전용지→주거용
19	팽성읍 근내리 일대	0.029㎢	군부대(미8군,한미연합사등) 이전에 따른 도시확장	구역외→주거용

청북생활권

20	청북면 고염리 동서고속도로 청북IC 북쪽 일대	0.974㎢	평택항과 연계된 유통단지 조성	구역외→주거용 (0.300㎢), 상업용 (0.674㎢)
21	청북면 현곡리 원현곡마을 앞 일대	0.006㎢	토지이용 현실화	보전용지→주거용
22	청북면 현곡2리 현곡산단 북쪽 일대	0.152㎢	인구증가에 따른 주거용지 확보	보전용지→주거용
23	청북면 현곡리, 후사리 일대	0.167㎢	인구증가에 따른 주거, 상업용지확보	보전용지→주거용 (0.132㎢), 상업용 (0.035㎢)
24	청북면 용성리 오뚜기라면 일대	0.157㎢	공장부지 현실이용 반영	보전용지→공업용지
25	청북면 옥길리, 후사리 청북 신도시 일대	3.012㎢	청북택지개발에 따른 용도변경	시가예정용지→보전용지 (공원)
26	오성면 죽리 일대	0.535㎢	인구증가에 따른 주거용지 확보	보전용지→주거용
27	청북면 오성산단 남쪽 일대	0.996㎢	첨단산업단지 조성	보전용지→공업용
28	포승면 내기리 포승산업단지 동쪽 일대	1.139㎢	포승산단과 연계한 공업단지 개발	구역외→공업용
29	포승면 희곡리 일대	7.133㎢	2016년 평택도시기본계획 면적(구적 오차) 정정 (5.004㎢→7.133㎢:증 2.219㎢)	시가화예정용지→시가화예정용지(상업 4.81㎢, 공업용 2.323㎢)

개발계획은 변경될 수 있음. * 은 도시계획구역 이외 지역. *자료:평택시

안성 _ 2030 도시기본계획

도시의 미래상

- 다양한 일자리가 풍부한 "활력도시": 물류 · 산업 · 교통
- 산업 · 물류단지 유치
  - 개발압력에 대응하는 양질의 주거환경 조성
  - 첨단농업도입 등 농촌경제 활성화

- 따뜻한 인간중심의 "희망도시": 교육 · 여가 · 복지
  - 인재양성 시스템 구축
  - 취약층을 위한 복지시설 도입
  - 창의적인 복지정책 수립 및 실현
  - 다양한 여가시설 제공

- 산과 호수가 어우러진 "푸른도시": 문화 · 관광 · 휴양
  - 휴양기능 관광지 조성
  - 체험형 관광루트 개발

- 다양한 축제의 홍보를 통한 관광객 유치
- 역사문화 자원을 활용한 랜드마크 개발

계획인구 및 외부 유입률

계획인구

구분		2015년	2020년	2025년	2030년	비고
계획 인구	기정	260,000	280,000			
	변경내역	감) 43,000	감) 28,000			
	수립	217,000	252,000	274,000	309,000	
자연적 증가	기정	162,013	161,751			2011년 인구적용 외국인인구 포함 (19,265)
	변경내역	증) 29,347	증) 38,544			
	수립	191,360	200,295	209,930	220,365	
사회적 증가	기정	97,987	118,249			개발사업 반영
	변경내역	감) 72,690	감) 66,844			
	수립	25,297	51,405	88,616	88,616	

생활권별 계획인구

구분	1단계 (2011~2015)	2단계 (2016~2020)	3단계 (2021~2025)	4단계 (2026~2030)
안성생활권	110,000	121,000	130,000	145,000
서부생활권	76,000	96,000	105,000	120,000
동부생활권	31,000	35,000	39,000	44,000

생활권별 회부유입률

구분	택지개발	도시개발	주택건설	기타
안성생활권	35%	35%	35%	30%
서부생활권	40%	40%	45%	30%
동부생활권	35%	35%	35%	30%

공간구조 및 생활권 설정(변경)

공간구조 변경

- 1도심 4지역중심에서 1도심 2부도심으로 도심기능 강화 전략 마련
  - 도심기능 강화를 위한 성장 구심점으로 안성동 일원을 도심으로 설정
  - 동서 균형발전을 위해 공도읍과 죽산·일죽면 일대를 부도심으로 설정

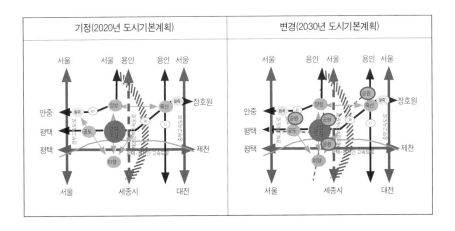

생활권 설정

- 생활권별 유기적 연계성 및 상호 보완적 기능 설정
- 균형 있는 도시의 발전방향 모색(4개 생활권 → 3개 생활권)
  - 안성시의 도심기능을 담당하는 안성동 일대는 행정, 교육, 업무 기능 설정
  - 급성장 중인 공도읍 일대는 개발이 더욱 가속화 될 것으로 전망
  - 국도17호선이 개통되는 죽산면 일대 또는 별도의 생활권

교통계획

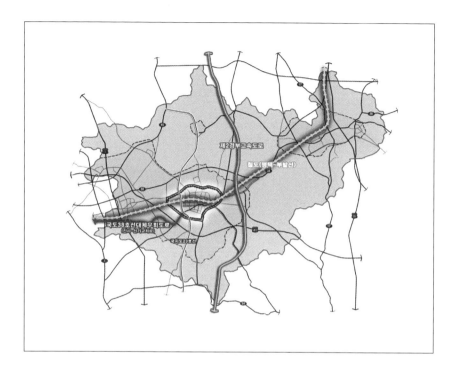

교통 및 물류계획

- 광역 도로망 계획수용(상위계획 반영)
  - 제2경부고속도로(서울~세종간) 노선 반영
  - 국가철도망 구축계획상 제시되어 있는 평택~부발선 철도계획 반영
- 도심내부 통행분산을 위한 순환 및 우회기능 도로망 계획
- 대중교통계획
  - 버스정류장 환경개선 및 BIS(버스정보시스템), BMS(버스관리운행시스템)를 도입한 대중교통 이용편의 도모
  - 환승체계 개선 및 교통약자를 위한 편의 증진 방안

• 물류시설
  – 상위 계획에 제시된 지역거점 물류시설 확충
  – 녹색 물류체계 도입, 물류유통 기반 확충 및 정책 프로그램의 개발을 통한 지역 거점 물류시설 체계 확립

도심 및 주거환경 계획

도심 및 시가지 정비

신시가지와 기존 시가지간의 정비 방안

구분	신시가지 (옥산동 신시가지 일대)	기존 시가지
기능설정	• 중심상업기능 • 복합행정기능(치안, 소방 등) • 주거기능	• 기존상업기능 • 행정기능(시청중심) • 주거기능
개발방향	• 기존시가지의 밀집된 기능을 분화·분담 • 안성시의 중심기능 강화 　- 서부, 동부지역의 상업활동을 안성도심으로 집중 • 주변지역과 자연적·사회적·문화적 연계성 확보(연계회랑)	• 시가지 정비 →·토지의 효율적 이용 및 활성화 도모 • 신시가지와 보완, 분담 기능적 분담 • 기존 유통 · 판매 등의 상업기능 및 행정기능(시청중심의) 육성

권역 특성 및 주거환경 정비 방안

구분	권역특성	적용방안
기존 시가지 (도시재생)	• 가로망 협소 • 소규모 영세상가 밀집 • 노후건축물 • 위험지역	• 정비사업(재건축, 재개발) • 마을가꾸기사업(테마마을 등) • 노후주거 정비 및 기반시설 설치 • 재해위험지역 관리 및 정비
신 시가지 (도시개발)	• 최근 공동주택 입지 • 자율적 정비 시행 • 기반시설 정비상태 양호	• 가로 경관 개선 • 맞춤형 정비사업 • 구시가지와 연계 방안 마련

농촌 생활권 정비	• 개별건축 및 소규모 난개발 • 기반시설 부족 및 노후	• 타운하우스, 전원주택단지 등 • 특색있는 주거 유형 도입 유도 • 도시지역 외 지구단위계획

경관 및 미관계획

경관 관리 방안

- 기본 방향
  - 다양한 주거유형 유지 및 건축물 형태 및 배치의 다양화
  - 상업거점지역의 변화감 있는 스카이라인 형성
  - 보행환경 개선 및 특화거리 조성
  - 집적화된 산업단지 주변 경관 및 공장 밀집지역 주변 경관 관리
- 농촌
  - 주요 평야 및 경작지 보전
  - 농촌생활권 중심지의 경관 및 개발 관리

자연경관

- 산지 및 구릉지
  - 차령산맥의 환상형 산림경관축 보전
  - 산지로의 조망 확보 및 구릉지에 순응한 개발 유도
- 하천
  - 자연형 수변 공간 보전
  - 접근성을 고려한 수변경관 형성

경제 · 산업 · 사회 · 문화의 개발 및 진흥에 관한 계획

관광산업

- 다양한 스토리를 가진 관광거점 계획
  - 문화 스토리 (역사, 유적지, 사적지, 전통, 축제)

    3.1운동기념탑(3.1운동성역화사업), 안성유기방, 바우덕이묘, 서운산성, 안성마춤랜드, 기솔리석불입상, 미리내성지, 죽주산성
  - 자연 스토리 (수변자원, 산악자원)

    고성산, 비봉산, 마이산, 칠현산, 서운산, 칠곡저수지(칠곡유원지), 고삼저수지(고삼관광지), 용설저수지(용설관광지), 금광저수지, 청룡저수지, 덕삼저수지
  - 장소 · 시설 스토리 (스포츠)

    고삼저수지(수상레포츠), 금광저수지(수상레포츠), 비봉산(산악레포츠), 안성승마장

사회간접자본 및 서비스업 계획

- 전통시장 활성화 방안 마련
  - 차량 접근성 및 주차시설 개선
  - 시장의 점포, 상품, 가격정보를 알려주는 홈페이지를 개설
  - 시장거리 이벤트 개최를 통한 이용객 증대
  - 전통시장과 보완되고 상당한 집객력을 발휘할 수 있는 핵점포의 특성을 시장의 소규모 점포가 공유 할 수 있도록 함
- 도시물류체계 재정비
  - IC 인근 지역에 광역적인 차원에서 교통의 편리성이 높은 지역에 물류 시설을 집약화 · 복합기능화 · 정보화 · 고도화 시킬 수 있도

록 다양한 기능의 광역 물류거점을 조성
- 물류 표준화를 통해서 운송, 보관, 하역, 포장, 정보의 일괄수송(unit load system), 다양한 수단 간의 연계수송, 물류공동화 등을 실현

의료보건

- 의료시설의 지속적 확충
  - 병원급 이상의 종합 의료기관을 지속적으로 확충
  - 암, 정신질환, 노인병 등을 전문적으로 치료하는 전문병원의 설립을 유도
- 효과적인 보건의료서비스 전달체계 확립
  - 인구의 노령화, 만성병 중심의 현대적 질병양상 등 변화하는 보건 의료 수요에 부응하여, 보건의료 서비스를 다양화
  - 생애주기별 건강증진 및 질병예방사업을 확대
- 소외계층 대상의 공공의료서비스 확대
  - 누구든지 생활유지에 필요한 기본적인 보건의료서비스를 제공받을 수 있도록, 공공의 지원을 확대 보건의료를 복지사업과 연계하여, 시민생활의 질적 향상에 기여

구분	단위	2011년	2015년	2020년	2025년	2030년
계획인구	인	188,274	217,000	252,000	274,000	309,000
종합병원	개소	1	1	1	2	2
병원	개소	3	5	6	7	7
의원	개소	73	73	73	73	73
2보건소	개소	1	1	1	2	2
의료시설/병상수	상	2,400	2,400	2,400	2,400	2,400

파주 _ 2030 도시기본계획 분석

2020 파주 도시기본계획에서 2030 파주 도시기본계획 확정 발표를 하였다. 재테크 투자시 제일 기본이 그 도시의 도시 기본계획을 꼭 숙지하고 투자를 해야 된다는 것이다. 도시기본계획이 제일 중요하고 좀 더 세밀한 계획이 도시 관리계획으로서 그 도시의 앞으로 개발을 어떻게 할것인지 보여주는 골격이다. 중간에 변경될 수도 있지만 그렇게 크게 변하지는 않는다.

2030년의 파주가 어떻게 변화될지 아래 내용으로 예상해 보도록 한다.

일단 파주시의 공간구조 계획은 3지역중심, 8지구중심으로 계획을 하였다. 3지역중심이 주 개발축이라고 보면 되고 8지구중심이 보조 개발축이라고 보면 된다.

중심과 지구는 큰 차이가 있다.

뒤에 소개하는 도시공간 구조도에서 빨간 원으로 표시된 지역 3곳이 지역 중심인데, 바로 이곳이 차후 상업지역이 될 곳이다. 그것도 중심상업지역으로 개발할 곳이다. 그리고 8지구 중심은 일반상업지역이나 근린상업지역 정도로 될 것 같다.

3지역중심 문산, 금촌·조리, 운정·교하가 핵심 집중개발하겠다는 곳이다. 그 이하 8지역은 아래 보조 개발축에 위치한 지역들이다. 그럼 투자를 어디에 해야 될지는 여러분도 대략적으로 감이 잡힐 것으로 생각된다.

문산 중생활권, 운정·교하 중생활권, 금촌·조리 중생활권 3개 생활권으로 나눠 어떻게 개발할지를 아래 설명하고 있다. 2030년 파주시 인구는 운정신도시와 산업단지, 미군반환공여구역개발이 완성되면 20만 명 정도 늘어날 것이라고 예측하고 있다. 부동산 투자의 기본은 인구가 증가하는 곳에 투자하는 것이다. 도로와 철도를 따라 돈이 흐른다는 말이 있다. 예전 같으면 도로만 개설되어도 지가급등 현상이 있었는데 지금은 도로와 철도 쌍끌이가 된다면 지가 상승도 배가 된다는 것이다.

파주는 기존 낙후 이미지를 벗어나 2030년이면 도로뿐만 아니라 철도(GTX, 일반철도) 등이 신설 및 개선되어 서울로 출퇴근 생활권이 20분대로 대폭 줄어 살기 좋은 도시로 변모하고 있다. 공기도 좋고 교통도 편리하다면 부동산 가격은 당연지사 상승할 것이라 생각된다.

1. 철도망을 살펴보면 수도권 광역급행철도(파주~삼성 GTX A노선), 즉 시속 180킬로미터 이상으로 말 그대로 급행철도로 기존 지하철도 대비되는 속도이다 보니 서울 접근성이 대폭 상승된다는 것을 알 수 있다.
2. 지하철은 3호선 대화역에서 운정신도시까지 연장되고
3. 3호선 지축역에서 금촌, 조리까지 연결하는 방안이 추진되고
4. 운정신도시 내 BRT도 구축된다.

위 내용으로 본다면 파주 교하, 운정신도시는 정말로 살기 편한 곳이 될 것 같다. 결론은 2030 파주 도시기본계획상으로 투자처는 지역중심과 지구중심으로 투자처를 잡으면 좋을 것이다. 역세권 위주로 투자하면 손해 볼일은 없을 것으로 사료되며, 특히 운정신도시 쪽으로 교통망이 대폭

개선된다는 것을 보면 어디에 투자해야 할지 짐작할 수 있을 것으로 생각한다.

공간구조상 종합

공간구조 : 3지역 중심, 8지구 중심

개발축 : 1주축, 4보조축

산업축 : 1주축, 1보조축

보전축 : 주녹지 2축, 보조녹지 2축, 주수변 1축, 보조수변 2축

2030 파주도시기본계획 공간구조구상도

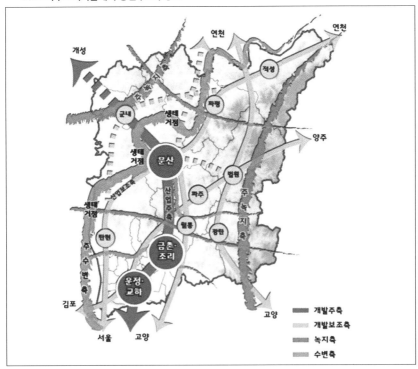

생활권 구분도

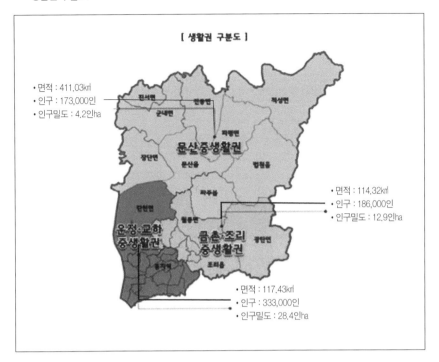

[생활권 구분도]

• 면적 : 411.03㎢
• 인구 : 173,000인
• 인구밀도 : 4.2인/ha

• 면적 : 114.32㎢
• 인구 : 186,000인
• 인구밀도 : 12.9인/ha

• 면적 : 117.43㎢
• 인구 : 333,000인
• 인구밀도 : 28.4인/ha

생활권별 계획방향

금촌·조리 중생활권 : 행정·업무·산업의 중심기능 수행

- 파주시 도심기능 제고(행정·업무 등)와 구시가지 정비·관리방안 마련
- 차세대 LCD산업단지 및 연관 산업단지 연계조성
- 역사·문화·관광 기반 확충을 통한 역사·문화·관광축 형성
- 미군반환공여구역 활용계획 수립으로 신성장 동력 확보
- 찰도, 고속화도로 등 광역교통체계 개선으로 접근성 비교

신시가지와 기존 시가지 간의 정비 방안

구분	세부계획
시가지 정비	• 시가지 정비를 통한 도심기능 제고(행정, 업무 등) • 구시가지의 정비 및 관리 방안 마련(주거지 및 상권 정비) • 캠프에드워즈, 스탠턴, 하우즈 등 미군반환공여구역 활용계획 수립
산업 · 경제	• 차세대 성장동력으로 파주 LCD산업단지 활성화(P10사업 추진 및 주변 산업단지 연계) • 산학연 협력을 위한 연구교육벨트 조성
문화 · 관광	• 역사 · 자연을 연계한 관광축 형성(삼릉, 공릉, 윤관장군 묘 등 역사자원과 자연자원 연계) • 동측 외곽부 자연환경보전을 위한 녹지축 형성
교통	• 광역도로망 확충(강화~연천, 서울~문산, 제2외곽순환고속도로) • 광역철도의 신설 및 연장(금촌 조리선,일산선, GTX 연장)

• 운정 · 교하 중생활권 : 주거 산업 중심의 남부 중심도시 조성
• 운정신도시 정주환경 조성 및 생활환경 개선
• 통일동산 문화 · 관광 · 역사와 연계한 관광 클러스터 조성
• LCD 산업연관단지 및 출판문화단지 등 지역특색과 산업단지 조성
• 광역교통시설의 확충과 지역터미널 및 철도역 환승체계 조성

신시가지와 기존 시가지 간의 정비 방안

구분	세부계획
주거지 정비	• 운정신도시 정주환경 조성을 위한 생활환경 정비 • 지하철 및 철도 역사주변 활성화 계획 수립(지역 상권의 중심기능 수행 및 녹색교통체계 강화)
역사 · 관광	• 통일동산 주변지역 클러스터 형성으로 활성화 추진 - 통일 관련 : 통일동산, 오두산 통일전망대 등 - 문화 관련 : 헤이리예술마을, 경기영어마을, 파주 NFC 등 - 역사 · 기타 : 파주장릉, 파주 프리미엄아울렛 등
산업 · 경제	• 기존 산업기능과 연계한 지역특화산업단지 기능 강화 - LCD 연계 산업단지(탄현, 축현 산업단지 등) - 지역특화산업단지(출판도시, 신촌, 문발산업단지 등)
교통	• 광역도로망 확충(강화~연천, 서울~문산, 제2외곽순환고속도로) • 광역철도의 신설 및 연장, 지역 교통시설 개선 (운정지역 종합터미널 건립, 철도역 환승시설 확충 등)

문산 중생활권 : 통일을 준비하는 경제특구 기반 구축

- 통일을 대비한 남북교류 협력기반 및 경제특구 조성
- 역사생태 문화기능을 강화 및 보전녹지축을 활용한 청정환경 조성
- 구시가지의 정비를 위한 교통 및 주거환경 정비
- 북부지역 경제, 산업 중심 기능 수행을 위한 산학연구기반 구축

문산 중생활권 세부계획

구분	세부계획
통일 특구	• DMZ을 활용한 세계 평화도시 조성 • 남북 경협을 위한 통일경제특구 실현 • 지역특성을 활용한 통일관광기반 구축
역사 · 문화	• 역사 및 자연환경을 활용한 문화축 연계 (두지리~허준 묘~파평 테마파크~자운서원~파주관아) • 동측의 산악지형을 활용한 보전녹지축 조성
주거지 정비	• 구시가지 노후주택지의 물리적 환경 개선 • 교통시설 개선을 통한 접근성 향상 (서울~문산 간, 제2외곽순환고속도로, GTX 파주 연장, 문산~도라산역 전철화 등)
산업 · 경제	• LCD연관 산업단지 기능강화 및 확충(기존 산업단지 및 캠프게이오언, 첨단산업단지 도입) • 산학연계를 위한 두원공대와 산학파트너십 강화))

시가화예정용지 주요 사업계획

미군반환공여구역

- 미군반환공여구역 및 그 주변지역, 소규모 군사시설 이전 부지는 지역 특성상 상당히 낙후되어 있는 현황을 고려하여 상대적으로 고밀 개발을 유도
- 상대적으로 낙후된 지역에 분포하고 있는 미군반환공여구역의 활성화를 위해 주변 지역과 연계한 기반시설 확충이 필요

미군반환공여구역 추진사항

구분	기지명	활용계획	위치	면적(㎡(평) 계	공여구역	주변지역	추진기관
계	6개 기지		-	4,088,976	1,746,020	2,342,956	
1	캠프 하우즈	공원조성 도시개발사업	조리읍 봉일천리	1,083,844	641,912	441,932	파주시
2	캠프 에드워즈	교육연구시설	월롱면 영태리	629,689	219,689	410,000	
3	캠프 자이언트	교육연구시설	문산읍 선유리	484,075	111,159	372,916	
4	캠프 개리오언	도시개발사업 산업단지	문산읍 선유리	692,522	311,744	380,778	
5	캠프 스탠턴	교육연구 복합단지	광탄면 신산리	973,467	236,137	737,330	
6	캠츠 그리브스	역사공원조성	군내면 백연리	225,379	225,379		경기도

파주 희망 프로젝트

- 배경 : 파주 프로젝트 지연에 따른 사업계획의 변경에 따라 파주역 주변의 체계적 환경개선 및 신성장동력산업 유치
- 주요 전략 사업
  - 제조 ICT 융합산업 등의 도입을 통한 경기 북부 창조산업 거점 조성
  - 파주역 주변지역의 정비 및 사업지구 연계를 통한 역세권 활성화
  - 주변 대학(두원공대·서영대)과 연계한 교육연구 복합단지 조성을 통한 고급 노동력 확보
  - 시니어 복합휴양단지 조성을 통한 미래 성장산업 육성

파주희망프로젝트 주요 사업 내용

구분	사업명	사업규모	사업내용
1	파주센트럴밸리	491천 ㎡	ICT 제조업 등 첨단산업단지

2	외투 및 R&D 단지	514천 ㎡	기업과 연계한 교육/연구단지
3	거점 단지	1,023천 ㎡	데이터센터, 미래유망 기술산업
4	친환경주거 단지	321천 ㎡	원주민 재정착 유도
5	시니어 복합휴양 단지	1,348천 ㎡	노인복지주택, 한방힐링센터 등
6	파주역 활성화	진입로 1,652m	광장, 직거래장터, 안내센터 등

파주 문산 통일경제특구 개발

① 파주 LCD 산업단지와 개성공단을 연계하는 남북교류 코리도 조성

- 문산지역을 남북교루의 거점화 하고 월롱 파주 LCD단지 및 주변지역을 신산업 및 연관지원기능을 강화하여 이를 개성공단과 연계되는 통일경제특별구역 조성으로 남북교류 코리도 형성

② 경제협력 교류협력을 위한 계획적 개발 투진

- 파주 LCD단지 중심의 경제협력으로 남한의 기술과 북한의 인력을 활용하여 상호 비교우위 분야의 유기적 결합
- 도시개발, 통일 대비 기능 수행을 위한 남북교류 거점 마련

③ 사업계획

- 파주 남북경제협력단지 건설
  - IT 중심의 연관 지식기반산업과 개성공단 연관 산업, 물류산업으로 특화
  - 파주의 LCD단지를 중심으로 디스플레이 산업 클러스터 조성, 개성공단과의 연계 체계를 구축하는 등 남북교류 및 첨단산업벨트 형성
- 접경도시 개념의 남북교류 협력도시 건설
  - 남북교류협력과 통일 대비 대북교류협력 행정, 과학기술 전수 및 연수, 산업 물류 관련 시설 유치

파주 문산 통일경제특구 계획 내용

자료 : 경기도 종합계획(2012~2020)

구분	도입기능 / 시설	통일경제특구 후보지
남북경제 협력단지	• 파주LCD 전후방 연관 산업, 개성공단 연관 부품 소재산업, 산업물류유통시설, 통일경제특구지원시설(상업, 배후주거) 등	
남북교류 거점도시	• 남북교류협력지원 정부기관(경제특구관리청 등), 학술 및 교육지원시설(국제 세미나장, 무역 / 전산 / 회계 / 경영연수원, 문화, 숙박, 위락 등), 저밀 주거 및 상업업무시설 등	

장래 인구 예측

파주시 장래 인구예측 결과 최종 목표년도인 2030년 자연적 증가인구는 55,939인, 기준년도 인구는 411,348인, 사회적 증가로 인한 인구는 224,478으로 최종 목표년도 인구는 692,000인으로 예측되었음.

장래 인구 계획

구분		계획인구	유입률(%)	유입인구	비고
2030년 계획인구 추정		-	-	692,000 (691,765)	
기준년도인구('14년 말)		-	-	-	
자연적 증가인구		-	-	-	
내국인		-	-	-	
군인		-	-	-	
외국인		-	-	-	
사화적 증가인구		409,427	-	224,479	
기정 사업	택지개발사업	153,922	-	100,149	
	운정신도시(1,2지구)	56,845	56	36,949	

기성사업		운정신도시(3지구)	97,077	65	63,100	
	산업단지 개발사업	6,274	-	2,510	
		출판문화정보 (2단계)	1,037	40	415	
		당동 일반 산업단지	3,650	40	1,460	
		선유 일반 산업단지	1,587	40	635	
		파주 LCD 일반 산업단지	-	40	-	
	도시개발사업	150,520	-	80,439	
		남북교류 배후 신도시(통일경제특구)	100,000	60	60,000	
		미군 반환공여구역 개발	42,903	40	17,161	
		2025 기승인 미개발 주거형 시가화 예정용지 내 인구배분	7,617	40~45	3,278	
신규사업	택지개발사업	29,449	-	19,142	
		운정신도시(용도변경)	29,449	65	19,142	
	산업단지 개발사업	233	-	93	
		법원2 일반 산업단지	233	40	93	
	주택건설사업	64,249	-	20,333	
		개별 주택선설사업	30,919	-	11,069	
		행복주택	4,655	45	2,095	
		2020 도시 주거환경정비사업	28,675	25	7,169	
	도시개발사업	4,780	-	1,912	
		파주희망프로젝트	4,780	40	1,912	

광역교통망 계획

① 기본 방향

- 광역교통체계는 지역산 사회경제활동의 외형적 결과인 인적, 물적 흐름을 뒷받침 해 주는 기본적인 교통시설로서 효율적인 광역교통체계의 구축은 지역 및 경제 발전을 위한 필수적인 요소임.

- 따라서 관련 상위 계획상에서 제시된 인근 지역의 광역교통망체계를 종합적으로 검토함으로써 장래에 예상되는 교통 여건 변화에 따른 대처가 필요함.

- 기존 도로망의 정비 또는 기존 상위 계획에서 제시된 계획을 최대한

수용하여 기존 또는 계획 고속도로 및 인근 도시를 연결하는 광역도로망을 구축하여 지역간 접근성을 제고함.

② 문제점

- 파주시 내·외부를 연결하는 광역도로망 체계 미흡
- 남북측 도로에 비해 동서축 도로망의 발달 미흡

③ 개선 방안

- 관련 계획을 최대한 수용하고 향후 파주시 발전 전망과 도시공간 구조의 다핵 구조화에 대비하여 다음과 같이 개선 방안을 수립하였음.
  - 광역도로망 간의 연계 강화
  - 지역간 교통과 도시 내 교통의 분리 및 시설간 연계 강화
  - 고속도로 및 주요 간선도로의 광역도로망 연계기능 강화
- 제2외곽순환도로 : 문발 IC~교하IC~월롱IC~파주IC~법원IC
  - 수도권 지역으로의 접근성 향상 및 파주시의 동서간 소통 원활
- 서울~문산 고속도로 : 내포IC~산단IC~월롱IC~금촌IC~설문IC
  - 파주에서 서울까지 20분 생활권 실현
  - 수도권 남부지역으로 빠르게 이동할 수 있는 수단 확보
- 파주시 북부권역 동서축 고속도로 건설
  - 강화~연천 고속도로
- 국도1호선의 교통량 분산을 통한 간선도로의 기능 회복

광역도로망 계획

구분	도로명	구간	차로수 (왕복)	연장 (km)	사업 구분	시행 주체	계획 근거
1	제2외곽순환도로	김포~파주 ~포천간	4	24.9	신설	국토교통부	수도권 광역교통망계획
2	서울~문산간 고속도로	강서대교~ 문산	4~8	13.5	신설	민자유치	수도권 광역교통망계획
3	동서평화 고속화도로	인천공항~ 고성군	4	45.4	신설, 확포장	국토교통부	국토간선도로망 계획

간선도로망 계획

① 기본 방향

- 파주시의 토지이용 및 기능 배분 특성을 충분히 고려하여 파주시 내부의 합리적이고 효율적인 도로망 체계 구축과 외곽도로와의 일관성 있고 유기적인 교통망 체계를 구축함.
- 파주시의 여건을 반영한 기존 도로 체계의 정비를 통해 도시 내 기존 가로망의 효용성을 제고하고 개발계획상의 계획 내용을 적극적으로 반영함.
- 생활권별 특성 및 연계성을 고려한 가로망 정비 체계를 확립 및 도시내 가로망의 기능별·위계별 재편을 통한 가로의 효율성을 극대화함.
- 광역도로망인 고속도로 및 지역간 도로와 지역 내 도로의 효율적인 연계 체계를 확보하여 원활한 교통 흐름을 유도.

② 문제점

- 서울 및 고양시 방면으로의 통행량 집중으로 파주시 남북축 도로의 용량 부족 우려.
- 경의선을 중심으로 서측에 비해 동측의 도로망 발달 미흡.
- 간선교통축이 미비하거나 단절되어 있는 등 도로망 체계 미흡.

③ 개선 방향

- 파주시의 주간 선도로망은 현황도로의 문제점 및 장래 생활권 간 연계, 외곽 지역 간의 연결성 등을 고려하여 구축하였음.
- 주변도로와의 연계 정비를 위한 국지도 56호선 신설로 파주의 동서간, 농촌지역과 도시지역의 균형발전 도모.

파주시 간선도로망 구상

구분	도로명	구간	차로 수 (왕복)	연장 (km)	사업 구분	시행주체	계획근거
4	국도1호선 확장	고양 덕양구~ 파주시계	6	13.6	확장	국토교통부	파주시 도로 정비기본계획(변경)
5	지방도367 호선	식현사거리~ 가야 간	4	10.2	확장	국토부/경기도	파주시 도로 정비기본 계획(변경)
6	도시계획도로	가야~법원	4	2.9	신실	파주시	파주시 도로 정비기본 계획(변경)
7	시도33호선	대능사거리~ 창만3리 사거리	4	6.1	확장	파주시	파주시 도로 정비기본 계획(변경)
8	시도13호선	창만3리 사거리 ~ 영장보건소	4	5.5	확장	파주시	파주시 도로 정비기본 계획(변경)
9	국지도56호선	조리 등원~법원 대능	4	13.7	신실	국토부/경기도	경기도 도로정비 기본계획, 수정 계획
10	국지도78호선	봉서~선유 간	4	3.2	확장	국토부/경기도	경기도 도로 정비 기본 계획, 수정 계획
11		동원~봉서 간	4	10.9	확장	국토부/경기도	

보조간선 도로망 계획

① 기본 방향

- 파주시 도시 공간구조와 주 간선도로망의 분포를 감안하여 파주시 의 중생활권 중심지와 지역생활권 중심지 사이를 연결하는 보조 간 선 도로망 구축.
- 이동성과 접근성을 동시에 만족할 수 있는 기능.
- 주 간선도로와 집산도로 또는 주요 교통 발생원을 연결하는 도로로 서, 근린 주거 생활권의 외곽을 형성하고 도시 교통의 집분산 기능
- 지구 내에서 집산도로를 통해 유출입되는 교통을 흡수하여 주 간선 도로에 연계.
- 도시 내 대규모 교통유발시설의 접근로 기능.

② 문제점

- 주변 개발사업으로 인한 장래 도로 용량 문제 대두
- 파주시 내 지역간 원활한 교통류 이동

③ 개선 방안

- 교통편의 제공 및 물류 수송 원활로 지역경제 활성화를 도모
- 지방도 360호선 신설 및 확장
- 파주권역 내 신설(금촌~월롱간 도로)되는 계획과 연계하여 동서축 도로망 구축
- 국지도 78호선(용미~광탄) 확장
- 서울 및 고양에서 광탄으로의 인구유입 효과 기대
- 파주의 동서 간, 농촌지역과의 균형 발전 도모
- 지방도 371호선(설마~구읍) 확장
  - 경기 서북부와 영주시 간의 소통 원활로 관광 활성화 기대

파주시 간선도로망 구성

구분	도로명	구간	차로수(왕복)	연장(km)	사업구분	시행주체	계획근거
12	국도1호선 확장	광탄면 용미리~광탄면 신산리	4	4.5	확장	국토부/경기도	경기도 도로 정비 기본계획, 수정계획
13	지방도367호선	양주시 남면 신암리~파주시 적성면 가월리	4	8.03	확장	경기도	파주시 도로정비기본계획(변경)
14	도시계획도로	운정31C~지방도 363호선	4	4.8	신설	운정3지구 사업시행자	운정신도시 광역교통개선 대책
15	시도33호선	신도시~성석	4	2.2	신설	파주시	운정신도시 광역교통개선 대책
16	시도13호선	문산~내포	8	1.7	확장	경기도	파주시 도로정비기본계획(변경)
17	국지도56호선	오산리~신산초교간	2	0.9	신설	국토부/경기도	파주시 도로정비기본계획(변경)
18	리도201호선	신산초교~마장리간	2	2.5	확장		기존도로 정비

	노선		지점	도로명	구간	비고
19	국지도98호선	마장~백석간	4	4.0	확장	파주시 도로정비기본계획(변경)
20	지방도360호선	월롱~광탄간	4	6.0	신설	파주시 도로정비기본계획(변경)
21	지방도 360호선	광탄~양주간	4	7.0	확장	파주시 도로정비기본계획(변경)
22	시도12호선(정비)	군내면 점원리(동파리)~파평면 율곡리(전진교)	2	2.7	확장	파주시 도로정비기본계획(변경)
23	시도8호선(정비)	파평면 율곡리(전진교)~법원읍 금곡리(금곡교)	2	2	확장	파주시 도로정비기본계획(변경)
24	시도21호선	검산~축현간	4	4	확장	국토부/경기도	파주시 도로정비기본계획(변경)

파주시 교통체계 구상도

- 장래 가로망계획은 국가 기간교통망계획 등의 상위계획 수용 및 파주시 교통정비중기계획(2008), 파주시 도로정비기본계획(2009) 등의 관련 계획의 내용과 부합되는 도로망 체계를 검토 반영하였으며, 현황도로망과 연결되어 형성되는 파주시 교통 체계 구상도는 다음과 같음

광역도로망 계획

노선			지점	도로명	구간	비고
고속도로			1	제2외곽순환도로	김포~파주~포천간	
			2	서울~문산간 고속도로	강서대교~문산	
			3	동서평화 고속화도로	인천공항~고성군	
간선축	동서축	1축	4	국지도56호선	문발IC~갈곡리	
		1축	5	국도77호선	자유IC~장월IC	

		2축	6	국도1호선	군내면 ~고양	
		3축	7	국지도78호선, 지방도363호선	연천~일산	
		5축	8	지방도367호선, 국지도78호선	식현리~고양동	
		1축	9	시도8호선, 시도12호선	군내면~법원읍	
		2축	10	지방도364호선	문산~법원	
		3축	11	지방도360호선	성동리~양주	
		4축	12	지방도358호선	장월IC~일산	
		1축	13	지방도359, 357호선	내포리~일산	
		2축	14	지방도363, 359호선	내포리~일산	
		3축	15	국지도78호선	광탄~일산	
		4축	16	지방도371호선	연천~양주	

철도망 계획

① 기본 방향

• 서울 및 고양동 수도권지역으로의 빠른 접근 및 통일시내 관광을 위한 교통인프라 구축.

• 철도 및 지하철 역세권을 중심으로 하는 종합적 · 입체적 교통 연계 체계 구축.

② 문제점

• 파주시내 유일한 경의중앙선은 복선화 되어 있으나, 전철 노선이 인구밀집 지역의 가장자리를 통과하고 있어 이를 효율적으로 활용하기 위한 대책이 요구됨.

③ 개선 방안

• 수도권 광역급행철도(파주~삼성)

- 제3차 국가철도망 구축 계획(2016~2025)의 A노선(일산~삼성)을 파주까지 연장하여 단일노선으로 사업 추진.

- 고양시 대화역까지 운행하고 있는 지하철 3호선(일산선)을 운정신도 시까지 연장하여 광역교통 편의 제공.
- 지하철 3호선을 지축역에서 금촌·조리까지 연결하여 파주시 동쪽 의 지역 균형발전 유도.
- 단기계획으로 문산역과 운정역을 환승센터로 구축하고, 장기계획으 로는 운정역과 GTX역을 중심으로 환승체계 재정비.
  - 운정신도시 내 GTX역과 연계한 버스 BRT 복합환승시설 도입(환 승센터위치는 중앙버스전용차로 세부설계시 장래 보스통행량을 고려하여 결정)

수도권 광역급행철도 (파주~삼성)

- 경의중앙선, 지하철3호선과 연계된 철도운영체계 구축으로 대중교 통의 획기적 개선.
- 파주시 광역교통 수요 충족 및 교하동 출퇴근 시 교통난 해소.
- 국토부에서 수립 중인 GTX 타당성조사 및 기본 계획 용역과 제3차 국가철도망구축계획(2016~2025)에 A노선(일산~삼성)을 파주까지 연장 하여 단일노선으로 사업 추진.
- GTX 차량기지를 경의중앙선 문산차량기지와 공동 사용 추진.
  - 노선 : 일산 킨텍스~운정신도시(3지구)~파주
  - 사업량 : 11.7km(파주시 7, 고양시 4.7), 정거장 1개소
  - 기간 : 2012~2022년(10년)
  - 사업비 : 8,440억 원
  - 시행자 : 국토교통부

지하철 3호선 연장 (운교선)

- 교하동 주민의 수도권 접근성 강화 및 출퇴근 시 교통난 해소.

- 국토부에서 수립 중인 제3차 국가철도망구축계획(2016~2025)에 건설 및 운영주체가 정부인 일반철도로 반영하여 사업추진.
- 지하철 3호선과 BRT계획과 연계 교통망 구축 및 복합환승센터 건설
- GTX, 경의중앙선, 지하철 3호선과의 연계교통망 구축 및 복합환승센터 건설.
  - 노선 : 대화역(3)~운정신도시(3지구)
  - 사업량 : 5.6㎞
  - 기간 : 2017년~2027년(10년)
  - 사업비 : 4,500억 원
  - 시행자 : 국토교통부

지하철 3호선 연장 (금촌·조리선)

- 통일로를 이용하는 승용차 이용자들이 전철로 전환됨에 따라 통일로 교통 여건 개선.
- 경의중앙선, GTX와 연계된 철도운영체계로 대중교통의 획기적 개선.
- 사업추진 내용
  - 노선 : 지축역(3)~삼송(3)~벽재~조리~금촌
  - 사업량 : 16.0㎞(파주시 6, 고양시 10) 정거장 6개소
  - 기간 : 2017년~2027년(10년)
  - 사업비 : 1조 9,200억 원

경의선(문산~도라산)

- 현재 문산까지만 복전철화 되어 있는 단선 비전철을 전철화 함으로써 교통 여건 개선.
- 향후 통일을 대비하고 안보관광지(임진각, 민통선관광)활성화, 전철화

구간의 완결성을 위해 도라산까지 전철화 연장 추진.

- 국토부에서 수립한 제3차 국가철도망구축계획(2016~2025)상에 한반도 통합철도망 구축사업의 기 시행사업으로 반영.

  - 노선 : 문산~도라산(경의선)

  - 사업량 : 9.7km

  - 사업비 : 388억 원

  - 추진 현황 : 타당성 검토 준비 중(2016년 설계비 10억 반영)

파주시 철도 계획

지;점	노선명		구간	연장 km	시행주체	사업기간	계획근거
25	금촌조리선 (지축연장선)		지축~벽제~조리 ~금촌	16.0	국토교통부	2017~2027	파주시 장기계획
26	일산선 안장	운교선	대화역~운정	5.6	국토교통부	2017~2027	제3국가철도망 구축계획
27		탄현선	운정~통일동산	-	*		파주시 장기계획
28	수도권 광역급행철도 (파주~삼성)		일산~파주 (연장구간)	11.7	국토교통부	2012~2022	제3국가철도망 구축계획
				-	-		파주시 장기계획

BRT(간선 급행버스)

개선 방안

- 파주시에는 금촌지구~제2자유로를 연계하는 BRT 계획 존재.

  - 파주시 BRT 계획은 제2자유로 신설 및 지방도 359호선 확장 사업 기간에 따라 시행사가 지정되도록 계획됨

  - 지난 2011년 제2자유로 준공, 지방도 359호선 확장공사(운정신도시~ 금촌사거리, 3.76km, 4차로 → 6~8차로)은 2013년 12월 3일 조기 완공.

- 파주 BRT 계획은 경기도에서 2014년까지 추진하는 9개 도로 142.5km 구간의 BRT 계획에도 포함됨.
  - 제2자유로 파주 운정역~서울 상암동(41km)
- 지방도 359호선과 제2자유로가 완공되었기 때문에 파주시 지역에 맞는 BRT 운영 계획이 필요한 시점.

BRT 계획

지점	노선명	구간	연장	시행주체	사업기간	계획근거
29	운정지구 BRT	대회역 ~ 운정지구 내부	5.1	운정3지구 사업시행자	~2017년	운정3지구 택지개발사업 교통영향분석·개선대책

제5장

도시기본계획
관련 법규

도시·군 기본계획 수립지침

국토계획법에 따른 도시·군 기본계획 수립지침

개정 국토해양부 훈령 제872호 (2012. 8. 21)
개정 국토교통부 훈령 제45호 (2013. 4. 15)
개정 국토교통부 훈령 제445호 (2014. 10. 31)

제1장 총 칙

제1절 지침의 목적

1-1-1. 이 지침은 국토의 계획 및 이용에 관한 법률(이하 "법"이라 한다) 제19조 제3항 및 동법 시행령(이하 "영"이라 한다) 제16조에 따라 도시·군 기본계획의 수립기준을 정하는 데 그 목적이 있다.

제2절 도시·군 기본계획의 의의

1-2-1. 도시·군 기본계획은 국토의 한정된 자원을 효율적이고 합리적으로 활용하여 주민의 삶의 질을 향상시키고, 특별시·광역시·시·군(이하 "시·군"이라 한다)을 환경적으로 건전하고 지속가능하게 발전시킬 수 있는 정책 방향을 제시함과 동시에 장기적으로 시·군이 공간적으로 발전하여야 할 구조적 틀을 제시하는 종합계획이다.

1-2-2. (지속가능성) 도시·군 기본계획을 수립하는 목적은 궁극적으로 국토의 이용·개발과 보전을 위한 국토관리의 지속가능성을 담보하는 데 있다. 이를 위하여 국토계획평가를 계획 입안시부터 충실히 시행하여야 한다.

1-2-3. (환경·경제·사회의 통합적 접근) 도시·군 기본계획은 지속가능한 국토관리를 위해 국토의 이용·개발과 보전에 있어 환경, 경제, 사회적 측면의 세 가지 영향을 통합적이고 균형 있게 고려하여야 하며 환경적, 경제적, 사회적 이해관계를 공간적 차원에서 종합, 조정하는 역할을 담당하여야 한다.

1-2-4. (환경적 측면) 환경적 측면에서 지속가능한 국토관리를 추구하기 위해 도시·군 기본계획은 도시의 급속한 성장과 외연적 확산에 따른 자연환경의 훼손과 대기·수질·토양 등의 오염발생을 사전적으로 방지하는 역할을 담당하여야 하며, 기후변화와 지구온난화에도 적극 대응하여 에너지와 자원을 절약하는 공간구조를 형성하고 신재생에너지의 사용을 촉진하여 탄소배출량을 저감하는 데 주력하여야 한다.

1-2-5. (경제적 측면) 지속가능한 국토관리는 경제발전과 함께 이루어져야

한다. 이를 위해 도시·군 기본계획은 지역의 고용 창출을 위한 물리적 기반을 조성함으로써 기업에게 다양한 비즈니스 기회를 제공하는 한편, 지역민의 거주성을 제고하여 지역상권을 활성화하는 등 도시재생과 지역경제의 활성화를 도모하여야 한다. 나아가 도시경쟁력을 제고하기 위한 각종 기반시설을 확충하고, 산업구조 변화에 유연하게 대응할 수 있는 토지이용 체계를 구축하여야 한다. 이와 함께 자원이용의 경제적 효율성을 추구하여 비용 대비 효과적인 도시개발을 지향함으로써 개발과 보존의 조화를 이루면서 저탄소 녹색성장을 달성하여야 한다.

1-2-6. (사회적 측면) 지속가능한 개발을 위해 도시·군 기본계획은 지역사회의 다양한 이해관계를 충분하게 수렴, 반영함으로써 사회적 형평성을 제고하는 한편, 사회적 갈등을 줄이고 통합을 이루는 사회적 자본의 증진에 기여하여야 한다. 이를 위해 도시·군 기본계획은 저소득층, 노약자, 장애인 등 사회적 약자가 경제적, 신체적 이유 등으로 주거권과 이동성을 비롯하여 주민으로서의 기본적인 활동에 제약을 받지 않도록 저렴한 주택과 대중교통을 공급하고, 교육·의료·복지시설 등 커뮤니티 시설을 확충하는 데 주력하여야 한다. 이와 함께 지역 고유의 특성에 기초하여 각 지역사회의 문화적 다양성을 제고함으로써 도시 환경의 획일성을 탈피하고 지역사회의 정체성을 확립하는 데 힘써야 한다.

제3절 지위와 성격

1-3-1. (도시·군 기본계획의 지위) 국토종합계획, 도종합계획, 광역도시계획 등 상위계획의 내용을 수용하여 시·군이 지향하여야 할 바람직한 미래상을 제시하고, 정책계획과 전략계획을 실현할 수 있는 도시·군 관리계획의 지

침적 계획으로서의 위상을 갖는다. 따라서 다른 법률에 의해 수립하는 각 부문별 계획이나 지침 등은 시·군의 가장 상위계획인 도시·군 기본계획을 따라야 한다.

1-3-2. (종합계획) 지속가능한 국토관리를 위해서는 경제·산업, 주택, 교통·기반시설, 환경·에너지, 사회·문화·복지 등 각 분야에서 수립한 부문별 정책 및 계획 등이 서로 조화를 이루어야 한다. 도시·군 기본계획은 부문별 정책과 계획 등의 환경적, 경제적, 사회적 영향을 통합적이고 균형 있게 조정·보완하여, 이를 공간적 차원에서 지속가능한 국토관리를 위한 정책과 전략으로 구체화하여야 한다.

1-3-3. (정책계획, 전략계획) 도시·군 기본계획은 공간구성에 관한 정책계획 또는 전략계획의 성격을 동시에 가져야 한다. 공간구성에 관한 정책계획은 자치단체의 국토이용·개발과 보전에 관한 '정책을 계획하는 것'을 의미하며, 전략계획은 자치단체가 이의 실현을 위해 행정역량을 선택적으로 집중해야 할 전략을 수립하는 것을 의미한다. 도시·군 기본계획은 해당 시·군의 발전을 위한 공간적 정책 목표와 이를 달성하기 위한 국토이용·개발과 보전에 관한 전략 또는 정책적 우선순위를 기술하여야 한다.

1-3-4. (특정 주제 중심의 계획) 도시·군 기본계획은 공간구성에 관한 정책 목표 및 전략 또는 정책적 우선순위에 따라 계획 과제 또는 특정 주제를 발굴, 제시하고, 이를 중심으로 계획을 수립할 수 있다.

1-3-5. (계획 내용의 다양성) 도시·군 기본계획은 도시 고유의 특성에 따라 다양한 계획 과제 또는 특정 주제를 중심으로 그 내용을 다양하게 구성할

수 있다.

1-3-6. (계획 내용의 유연성) 도시·군 기본계획은 정책계획 또는 전략계획으로서 공간계획의 유연성을 충분히 확보하여야 한다. 따라서 계획구역 내의 각 지역별로 입지와 토지이용의 원칙과 기준 등을 기술하거나 개념도 수준의 도면으로 표현함으로써 도시·군 관리계획(지구단위계획 포함) 차원에서 구체적인 상황과 여건에 따라 탄력적으로 조정할 수 있는 여지를 남겨두어야 한다.

1-3-7. (최상위 공간계획) 도시·군 기본계획은 공간구조 및 입지와 토지이용에 관한 한 부문별 정책이나 계획 등에 우선한다. 즉 도시·군 기본계획은 각 분야의 부문별 정책과 계획 등을 공간구조 및 입지와 토지이용을 통해 통합·조정하는 역할을 수행하여야 하며, 부문별 정책이나 계획 등에 따라 개별적으로 입지나 토지이용이 변경되어서는 아니 된다.

제2장 도시·군 기본계획의 수립범위

제1절 계획 수립 대상

2-1-1. 수립 대상
특별시, 광역시, 시, 군(광역시 내에 있는 군을 제외한다)

2-1-2. 다음 시·군은 도시·군 기본계획을 수립하지 아니할 수 있다.
(1) 수도권정비계획법 제2조 제1호에 따른 수도권에 속하지 아니하고 광역

시와 경계를 같이하지 아니한 시·군으로서, 계획 수립 기준년도 현재 인구 10만 명 이하인 시·군

(2) 관할구역 전부에 대하여 광역도시계획이 수립되어 있는 시·군으로서 당해 광역도시계획에 도시·군 기본계획에 포함되어야 할 사항이 모두 포함되어 있는 시·군

제2절 목표년도

2-2-1. 계획 수립 시점으로부터 20년을 기준으로 하되, 연도의 끝자리는 0 또는 5년으로 한다.(예 : 2020년, 2025년)

2-2-2. 시장·군수는 5년마다 도시·군 기본계획의 타당성을 전반적으로 재검토하여 이를 정비하고, 도시 여건의 급격한 변화 등 불가피한 사유로 인하여 내용의 일부 조정이 필요한 경우에는 도시·군 기본계획을 변경할 수 있다. 이 경우 시·군의 공간구조나 지표의 변경을 수반하여 목표년도가 달라질 때에는 별도로 도시·군 기본계획을 수립하고, 그렇지 않을 경우에는 변경 수립하는 것을 원칙으로 한다.

제3절 계획구역의 설정

2-3-1. 시·군 관할구역 단위로 계획을 수립하는 것을 원칙으로 한다.

2-3-2. 시장·군수는 지역여건상 필요하다고 인정되는 경우 인접한 시·군의 관할구역 전부 또는 일부를 포함하여 계획할 수 있다. 이 경우 미리 인접한 시장·군수와 협의하여야 한다.

제3장 도시·군 기본계획의 내용과 작성원칙

제1절 도시·군 기본계획의 내용

3-1-1. 도시·군 기본계획을 효율적이고 합리적으로 수립하기 위하여 다음의 부문별 내용이 포함되어야 한다.

(1) 지역의 특성과 현황

(2) 계획의 목표와 지표의 설정 (계획의 방향·목표·지표 설정)

(3) 공간구조의 설정 (개발축 및 녹지축의 설정, 생활권 설정 및 인구배분)

(4) 토지이용계획 (토지의 수요예측 및 용도배분, 용도지역 관리방안 및 비도시지역
　　성장관리 방안)

(5) 기반시설 (교통, 물류체계, 정보통신, 기타 기반시설계획 등)

(6) 도심 및 주거환경 (시가지정비, 주거환경계획 및 정비)

(7) 환경의 보전과 관리

(8) 경관 및 미관

(9) 공원·녹지

(10) 방재·안전 및 범죄예방

(11) 경제·산업·사회·문화의 개발 및 진흥 (고용, 산업, 복지 등)

(12) 계획의 실행 (재정확충 및 재원조달, 단계별 추진전략)

3-1-2. 시·군에서 도시·군 기본계획을 수립하는 경우 토지이용, 기반시설, 도심 및 주거환경, 경제·산업 분야 등에 대해서 해당 지자체의 인구 추세, 산업 및 고용증가율, 주간활동인구 등을 고려하여 아래 유형에 따라 차별화하여 수립할 수 있다.

(1) 성장형은 수립 또는 정비할 도시·군 기본계획의 기준년도부터 직전 3년간 주민등록인구, 산업 및 고용증가율, 주간활동인구 등이 지속적으로 증가하였거나 향후 3년간 증가가 예상되는 시·군

(2) 성숙·안정형은 수립 또는 정비할 도시·군 기본계획의 기준년도부터 직전 3년간 주민등록인구, 산업 및 고용증가율, 주간활동인구 등이 지속적으로 증가하지 않았거나 향후 3년간 증가하지 않을 것으로 예상되는 시·군

제2절 계획 수립의 기본원칙

3-2-1. 계획의 종합성 제고

(1) 토지이용·교통·환경 등 물적 공간구조와 경제·사회, 행정·재정 등 비 물적 분야를 포함한다.

(2) 부문별 기초조사 결과를 토대로 장래의 전망을 예측하여 전체의 구상이 창의적이 되게 하고, 시행의 과정과 여건 변화에 탄력적으로 대응할 수 있도록 포괄적이며 개략적으로 수립한다.

3-2-2. 관련 계획 간의 연계와 조화

(1) 국토종합계획·광역도시계획 등 상위계획의 내용을 수용하고, 도시·군 관리계획·지구단위계획 등 하위계획의 수립을 고려한다.

(2) 도시·군 관리계획을 수립할 때 토지 용도 분류의 지침이 되도록 용도지역의 지정에 필요한 기준을 제시한다.

(3) 다른 법령에 의한 계획이 있는 경우에는 이를 반영할 수 있다.

3-2-3. 환경친화적 계획 수립

(1) 정주공간으로서 환경적으로 건전하고 지속가능한 국토이용 및 관리가 이루어질 수 있도록 자연환경·경관·생태계·녹지공간 등의 정비·개량·보호 및 확충과 도시간의 연담화 방지 및 환경오염 예방에 주력하여 계획한다.

(2) 국민소득의 향상, 산업의 발달, 인구의 증가로 각종 자원의 수요가 점차 증대되므로 한계 자원인 토지·물·에너지의 소비를 최소화하거나 효율적으로 이용될 수 있도록 계획한다.

(3) 개발제한구역이 해제되는 지역은 녹지가 단절되지 않고 그린벨트 형태를 유지하고 주변의 자연환경과 조화를 이루어 친환경적인 개발과 관리가 되도록 한다.

(4) 녹지축·생태계·우량농지, 임상이 양호한 임야, 양호한 자연환경과 수변지역 등 환경적으로 보전가치가 높고 경관이 뛰어난 지역은 보전하도록 한다.

(5) 공유수면에 대하여는 항만·어항 등의 개발과 공유수면의 매립 및 보전에 대한 방향과 기준을 제시하여야 한다.

(6) 단지등의 개발로 초기 강우시 오염물질의 유출량이 증가되지 않도록 하거나 수계에 미치는 영향을 최소화하는 개발방향과 기준을 제시하여야 한다.

(7) 하천축의 발전 잠재력을 진단하여 하천축을 활용한 도시공간구조 개편 방향을 제시한다.

(8) 보전·복원·친수지구 등 하천환경 특성과 연계한 하천 주변 지역의 토지이용 방향을 제시한다.

(9) 기후변화에 따른 재해 취약성 분석을 통해 도시의 다양한 재해 위험을 파악하여 부문별 계획을 수립할 때 반영하고, 재해 취약성 저감 방안을 제시하여야 한다.

(10) 도시의 쾌적성과 건강성 확보를 위한 바람길 분석 및 조성 등 도심 열
섬현상을 완화할 수 있도록 계획한다.

(11) 연안의 이용상황 · 침식상태 등을 감안하여 연안지역의 훼손을 최소화
하고 보전할 수 있도록 연안관리 방향을 제시한다.

3-2-4. 계획의 차등화 · 단계화

(1) 도시의 규모, 지형, 지리적 여건, 산업구조 등에 따라 인구밀도, 토지이
용의 특성 및 주변 환경 등을 종합적으로 고려하여 지역에 특화된 사항
을 중심으로 계획내용에 반영하고, 기반시설의 배치계획, 토지 용도 등
은 인근 지역과 연계 · 활용될 수 있도록 한다.

(2) 각 부문별계획은 목표년도 및 단계별 최종년도로 작성하고 인구 및 주
변 환경의 변화에 따라 탄력적으로 도시 · 군 관리계획에 반영될 수 있
도록 한다.

3-2-5. 계획의 통일성 및 일관성 유지

각 항목별 계획은 법 제19조 제1항 제1호에 따른 도시 · 군 기본계획의 방
향에 부합하고 도시 · 군 기본계획의 목표를 달성할 수 있는 방안을 제시함으
로써 도시 · 군 기본계획의 통일성과 일관성을 유지한다.

제3절 계획 작성시 유의사항

3-3-1. 도시 · 군 기본계획의 작성시 다음 항목에 적합하여야 한다.

(1) 내용 항목의 누락이 없을 것(변경 수립시에는 해당 부분만 계획을 수립할 수 있
음)

(2) 상위계획의 수용

(3) 계획 논리와 합리성 확보

(4) 현황자료의 신빙성 확보

① 자료출처 명시

② 통계자료는 가능한 최신 자료를 사용하며 장단기로 구별하여 적절하게 사용

(5) 적정한 계획 기법 적용

(6) 시설 입지의 적정성 확보

(7) 계획의 일관성 확보

3-3-2. 성과물의 작성

(1) 모든 계획서 및 도면 등의 성과물은 일반인이 알기 쉽고 도시 · 군 관리계획 수립에 혼란이 없도록 계획의 내용과 용어 사용이 분명하여야 한다.

(2) 도시 · 군 기본계획서는 계획서와 자료집으로 구분하고 기초자료 · 대안분석 · 의견수렴 결과 등으로 구분 작성한다.

(3) 생활권 계획 및 법 제19조 제1항 제8에 따른 경관에 관한 사항에 대해서는 계획의 이해도를 높이기 위해 필요한 경우 도시 · 군 기본계획도서의 별책으로 작성할 수 있다.

3-3-3. 특정 주제별 계획

(1) 도시 · 군 기본계획은 지방자치단체의 특정한 주제별로 계획할 수 있으며, 이 경우 각 주제별로 지역별 여건을 반영한 특성 있는 계획을 수립하여야 한다.

(2) 특정 주제별 계획은 기초조사 결과에 입각하여 지방자치단체의 특성과 계획 수립의 목적에 부합하는 항목을 선택적으로 추출 · 취합하고, 이에

따른 계획 과제 또는 특정 주제를 발굴하여 이를 중심으로 수립하되, 법 제19조 제1항에 따른 정책 방향이 특정 주제별로 담겨야 한다.

(3) 특정 주제별로 계획을 수립하는 경우 법 제19조 제1항에 따른 정책 방향이 모두 포함되었는지를 확인할 수 있는 체크리스트를 작성하여 자료집에 수록한다.

3-3-4. 도시·군 기본계획의 정비

(1) 도시·군 기본계획은 공동체의 합의이며 주민들과의 약속이므로 도시 여건의 급격한 변화 등 불가피한 사유가 없는 한 변경하지 않도록 하여야 한다.

(2) 도시·군 기본계획을 정비할 때에는 종전의 도시·군 기본계획의 내용 중 수정이 필요한 부분만을 발췌하여 보완함으로써 계획의 연속성이 유지되도록 한다.

(3) 재수립시에는 기존 도시·군 기본계획의 추진 실적을 평가하고 그 결과를 반영한다.

제4장 부문별 계획 수립기준

제1절 지역의 특성과 현황

4-1-1. 도시·군 기본계획은 시·군의 장기적인 종합계획이며 미래상을 제시하는 가장 중요한 계획이다. 따라서 구체적인 계획을 수립하기 이전에 시·군이 가지고 있는 문제점과 잠재력 등 시·군의 특성과 현황을 먼저 파악하여야 한다.

4-1-2. 기초조사 자료를 토대로 다음의 내용을 파악하여야 한다.

(1) 당해 시·군이 국토 공간에서 차지하는 위치 및 지리적·역사적·문화적 특성

(2) 당해 시·군의 개발 연혁, 인구·경제·자연환경·생활환경 및 사회개발의 현황

(3) 당해 시·군이 지니고 있는 각 분야별 문제점과 이용·개발·보전 가능한 자원의 발전 잠재력

(4) 시·군의 경제·사회·환경 등의 세력권

(5) 당해 시·군의 재해발생 구조와 재해 위험요소

(6) 당해 시·군의 범죄 취약성에 대한 물리적 환경 및 사회적 특성

(7) 당해 시·군의 인구구성 및 사회계층구조 변화에 따른 저출산·고령화 추이

4-1-3. 당해 지역의 특성분석은 다음과 같은 방법을 따른다.

① 당해 지역의 특성은 기초자료 조사결과 및 설문조사의 결과를 토대로 분석한다.

② 국토종합계획·광역도시계획 등 상위계획 및 관련계획에서 본 당해 시·군의 특성 및 기능을 현재의 상황을 토대로 분석한다.

제2절 계획의 목표와 지표설정

4-2-1. 시·군의 대내외적인 여건 변화를 분석하고 정책 이슈를 도출한다.

4-2-2. 국토의 미래상과 지역 내에서의 위치 및 역할 등을 고려하여 시·군의 미래상을 전망한다.

4-2-3. 시·군의 미래상을 달성하기 위한 기본목표 및 실천전략의 대강을

정리한다. 이때 공무원·전문가 등을 대상으로 타당성에 관한 의견조사를 실시할 수 있다.

4-2-4. 지표 설정은 목표년도를 기준으로 하고 5개년 단위로 계획단계를 구분한다.

4-2-5. 인구

(1) 총인구는 상주인구와 주간활동인구로 나누어 설정할 수 있으며, 주야간인구 및 가구(세대)의 현황을 분석하여 최근 10년간의 인구증가 추세와 관련 상위계획상의 지표, 가용 토지자원과 인구 수용능력, 환경용량 등을 고려하여 목표년도 및 단계별 최종년도의 인구지표를 적정 규모로 정한다. 이 경우 국토종합계획, 시·도종합계획, 수도권정비계획, 광역도시계획 등 상위계획상 인구지표와 통계청의 인구 추계치를 고려하여야 한다.

(2) 상주인구 추정은 다음의 두 가지 방법[(가)+(나)]에서 산정된 인구 추계 결과를 합산하여 추정하며, 원칙적으로 "(가) 모형에 의한 방법"을 기본으로 하며 "(나) 사회적 증가분에 의한 추정방법"은 보조적 수단으로 활용한다.(급속 성장시에 주를 이루었던 "사회적 증가분에 의한 추정방법"에서 안정성장(저) 시대에 맞는 인구추계 방법인 생잔모형을 기본으로 하자는 것이며, 필요 시 사회적 증가분에 의한 추정방법을 보조적 수단으로 활용한다는 의미임)

(가) 모형에 의한 추정 방법(기본적 방법)

① 생잔모형에 의한 조성법을 권장

▶ 생잔모형에 의한 조성법을 사용할 경우에는 통계청의 해당 지역 인구증가율과 비교하여 합리성을 증명한다.

▶ 단 "사회적 증가분에 의한 추정방법"을 보조적 수단으로 활용할 경우에

는 인구의 전출입을 가감하지 않고 인구의 출생률 및 사망률만 고려하여 순수한 자연증가분만 계상한다.

② 추세 연장법

▶ 함수들과 시계열 기간에 대하여 적합도 검증을 반드시 실시하여 최적 함수식을 선정하여야 한다. 이때 가장 신뢰도가 높은 상위 3개의 함수식에 의한 추계치를 산술 평균하여 인구추계를 한다. 추세 연장법에 의해 인구를 추계할 시는 "사회적 증가분에 의한 추정방법"을 보조적 수단으로 활용할 수 없다.

(나) 사회적 증가분에 의한 추정방법(보조적 수단)

▶ 사회적 증가는 택지개발, 산업단지개발, 주택건설사업 승인과 같은 개발사업으로 인한 인구의 증가를 말하며, 개발사업 이외에 엑스포 등의 행사 또는 고속철도역사 건설이나 항만 개발 등을 통한 유발인구는 개발사업이 존재할 경우 이로 인하여 늘어나는 인구와 중복될 가능성이 크므로 따로 계상하지 않는다. 다만, 개발사업이 없는 경우 아래의 방법과 동일하게 반영하도록 한다.

▶ 인구의 유입량을 결정함에 있어 그 지역의 과거 사례나 유사한 특성을 가지는 인근 지역의 사례를 반영하여 비교 유추하여 실제로 유발 가능한 '가능유발 인구'를 결정한다.

▶ 사회적 증가분은 아래의 식에 의하여 결정된다.

사회적 증가분 = (가능유발인구 − 추계에 의한 자연증가분) × 계수 (단, 계수는 1 미만으로서 가능유발 인구에 포함되는 기존 인구 등을 고려하여 정한다)

▶ 사회적 증가에 반영할 토지개발사업은 도시 · 군 기본계획의 도시계획위원회 심의 상정 전에 그 사업이 실시계획인가 · 승인(또는 그에 준하는 승인이나 인가를 얻은 경우를 포함)를 얻은 경우와 지구단위계획 결정 후 개별법

에 의한 승인, 허가를 얻은 경우만 반영한다. 단, 도시계획위원회 심의를 거쳐 인정하는 개발사업의 경우에는 실시계획인가 · 승인 이전 단계이더라도 해당 사업을 포함할 수 있다.

▶ 인구의 유입량을 결정함에 있어 순유입률(전입-전출)을 적용하여 객관적인 외부 유입률 추이를 반영하되 최근 5년간 준공된 해당 시 · 군의 각종 개발사업 유형별 유사 사례 지역의 주민등록 현황을 토대로 실제 외부 유입률을 조사 · 산정하여야 한다. 또한 그 근거로는 어디에서 인구가 유입될 것인지에 대하여 유출 지역별로 해당 유출지역의 인구변화 추세에 비추어 타당성 있는 수치를 제시하도록 한다.

▶ 이상과 같이 결정된 인구 예측은 불완전성을 감안하여, 각 부문 계획 수립시±10퍼센트 내에서 해당 계획의 성격에 따라 탄력성을 줄 수 있도록 한다.

(3) 기타 고려사항

① 산출된 인구지표가 상위계획상의 지표 또는 통계청의 인구 추계치와 상이할 경우 각 지표(통계청의 인구 추계치를 포함한다)간 신뢰도를 검토하고 그 내용을 구체적으로 명시한다.

② 인구의 사회적 증가율이 최근 5년간의 인구증가율을 상회할 경우, 인구 이동이 예상되는 인근 지역의 도시 · 군 기본계획이나 도계획 등과도 비교하여 주변으로부터의 인구이동 가능성을 입증하여야 한다.(필요한 경우에는 이에 대하여 해당 지역의 의견을 첨부)

③ 주간활동인구는 상주인구를 기준으로 추정하되, 주변 시 · 군으로의 통근 · 통학자, 관광객, 군인 등 비상주인구의 영향력을 감안하여 이를 주간활동인구에 합산할 수 있다. 다만 과도한 주간활동인구 추정으로 과다하게 기반시설이 계획되지 않도록 합리적인 수준에서 추정하고 근거

자료를 제시한다.

④ 성별, 연령별, 산업별, 직업별, 소득별 인구구조에 대한 목표년도 및 단계별 최종년도의 지표를 예측한다.

⑤ 인구지표 예측은 각 부문별 계획과 연계하여 환류조정(feedback)할 수 있도록 하며, 특히 생활권별 인구배분계획과 밀접한 연계를 통하여 설정하여야 한다.

⑥ 인구 추정을 상주인구와 주간활동인구로 나누어 설정하였을 경우, 각 부문별 계획의 특성에 따라 상주인구 또는 주간활동인구를 사용하여 계획을 수립할 수 있다.

(4) 시·도지사는 5-2-5(1)부터 (3)까지에 따라 추정된 시·군의 인구계획을 광역적 차원에서 인구증가율이나 지역균형개발 등을 고려하여 조정할 수 있으며, 도시·군 기본계획 재수립시 당초 도시·군 기본계획의 단계별 최종년도 목표인구를 90% 이상을 달성하지 못한 시·군의 경우 달성하지 못한 인구에 대해서는 일몰제를 적용하며 목표인구를 초과한 시·군의 경우에는 적정 비율로 상향 조정할 수 있다.

(5) 국토교통부장관은 인구계획의 적정성을 제고하기 위해 도시 대상 평가 등에 단계별 최종년도 목표인구 달성률 등을 반영하여 평가하고 정부 재정지원 등에 있어서 우선적 지원의 근거로서 활용할 수 있다.

4-2-6. 경제

(1) 경제규모 (지역총생산 : GRP)

① 지역총생산(GRP)은 1년간 발생한 부가가치의 총액으로서, 이에 관한 과거의 상황을 분석하고 목표년도 및 단계별 최종년도의 지표를 예측

한다.

② 지표설정에 있어 고려되어야 할 사항

▶ 과거 지역총생산의 변화경향과 연평균 성장률

▶ 국민총생산(GNP)에서 점하는 비율(비중)

▶ 상위계획에서 부여받은 지표

(2) 산업구조

① 산업별 생산 : 각 산업에 대한 과거의 상황을 분석하고, 장래 성장전망과
전국에서의 비중을 고려하여 산업별로 목표년도 및 단계별 최종년도의
지표를 설정한다.

② 고용 : 시·군의 경제적 활동에 있어 도시성장에 기여하는 기반활동
(basic activities), 즉 시·군의 외부지역으로부터 화폐를 유입시키는 일체
의 생산 및 서비스 활동으로서 고용자(구조, 생산성 포함)의 현황을 분석하
고 목표년도 및 단계별 최종년도의 생산액과 고용자 수를 예측한다.

(3) 소득

① 주민소득에 대한 과거의 연속적 통계가 있는 경우에는 이를 기초로 하
여 예측하고 통계가 없는 경우에는 지역총생산(GRP)에 의하여 구한다.

② 인구 1인당 총생산과 실질소득을 구하고 소득계층간의 분포를 구한다.
(소득금액을 계층화하거나 소득분포의 비율별로 인구구성을 설정한다)

(4) 소비구조

소비구조 지표는 건전한 가계지출을 유치할 수 있도록 주민생활의 구조를
파악하기 위한 것으로서, 과거의 추세와 주민소득의 증가경향 및 소비형태의
변화 등을 고려하여 설정한다.

(5) 재정

총재정 규모, 회계별, 세입원별, 세출구조별 과거의 상황을 분석하고, 목표 년도 및 단계별 최종년도의 재정 규모를 예측한다.

4-2-7. 환경지표는 주민의 생활수준을 나타내는 것으로 목표년도 및 단계 별 최종년도의 지표를 발전단계에 따라 예측한다.

(1) 생활환경은 1차적 기본요소로 주택(소유, 유형, 규모, 1인당 주거연상면적), 상하수도, 에너지, 교통, 정보통신, 대기질 · 수질 · 폐기물처리 등 환경 등에 관한 지표

(2) 복지환경은 2차적 필요 요소로 의료시설, 교육문화시설, 사회복지시설 등에 관한 지표

(3) 여가환경은 3차적 선택 요소로 체육시설, 공원, 녹지, 유원지 등에 관한 지표

제3절 공간구조의 설정

4-3-1. 공간구조의 설정

1) 공간구조의 진단

① 시가지 면적 변화 추이 및 주요 교통축의 변화 추이 등을 검토하여 시가 지 성장행태를 분석한다.

② 산업 및 기능, 토지이용분포 등을 고려하여 기존 공간구조의 문제점을 종합적으로 분석한다.

(2) 공간구조 개편 방향

① 당해 시·군 및 주변 시·군의 지형·개발상태·환경오염 등 여건과 목표년도의 개발지표에 의한 중심지 체계를 설정하고, 토지이용계획, 교통계획, 기타 도시·군 기본계획의 근간이 되는 사항을 대상으로 하여 2개 안 이상의 기본골격 안을 구상한다.

② 대안별로 개발축과 보전축을 설정하고 성장 주축과 부축 등을 설정하여, 개발축별 핵심기능을 부여하고 기능강화를 위한 전략을 제시한다.

③ 보전 축은 지역내 충분한 녹지공간 확보와 생태적 건전성 제고를 위하여 녹지축, 수변 축, 농업생산 축, 생태 축 등 다양한 형태로 배치하고 이들을 연결하여 네트워크화 한다.

④ 각 안에 대한 지표, 개발전략, 기본골격 등의 차이점을 명시한 후 계획의 합리성, 경제적 타당성, 적정성, 환경성 등에 대한 장·단점을 비교·분석하고 최종안의 선택 사유를 제시한다.

4-3-2. 생활권 설정 및 인구배분계획

(1) 생활권 설정

① 시·군의 발전과정, 개발축, 도시기능 및 토지이용의 특성, 주거의 특성, 자연환경 및 생활환경 여건 등 지역특성별로 위계에 따른 생활권을 설정한다.

② 생활권은 시·군의 여건에 따라 위계별로 구분할 수 있으며, 하나의 생활권은 계획의 적정규모가 될 수 있도록 설정한다.

③ 생활권의 경계는 인구 등 각종 자료의 용이한 취득을 위하여 행정 경계(읍·면·동)를 위주로 하되, 필요한 경우 뚜렷한 지형지물로 할 수 있다.

(2) 인구배분계획

① 생활권별 인구 · 가구분포 현황 및 인구밀도 변화 요인을 분석하여 목표
년도의 계획인구(상주인구, 주간인구, 인구구조 등)를 생활권별로 추정하고
단계별 인구배분계획을 수립한다. 다만, 도시 여건의 급격한 변화 등 불
가피한 사유(이미 승인된 주택건설사업의 변경이 인구계획 변경을 불가피하게 수
반하는 경우를 포함한다)가 있으면 인구배분계획 총량을 유지하면서 시 ·
도도시계획위원회 심의를 거쳐 생활권별(서울특별시 · 광역시의 경우 대생활
권을 기준으로 한다) 단계별 인구배분계획을 조정할 수 있으며, 아래의 경
우에는 시 · 도 도시계획위원회의 심의를 거치지 아니할 수 있다.

▶ 동일한 생활권 내에서 단계별 인구배분계획(전단계로부터 이월된 인구배분
계획의 인구수를 제외한다)의 30퍼센트 내에서 조정

▶ 동일한 계획단계에서 연접한 생활권별 인구배분계획의 10퍼센트(연접생
활권 중 계획인구가 가장 적은 생활권을 기준으로 함) 내에서 조정

② 생활권별로 인구증감 추세, 재개발 · 재건축, 개발 가능지(미개발지나 저개
발지) 등을 고려한 적정 인구밀도를 계획하여 그에 따라 인구배분계획을
수립한다.

③ 생활권별 인구밀도계획시 학교, 상 · 하수도, 도로 등 기반시설을 고려하
여 수용 가능한 인구배분계획이 될 수 있도록 한다.

④ 인구배분계획은 토지이용계획, 교통계획, 산업개발계획, 환경계획 등과
연계되고 지역 여건을 고려하여 생활권별로 수립한다.

⑤ ①에도 불구하고 중앙행정기관의 장이 다른 법률에 따라 추진하는 국가
산업단지 등 각종 개발사업이 도시 · 군 기본계획에 반영되지 않은 경우
에는 목표년도 총량 범위에서 인구배분계획을 조정하고, 단계별 · 생활
권별 배분계획을 적용하지 아니한다.

⑥ 인구배분계획에 반영된 인구 중 사업계획의 지연, 취소 등으로 인하여

목표년도 내에 사업목적 달성이 불가능하다고 판단되는 인구에 대하여는 시·도도시계획위원회의 심의를 거쳐 다른 사업에 배분할 수 있다.

⑦ ①, ⑤ 또는 ⑥에 따라 인구배분계획을 조정한 경우에는 도시·군 기본계획을 변경하거나 재수립할 때에 동 조정 내용을 반영하여야 한다.

⑧ 역세권 등에는 다양한 용도의 기능을 복합할 수 있도록 생활권별 인구배분계획을 추가로 반영할 수 있다.

제4절 토지이용계획

4-4-1. 토지이용의 기본원칙 및 현황 분석

(1) 토지이용 현황을 분석하여 기존 개발지, 개발 가능지, 개발 억제지, 개발 불가능지로 구분하여 장래 토지이용을 예측한다.

(2) 기존 개발지는 비효율적인 토지이용 발생지역과 도시 기능의 왜곡 지역을 조사·분석하고, 발생 원인과 문제점을 판단하여 기존 토지이용계획을 변경할 필요가 있는 곳을 선별한다.

(3) 도시지역 등에 위치한 개발 가능한 토지는 단계별로 시차를 두어 개발되도록 할 것.

(4) 시가지 외곽에서는 난개발 발생 지역과 신규개발 잠재력이 큰 지역을 현장조사하여 파악한다.

(5) 하천 주변 지역은 보전과 개발의 조화를 원칙으로 하여 토지이용을 예측한다. 다만, 하천 주변 지역 개발이 하천에 미치는 영향을 최소화하는 개발방향과 기준을 제시한다.

(6) 승인권자는 인접 도시간, 지역간 연담화 방지와 광역적 토지이용 관리를 위하여 시·군의 합리적인 토지이용 방침을 제시하고 조정할 수 있다.

4-4-2. 용도별 수요량 산출

(1) 주거용지

① 인구예측에 근거하여 미래 주택 및 토지수요를 산정한 후, 기성 시가지의 주거면적과 비교하여 신규로 확보하여야 할 주거용지를 산출한다. 이때 개발밀도는 용적률 150퍼센트를 기준으로 하여 필요한 면적을 산출한다.

② 기성 시가지 또는 기존취락 내 미개발지나 저개발지를 최대한 고려하고 재개발·재건축, 도시재생 등을 예상하여 신규 주거용지의 개발 물량은 최소화하도록 한다.

(2) 상업용지

① 미래 인구규모 및 도시 특성에 따라 적정한 상업용지의 수요를 판단한다.

② 기존 시가지에서 이미 상업기능으로 바뀌고 있는 타 용도지역 등을 파악하고, 상업용지가 도시 내에서 적정하게 분포되어 있는지를 판단한다.

③ 도시지역에서는 상업용지의 수요, 타용도지역의 전환, 적정한 분포 등을 감안하고, 비도시지역에서는 유통 및 관광·휴양 등의 수요를 판단하여 신규로 필요한 상업용지의 면적을 산정한다.

(3) 공업용지

① 시·군 및 상위계획의 산업정책에 입각하여 필요한 공업용지의 수요를 판단한다.

② 도시지역 내에서는 새로운 신규 토지를 확보하기보다는 기존에 확보된 공업용지 중 저개발 또는 미개발된 곳을 최대한 활용하고 효율적·압축

적인 토지이용이 될 수 있도록 한다.

③ 비도시지역에서의 공업용지는 비도시지역 지구단위계획으로 확보할 수 있는 일정 규모 이상의 토지로 농공단지 등에 필요한 토지를 판단하여 산정한다.

(4) 고려사항

① 토지자원을 효율적이고 절약적으로 이용할 수 있도록 가용 토지 공급량을 고려하여 계획한다.

② 각 용지별 토지수요량은 인구 및 사업계획 등을 고려하여 합리적인 수급계획이 수립될 수 있도록 한다.

③ 인구배분계획, 교통계획, 산업개발계획, 주거환경계획, 사회개발계획, 공원녹지계획, 환경보전계획 등 각 부문별계획의 상호관계를 고려한다.

④ 용도별 토지수요는 도시지역과 비도시지역으로 구분하여 계획하고 생활권별 및 단계별로 제시한다.

4-4-3. 용도구분 및 관리

(1) 목표년도 토지수요를 추정하여 산정된 면적을 기준으로 시가화예정용지, 시가화용지, 보전용지로 토지이용을 계획한다.

(2) 시가화용지

① 시가화용지는 현재 시가화가 형성된 기존개발지의 토지이용을 변경할 필요가 있을 때 정비하는 토지로서 주거용지 · 상업용지 · 공업용지 · 관리용지로 구분하여 계획하고, 면적은 계획 수립 기준연도의 주거용지 · 상업용지 · 공업용지 · 관리용지로 하여 위치별로 표시한다.

② 대상지역

㉮ 도시지역 내 주거지역, 상업지역, 공업지역

㉯ 택지개발 예정지구, 국가·일반 도시첨단산업단지 및 농공단지, 전원개
발사업구역

㉰ 도시공원 중 어린이공원, 근린공원

㉱ 계획관리지역 중 비도시지역 지구단위계획이 구역으로 지정된 지역(관
리용지로 계획)

③ 시가화용지에 대하여는 기반시설의 용량과 주변 지역의 여건을 고려하
여 도시경관을 유지하고 친환경적인 도시 환경을 조성할 수 있도록 정
비 및 관리방향을 제시한다.

④ 개발 밀도가 높은 용도지역으로 변경(up-zoning)할 경우에는 지구단위계
획 수립을 수반하여 용도를 변경한다.

(3) 시가화예정용지

① 성숙·안전형의 경우 사업계획이 지연·취소 등으로 인하여 목표년도
내에 사업목적이 달성이 불가능하다고 판단되는 경우 재검토하여 과도
한 개발계획이 되지 않도록 한다.

② 시가화예정용지는 당해 도시의 발전에 대비하여 개발축과 개발 가능지
를 중심으로 시가화에 필요한 개발공간을 확보하기 위한 용지이며, 장
래 계획적으로 정비 또는 개발할 수 있도록 각종 도시적 서비스의 질
적·양적 기준을 제시한다.

③ 시가화예정용지는 목표년도의 인구규모 등 도시지표를 달성하는 데 필
요한 토지수요량에 따라 목표년도 및 단계별 총량과 주 용도로 계획하
고, 그 위치는 표시하지 않으며, 향후 시가화용지 중 관리용지로 전환될
시가화예정용지는 주거용지·상업용지·공업용지로 전환할 수 없다.

④ 시가화예정용지는 주변 지역의 개발 상황, 도시기반시설의 현황, 수용
인구 및 수요, 적정 밀도 등을 고려하여 지역별 또는 생활권 별로 배분

한다.

⑤ 시가화예정용지의 세부 용도 및 구체적인 위치는 다음 각호의 기준에 따라 도시·군 관리계획의 결정(변경)을 통해 정하도록 하여야 한다.

㉮ 상위계획의 개발계획과 조화를 이루고 개발의 타당성이 인정되는 경우 지정

㉯ 인구변동과 개발 수요가 해당 단계에 도달한 때 지정

㉰ 도시지역의 자연녹지지역과 관리지역의 계획관리지역 및 개발진흥지구 중 개발계획이 미수립된 지역에 우선 지정토록 하되, 그 외의 지역에 대해서도 도시의 장래 성장 방향 및 도시와 주변 지역의 전반적인 토지이용상황에 비추어 볼 때 시가화가 필요한 지역에 지정

⑥ 시가화예정용지를 개발 용도지역으로 부여하기 위해서는 지구단위계획을 수반토록 하여 도시의 무질서한 개발을 방지하고 토지의 계획적 이용·개발이 될 수 있도록 하여야 한다.

(4) 보전용지

① 보전용지는 토지의 효율적 이용과 지역의 환경보전·안보 및 시가지의 무질서한 확산을 방지하여 양호한 도시 환경을 조성하도록 개발억제지 및 개발 불가능지와 개발 가능지 중 보전하거나 개발을 유보하여야 할 지역으로 한다.

② 대상지역

㉮ 도시지역의 개발제한구역·보전녹지지역·생산녹지지역 및 자연녹지지역 중 시가화예정용지를 제외한 지역

㉯ 농림지역·자연환경보전지역·보전관리지역·생산관리지역 및 계획관리지역 중 시가화예정용지를 제외한 지역

㉰ 도시공원(어린이공원과 근린공원을 제외한다)

㉒ 문화재 보호구역, 상수원의 수질보전 및 수원 함양상 필요한 지역, 호소
와 하천구역 및 수변지역

③ 상습수해지역 등 재해가 빈발하는 지역과 하천 하류지역의 수해를 유발
할 가능성이 있는 상류지역은 원칙적으로 보전용지로 지정하되, 시가화
예정용지로 설정하고자 하는 경우에는 당해 지역에 유수되는 우수의 흡
수율을 높이기 위하여 녹지 비율을 강화하는 등 방재 대책을 미리 수립
한다.

④ 쾌적한 환경을 조성하고 도시의 건전하고 지속가능한 발전을 위하여 적
정량의 보전용지가 확보될 수 있도록 계획한다.

⑤ 도시 내·외의 녹지체계 연결이 필요한 지역이나 도시 확산과 연담화 방
지를 위하여 필요한 지역 등은 원칙적으로 보전용지로 계획한다.

4-4-4. 관리지역의 세분 기본 방향

① 관리지역은 국토이용관리법 상 준농림지역과 준도시지역을 포함하며,
이를 세분하기 위한 기본 방향을 설정한다.

② 도시·군 관리계획과 동시에 수립하는 경우에는 토지적성평가 결과를
활용할 수 있다.

③ 관리지역을 세분하기 위하여 지역의 정책 방향에 따라 추가적으로 고려
하여야 할 사항을 제시한다. 이 경우 지역의 장기발전계획과 공간구조
계획을 실현하기 위하여 정책적으로 반드시 필요한 경우 등 특별한 사
유가 있는 경우를 제외하고 토지적성평가 결과에 의한 토지등급에 따라
야 한다.

4-4-5. 개발제한구역의 조정

(1) 개발제한구역 중 보전가치가 높은 지역은 보전용지로 계획한다.

(2) 개발제한구역 중 보전가치가 낮은 지역은 토지 수요를 감안하여 일시에 무질서하게 개발되지 않도록 단계적 개발을 계획한다.

(3) 해제지역은 원칙적으로 저층·저밀도로 계획하고 기존 시가지와의 기능분담·교통·녹지·경관 등이 연계되도록 개발계획을 수립한다.

(4) 해제지역은 주변의 토지이용 현황과 조화되도록 친환경적으로 계획한다.

(5) 개발제한구역이 부분 해제되는 도시권에서는 도시·군 기본계획의 내용 중 개발제한구역의 조정에 관한 사항은 광역도시계획 수립 지침이 정하는 바에 따라 계획을 수립하도록 하며, 조정 내용에 대하여는 사전에 국토교통부장관과 협의 및 그 협의 결과를 반영하여야 한다.

4-4-6. 비도시지역 성장관리 방안

비도시지역의 난개발 방지 및 합리적인 성장관리를 위하여 비도시지역에 대한 성장관리 방안을 제시한다.

제5절 기반시설

4-5-1. 교통계획

(1) 기본원칙

① 목표년도 및 단계별 최종년도의 교통량을 추정하고 교통수단별·지역별 배분계획을 수립하여 기능별 도로의 배치 및 규모에 대한 원칙을 제시하되, 도시·군 관리계획 수립시 지침이 될 수 있도록 한다.

② 당해 시·군의 공간구조와 교통 특성 및 인접 도시와의 연계 등을 충분히 검토하여 광역교통 및 도시교통의 총체적 교통체계를 구상한 후 계

획을 수립한다.

③ 국도·지방도 등 지역간 연결도로 및 시·군내 주 간선도로는 통과기능을 유지하도록 하고 도심지에 교통량을 집중시키지 않도록 계획한다.

④ 도시교통은 토지이용계획과의 상관관계를 고려하여 계획함으로써 불필요한 교통량 발생을 최소화한다.

⑤ 교통계획은 각종 차량 및 교통시설에 의한 대기오염, 소음, 진동, 경관저해, 자연생태계 단절 등의 문제가 없도록 계획한다.

⑥ 첨부된 교통계획수립 보고서 항목에 따라 별도 계획서를 작성하고 그 요지를 본 보고서에 수록한다. (별첨 4 참조)

(2) 주요 교통시설로의 접근성 제고

① 철도(지하철 포함), 경전철, 공항, 주차장, 환승시설, 자동차정류장 등은 지구내 도로교통 및 지구 내에 배치하는 기반시설과 연계되도록 한다.

② 교통시설들은 이용자의 편익을 위하여 여러 기능이 복합적으로 발휘될 수 있도록 계획을 수립한다.

4-5-2. 물류계획

(1) 각 생활권과 개발대상지역을 상호 유기적으로 연계시킬 수 있는 물류 및 교통계획을 수립한다.

(2) 물류시설의 체계적인 확충 및 정비를 적극적으로 고려하도록 하고, 시·군내 대규모 개발사업 등에 물류시설도 고려하며 복합기능형 물류시설의 확충을 도모한다.

4-5-3. 정보·통신계획

(1) 고도정보화 시대에 대비하여 주민이 정보통신의 혜택을 균형 있게 누릴 수 있도록 정보수요를 예측하여 아래 사항을 고려하여 정보체계를

구상하고 정보망 구축 및 정보의 활용방향을 구상한다.

① 이러한 도시정보시스템을 도시·군 계획·도시개발과 연계할 수 있도록 구상한다.

② 정보시스템을 주민생활 및 기업활동과 연계하여 활용할 수 있는 방안을 함께 계획한다.

(2) 도시·군 계획과 도시민의 삶에 영향을 미치는 국가적인 정보화 사업을 반영하고, 유비쿼터스 도시계획이 수립된 지방자치단체는 이를 반영한다.

4-5-4. 유비쿼터스 도시계획

(1) 토지이용·교통·환경·행정·재정 등 도시관리 현황 및 정보통신 관련 현황 등을 종합적으로 고려하여 계획에 반영한다.

(2) 계획내용은 강점·약점·기회·위협요소 등의 종합분석을 통해 전체 구상이 현실에 기반을 두면서도 미래 지향적이어야 한다.

(3) 신기술 적용 가능성 등 향후 여건변화에 탄력적으로 대응하도록 포괄적으로 계획을 수립한다.

(4) 유비쿼터스 도시계획은 유비쿼터스 도시종합계획의 내용을 반영하여야 하며 유비쿼터스 도시건설사업계획 및 유비쿼터스 도시건설사업 실시계획에 방향성을 제시하여야 한다.

(5) 유비쿼터스 도시건설의 기본 방향과 계획의 목표 및 추진전략, 유비쿼터스 도시기반시설 및 서비스 등 계획의 전반에 있어서 지방자치단체, 관계행정기관, 관련 전문가뿐만 아니라 주민의 의사가 충분히 반영될 수 있도록 계획한다. 특히 유비쿼터스 도시서비스 제공의 우선순위 선정에 있어서 주민의 불편사항 및 향후 개선에 관한 의견 등을 충분히 반영한다.

(6) 계획내용의 단계별 추진

① 계획내용의 상세정도는 단계별로 차등화 할 수 있다.

② 부문별 추진방안을 고려해서 단계별로 계획에 반영한다.

(7) 유비쿼터스 도시계획의 실행을 위한 추진체계, 관계행정기관 간 역할분담 및 협력방안, 재원의 조달 및 운용방안을 마련한다.

4-5-5. 상·하수도

(1) 생활용수와 공업용수로 구분하여 계획하되, 급수인구, 급수량 및 급수율, 공업용수 공급량을 예측하여 용수공급계획과 사용절약계획 및 시설계획을 수립한다.

(2) 예측되는 개발사업이 있는 경우는 이를 고려하여 급수량, 오수량을 산정하고 단계별로 시설계획을 수립한다.

(3) 생활하수, 산업폐수 및 분뇨의 배출량을 예측하고, 하수 및 폐수처리방안을 강구한다.

4-5-6. 성숙·안정형의 경우 기존시설을 정비·개량하고 장기미집행 시설의 해제를 검토하여 과도한 시설계획이 되지 않도록 한다.

제6절 도심 및 주거환경

4-6-1. 도시재생계획

(1) 도시재생의 목적

도시재생은 경제성장이 안정화되고 인구성장이 정체·감소하는 등 사회·경제적 여건 변화에 대응하여 도시의 경제·사회·문화적 활력을 회복하고 도시관리의 효율성을 높일 수 있도록 이미 도심지역 등에 투입된 토지와 기반시설을 재활용·정비하여 에너지·자원절약형의 압축적 도시구조(compact city)를 형성하고, 산업 등 주요기능의 재배치, 새로운 기능의 도입·창출, 자원의 효율적인 배분, 공동체 활성화 등을 통해 도시의 자생적 성장기반을 확충하는 등 주민의 삶의 질 향상에 기여함을 목적으로 한다.

(2) 고려 요소

도시재생을 위해 다음과 같은 기반시설, 대중교통 및 보행, 역사·문화자원, 거주성 등의 요소를 고려하여야 한다.

① (기반시설) 기존 도심지역의 노후한 기반시설을 정비하는 등 도시의 핵심역량 강화 및 기업 활동을 지원하고, 압축적 도시공간 활용에 지장을 주지 않도록 물리적 환경 여건을 개선하여야 한다.

② (대중교통 및 보행) 도심지역에 활동인구(유동인구)가 증가하고 체류시간이 증대하도록 인간중심적이고 쾌적한 도심 환경을 조성하여 도심 상권의 활성화를 도모하여야 한다. 이를 위해 대중교통과 보행 중심의 개발(TOD; Transit-Oriented Development)을 통해 유동인구가 많은 역세권 등을 복합적이고 입체적으로 정비함으로써 보행권 내에서 다양한 쇼핑·여가·문화활동이 이루어질 수 있도록 한다. 또한 보행의 안전성과 편리성이 증대되도록 가급적 자동차 통행을 배제하고, 보행의 연속성과 즐거움을 제공하기 위해 업무용 건물을 비롯한 도심지역내 건물의 저층부에는 상업·문화공간을 배치하도록 한다.

③ (역사·문화자원) 기존 도심지역은 도시민의 다양한 추억과 향수가 어려 있는 곳으로, 지역 고유의 역사·문화자원을 적극적으로 발굴하고 문화 여가공간으로 보전, 활용함으로써 도시 정체성과 장소성을 제고하여 집객력을 높여야 하며 재래시장이나 전통상가 역시 생활문화자원으

로 활용하도록 한다.

④ (거주성) 야간시간대의 도심 공동화를 방지하고 직주근접을 통해 교통 비용을 줄이기 위해 도심지역에도 일정 부분 거주성(livability)을 확보할 수 있도록 토지이용을 복합하여 다양한 형태의 주거기능을 수용할 수 있는 도심형 생활공간을 제공함으로써 정주인구의 회귀를 유도하도록 한다.

(3) 수립 대상

성숙·안정형 도시의 경우 도시재생계획을 수립하여야 한다. 성장형 도시는 자치단체장이 해당 지역의 여건상 도시재생계획이 필요하다고 판단할 경우 선택적으로 수립할 수 있다.

(4) 수립 방향

① 도시재생전략계획의 방향을 제시해 줄 수 있도록 구도심과 도시 내 쇠퇴지역 등의 기능을 증진시키고 지역공동체를 복원하여 자생적 도시재생을 위한 기반을 마련할 수 있는 전략이나 정책 방향을 제시하여야 한다.

② 도시쇠퇴지역에 대해서는 도시·군 기본계획(공간계획이나 토지이용계획, 기반시설 계획)에서 종상향 또는 기반시설 우선 설치 등 인센티브 방향을 제시하고, 공간계획에 대한 방향을 제시하여야 한다.

(5) 도시재생계획의 내용

① 도시쇠퇴 현황

② 도시재생에 대한 지자체의 정책 방향

③ 도시재생사업 중 도시·군 기본계획과의 연관사업 및 정책 제시

④ 도시재생활성화지역의 지정 및 도시재생 기반시설의 설치, 정비 또는 개량에 관한 방향성 제시

⑤ 활성화지역 우선순위, 활성화지역의 지정 등에 대한 도시 골격과 발전축, 도시공간구조, 기반시설 등을 고려한 방향성 제시

⑥ 도시·군 기본계획 현황조사를 통해 성장이 멈추었다고 보이거나 공동화 현상이 일어나고 있다고 보이는 지역에 대해 사업체 감소 추이, 건축물 노후도 등을 추가적으로 조사한다.(도시·군 관리계획의 데이터를 활용하거나 도시·군 관리계획에서 조사토록 할 수 있다)

4-6-2. 도심 및 시가지 정비

(1) 지역특성을 고려한 시가지 정비 방안에 대한 목표와 전략을 제시한다.

(2) 농촌지역을 포함하는 시·군의 경우 도시와 농촌간의 상호 유기적인 균형 발전을 위한 방안을 제시한다.

① 도시지역의 경우 재개발·재건축 및 역세권개발, 신·구 시가지 간의 균형 발전 등에 대한 개발 방향을 설정한다.

㉮ 구도심 활성화를 위한 개발 전략 및 실천 수단을 강구한다.

㉯ 구시가지 내 주거지역의 부족한 기반시설을 확보하기 위한 개발 전략 및 실천 수단을 강구한다.

② 비도시지역의 경우 취락의 정비 및 도시와의 유기적인 네트워크 개발에 대한 기본 방향을 설정한다.

4-6-3. 주거환경 계획

(1) 당해 시·군의 토지이용 및 가용토지 등 시·군의 여건과 사회·경제적 요인을 고려한 최저 주거 기준을 도입하고, 저소득층 주거 수준 향상을 위한 대책을 마련한다.

(2) 주거환경의 조성시에는 소규모 지구별로 편의·문화·교육공간을 배려하는 등 지구 내 커뮤니티 형성에 기여하도록 한다.

(3) 주택의 규모·밀도·형태는 지역 특성과 주변 경관을 고려하여 다양하게 배치하며, 대단위 주거단지에는 주거환경과 문화를 갖춘 주민공동체로서의 기능을 할 수 있는 방안을 제시한다.

(4) 주택공급 방안

인구계획과 인구배분·밀도계획 및 개발 가능지, 최저 주거, 주거복지, 주택유형 등을 고려하여 주택공급의 기본 방향을 제시한다.

제7절 환경의 보전과 관리

4-7-1. 기본 방향

(1) 지속적인 발전을 위하여 환경보전계획의 목표와 전략을 수립한다.

(2) 환경보전계획은 최근 5년 이상의 주요 환경현황을 조사·분석하고, 부문별 계획과 연계하여 장래의 환경변화를 예측한 후 이를 토대로 분야별 대책을 수립한다.

(3) 환경대책은 사전오염방지를 원칙으로 하고, 자연·대기·수질환경과 환경기초시설 등 오염의 원인과 문제점을 분석하여 해소방안을 마련한다.

(4) 기존의 환경기초시설의 현황 및 문제점을 파악하여 환경기초시설의 확충 방향을 수립한다.

(5) 단지 개발시 불투수층을 최대한 감소시켜 초기 강우시 비점 오염물질의 발생을 억제시키고 발생된 비점 오염물질은 하천에 유입되기 전에 이를 차단·관리하는 방안을 수립하여야 한다.

4-7-2. 저탄소 녹색도시 조성

(1) 정부의 저탄소 녹색성장을 위한 정책목표에 부합되도록 하며, 국가기후변화종합기본계획 및 국가에너지기본계획 등 관련 국가계획과 연계되도록 한다.

(2) 온실가스 저감 등 기후변화에 대응하기 위하여 공간구조, 교통체계, 환경의 보전과 관리, 에너지 및 공원 · 녹지 등 도시 · 군 계획 각 부문을 체계적이고 포괄적으로 접근하여 수립한다.

(3) 온실가스 감축과 자원절약형 개발 및 관리를 위하여 한계 자원인 토지, 화석연료 등의 소비를 최소화하고 이들을 효율적으로 이용할 수 있는 방안을 계획한다.

(4) 태양력 · 풍력 · 조력 등 신 · 재생에너지원을 확보할 수 있는 잠재력을 분석 · 반영하고, 에너지 절감을 위한 신 · 재생에너지 등 환경친화적 에너지의 공급 및 사용을 위한 대책을 수립한다.

(5) 기후변화 완화 및 적응을 위하여 지역의 지리적, 사회 · 경제 여건 등 지역의 특성을 반영하여 수립하며, 지역의 특성에 따라 계획의 수립 여부 및 계획의 상세 정도를 달리하여 수립할 수 있다.

4-7-3. 환경 친화적 개발의 유도

(1) 개발사업이 친환경적으로 이루어질 수 있도록 사업 유형에 따른 자연환경보전 전략 등을 제시한다.

(2) 개발이 예상되는 곳에 하천 · 공원 · 수림대 등이 있는 경우에는 이의 보전은 물론 개발 대상지까지도 이와 연계하여 비오톱^{biotop} 조성 및 미기후 환경보전 방안을 마련한다.

(3) 비시가화지역에는 환경림의 조성 등을 통하여 산림자원을 증진시키고, 시가지 내에서는 도시녹화사업과 공원녹지 확대사업을 추진하여 녹화

량을 제고하며, 기존 도심의 업무지역에는 옥상조경과 벽면녹화 등 도심녹지를 확충할 수 있는 방안을 마련한다.

(4) 도심을 관통하는 하천은 생태계가 유지될 수 있도록 복개하지 아니함을 원칙으로 하고, 하천정비가 필요한 때에는 친자연형 공법으로 정비하되 수변지역의 개발 및 오염물질이 유입되지 않도록 대책을 강구한다.

4-7-4. 대기환경 및 수환경의 보전

(1) 청정연료 및 저유황유 보급 확대, 저공해 자동차 보급, 집단 에너지공급시설 설치 등 오염물질의 배출을 저감하기 위한 전략을 강구한다.

(2) 계획대상지 내의 소음·진동·악취 등 주거환경 악화 요인에 대한 대책방안을 제시한다.

(3) 계획대상지 내의 하천·호소·연안 및 상수원에 대한 수질보전대책 방안을 제시한다.

4-7-5. 폐기물

시·군에서 발생하는 생활폐기물과 사업장 폐기물의 배출량을 예측하여 처리계획을 수립하되, 폐기물의 감량화, 재이용 및 재활용 방안을 강구한다.

4-7-6. 에너지

(1) 전력·도시가스·유류·석탄 기타 대체에너지의 공급 방안을 강구한다.

(2) 열병합발전소 건설시 폐열의 활용 방안을 강구한다.

(3) 에너지 공급계획 중 신재생에너지 공급이 가능한 방안을 강구한다.

제8절 경관 및 미관

4-8-1. 기본 원칙

(1) 경관계획은 도시미관의 향상뿐만 아니라 주민의 생활환경 개선과 삶의
질 향상, 지역의 공공성과 어메니티^{amenity} 제고 등을 목표로 하여 종합적
인 관점에서 수립되어야 한다.

(2) 경관계획은 자연, 역사·문화, 주민의 생활상 등 지역의 고유한 특성과
요구를 고려하여 정체성·독창성이 확보되도록 수립하여야 한다.

(3) 경관 계획은 장기적인 관점에서 도시 전체의 경관 미래상을 제시하며,
단기적으로는 이에 부합하는 경관의 보존·관리 및 형성을 위한 계획
방향을 지역 여건에 따라 선택적으로 제시하여야 한다.

(4) 경관계획은 경관법에 의한 경관계획 등 관련 계획과 상호 연계하여 정
합성을 갖도록 수립하여야 한다.

4-8-2. 경관 계획의 성격

(1) 경관계획은 시·군 관할구역의 경관의 보호 및 형성을 위하여 수립하는
계획으로서, 당해 지역의 이미지 개선, 경쟁력 증진 및 정체성 확보를 위
한 구체적인 경관 가이드라인을 제시하는 것을 목적으로 한다.

(2) 경관 계획은 토지이용계획, 주거환경계획 등 다른 부문과 밀접하게 연
관되어 있으므로, 도시·군 기본계획의 다른 부문과 연계 검토하여 수
립하여야 한다.

(3) 경관 계획은 도시·군 관리계획·지구단위계획 등 하위계획과 각종 개
발사업의 지침이 되며, 개발행위 허가시에 주요 자료로 활용될 수 있다.

4-8-3. 경관계획의 구성 및 수립기준

(1) 현황 분석

시·군 전체의 경관 현황 및 경관과 관련한 기존 도시·군 계획 내용의 조사·분석

① 시·군 전체의 경관적 이미지와 특징을 분석하고 지역별 경관 유형을 구분한다. (대상지 성격에 따라 자연, 수변, 역사·문화, 농산어촌, 시가지 등으로, 위치에 따라 도심부, 외곽부, 비도시지역 등으로, 개발유무에 따라 기성시가지와 미개발지, 토지이용상태에 따라 주거지, 상업지, 공업지 등으로 다양한 유형별로 구분할 수 있다)

② 경관 관리가 잘된 지역과 잘못 관리되고 있는 지역을 구분하여 평가한다.(필요한 경우 외국 사례와 비교도 가능하다)

③ 경관과 관련한 도시·군 계획 현황 및 조례 현황을 조사하여 경관에 미치는 영향·효과 등을 검토한다.

(2) 기본 구상 : 계획의 목표 및 전략 설정

① 시·군의 정체성을 고려하고 미래상을 감안하여 시·군 전체의 경관 이미지를 설정하고 이에 기초하여 지역별로 경관 이미지를 설정한다.

② 도시지역과 비도시지역의 경관차별화, 경관구조(경관권역·경관축·경관거점)의 설정 등 경관 형성 전략을 제시한다.

③ 기본 구상의 표현은 다이아그램 형식 등 개략적으로 하며, 이미지 스케치를 활용한다.

(3) 경관 관리 대상지역

경관 관리가 필요한 지역으로 경관권역, 경관 축, 경관 거점을 포함하거나 그 일부에 설정할 수 있으며 중첩하여 설정할 수도 있다.

① 보전대상지로는 역사·문화자원이 남아 있는 지역, 우수한 자연림이나 민감한 자연생태계가 보전된 지역, 도시의 대표적인 수변, 상징적인 건

물이나 구조물 등으로 보전·유지가 필요한 지역 등이 된다.

② 개선 대상지로는 도심부, 도시진입부, 주요 간선도로변 등에서 경관이 특징적이지 못하거나 무질서한 건물입지·간판 등으로 경관 개선이 필요한 곳, 비도시지역으로서 개발 수요가 높아 난개발이 우려되는 지역 등이 된다.

③ 경관 관리 대상지역의 보전 및 개선이 필요한 경관요소를 선정하여 경관 관리방향과 보전 및 개선 전략을 수립한다.

(4) 경관관리 구상 도면

① 1/25,000부터 1/50,000까지의 축척으로 작성한다.(필요한 경우 대축척으로 작성할 수 있다)

② 지역별 경관 유형, 경관 관리 대상지역, 경관 요소, 경관 구조(경관권역·경관축·경관 거점) 등을 파악할 수 있도록 한다.

제9절 공원·녹지

4-9-1. 기본 원칙

(1) 계획의 종합성 제고

① 지역 및 광역적 자연생태환경, 경관, 사회·문화·역사 등 환경을 종합적으로 고려하여 합리적인 계획안을 도출한다.

② 부문별 기초조사 결과를 토대로 미래의 도시 환경의 전망을 예측하여 도시내 공원녹지의 전체 구상이 창의적이 되게 하고, 시행 과정과 여건 변화에 탄력적으로 대응할 수 있도록 포괄적으로 수립한다.

(2) 환경친화적이며 지속가능한 계획의 수립

① 환경적으로 건전하고 지속가능한 도시 환경이 이루어질 수 있도록 자연

환경 · 경관 · 생태계 · 녹지공간 등의 확충 · 정비 · 개량 · 보호에 주력하여 계획한다.

② 녹지축 · 생태계 · 우량농지, 임상이 양호한 임야, 양호한 자연환경과 수변지역 등 환경적으로 보전가치가 높고 경관이 뛰어난 지역은 보전하도록 한다.

(3) 계획의 차등화 · 단계화

① 계획의 상세 정도는 인구밀도, 토지 이용, 주변 환경의 특성, 중요도 등을 고려하여 차등화 한다.

② 각 부문별 계획은 목표년도 및 단계별 최종년도로 작성하고, 인구 및 주변 환경의 변화에 따라 탄력적으로 공원녹지의 조성 및 관리계획에 반영될 수 있도록 한다.

(4) 형평성과 다양성의 원칙

① 공원녹지의 공간적 배분과 질적 수준에 있어 지역간, 세대간, 계층간 형평성을 유지한다.

② 도시의 공간적 다양성과 계층간 다양성을 존중하고, 지역 고유의 특성에 기반을 둔 다양한 도시 환경을 조성한다.

(5) 공원 · 녹지계획은 도시공원 및 녹지 등에 관한 법률에 의한 공원녹지 기본계획 등 관련 계획과 상호 연계하여 정합성을 갖도록 수립하여야 한다.

4-9-2. 계획의 방향

(1) 도시개발축, 기존 공원녹지 및 주변 환경과 연계되도록 시 · 군 전체에

대한 녹지 체계를 구상한다.

① 공원 · 녹지의 위계를 생활권, 지구의 단위로 구분 설정하고 그 체계를 구상한다.

② 생활권별로 공원 · 녹지가 균형 있게 배분되도록 공원이 부족한 생활권에 녹지를 우선적으로 배치한다.

(2) 공원 · 녹지 체계는 선線과 면面의 2개 유형이 상호 조화되도록 구상한다.

(3) 시 · 군 공간구조의 변화에 따라 공원 · 녹지 체계도 변화되므로, 광역계획권 및 생활권의 공간구조와 연계되도록 공원 · 녹지 체계를 구상한다.

① 도심지의 공장 · 학교 · 공공시설 등의 이전 적지에 대하여는 가급적 일정 비율의 공원 등을 확보하여 녹지공간으로 제공할 수 있도록 계획한다.

② 도시의 외곽지역과 연계한 지역거점 공원의 효율화를 위하여 도시 내 녹지 확충 방안을 강구한다.

(4) 공원 또는 녹지는 단지 내의 비점 오염물질 발생을 줄이거나 발생된 비점오염물질의 외부 유출을 저감할 수 있는 시설이 되도록 위치 및 규모를 고려하여 계획하여야 한다.

4-9-3. 공원 · 녹지 체계 형성

(1) 해안 · 하천 등 수변공간과 개발제한구역 · 공원 등 녹지를 종합적으로 활용하는 녹지 체계를 구상한다.

① 도시 자연공원구역과 개발제한구역 등 도시권 전체의 녹지를 활용하여 환상環狀의 녹지체계(green-network)를 구상한다.

② 해안 · 하천 · 지천은 수변 녹지축으로 조성하고, 도시 자연공원구역 · 근린공원과 상호 연계되도록 녹지 체계를 구상한다.

(2) 녹지 체계가 단절된 경우에는 이를 복원하고 주요 녹지를 연결하는 선

형 녹지축 등을 조성하는 등 녹지 체계가 연계되도록 하여야 하며, 주민들의 공원·녹지에 대한 접근도를 제고하도록 한다.

(3) 해안·하천·지천 등은 홍수예방 등 방재기능 수행을 고려하여 수변공간으로서의 이용성을 검토한다.

① 구릉지·산림에 대하여는 산사태 예방 등 방재기능을 고려하여 최소한의 개발과 최대한의 보전 전략을 추진하도록 한다.

② 수변 공간 및 도시지역 내부의 녹지는 방재기능도 동시에 고려하여 검토되어야 한다.

(4) 생활권별로 공원·녹지분포와 이용현황을 분석하고 공원·녹지의 지표를 설정한다.

① 공원·녹지의 규모·분포와 이용권·접근성·연계성 및 미조성 공원·녹지시설 현황 등을 분석한다.

② 계획된 공원·녹지시설의 조성비율을 고려하여 1인당 조성공원 면적, 도시 전체의 공원·녹지 비율 등 목표년도의 공원·녹지 지표를 제시한다.

(5) 시·군내 주요 공원과 여가·위락공간을 도시권 전체에 적절히 배치하여 주민의 이용도와 접근성을 제고한다.

① 개발제한구역·녹지와 해안·하천 등 수변공간을 종합적으로 활용하여 쾌적한 도시 환경을 조성하도록 계획한다.

② 훼손된 녹지를 회복하고 생태계를 복구하는 전략을 추진하고 다양한 여가공간을 개발할 수 있는 방안을 마련한다.

(6) 도시를 둘러싼 환상의 공원·녹지는 스카이라인^{skyline}을 형성하는 주요 요소이므로 이의 정비 및 복원을 통하여 도시경관의 질을 제고하도록 한다.

4-9-4. 공원·녹지시설의 설치

(1) 공원계획
① 공원계획은 규모·위치·기능과 녹지 체계에 따라 합리적으로 배치한다.
② 기존공원(어린이공원은 제외)은 특별한 사유가 없는 한 계획에 포함한다.
③ 공원의 위치·규모 및 기능의 배분은 주민의 이용권利用圈, 이용형태에 따라 목표년도 및 단계별 최종년도의 인구규모 및 인구 배분계획에 따라 정하되 근린공원 위주로 한다.
④ 각 도시의 상징이 될 수 있는 중앙공원의 개발계획을 생활권별로 선정하여 구체적으로 수립한다.

(2) 시설녹지계획
① 산업공해의 차단 또는 완화와 재해발생시의 피난지대로 필요한 완충녹지를 계획한다.
② 철도·고속도로 등 주요 교통시설에서 발생할 공해의 방지·완화와 사고위험의 방지를 위하여 필요한 지역에 완충녹지를 계획한다.
③ 지역의 자연적 환경을 보전하거나 향상시키기 위하여 필요한 지역에는 토지이용현황을 고려하여 경관녹지계획을 수립한다.

(3) 유원지계획
① 유원지계획은 도시내 오픈 스페이스의 확보, 도시 환경의 미화, 주민의 여가공간 자연환경보전 등의 효과를 거양할 수 있도록 녹지 체계에 따라 결정한다.
② 기존 유원지는 특별한 사유가 없는 한 계획에 포함한다.

③ 유원지의 위치 · 규모는 기능 및 성격에 적합하도록 정하되, 접근이 용이하도록 주변 교통시설과 연계하여 계획한다.

제10절 방재 및 안전

4-10-1. 지역 주민이 항상 안심하고 생활할 수 있도록 각종 재해나 범죄의 위험으로부터 안전한 환경을 조성하고, 특히 기후변화, 고령화, 다문화, 정보화 등 도시 환경의 여건 변화로 인한 재해 · 범죄의 취약성에 대응할 수 있도록 한다.

4-10-2. 안전한 생활환경 조성을 위해 기성 시가지에 존재하고 있는 재해 위험요소와 범죄유발 위험요소를 정비하고, 신규도시 개발지역에서는 새로운 위험요소가 발생하지 않도록 하여야 한다.

4-10-3. 방수 · 방화 · 방조 · 방풍 등 재해방지 계획과 피해발생을 대비한 방재계획을 수립한다. 이 경우 재난 및 안전관리 기본법 제24조 제1항에 따른 시 · 도안전관리계획 및 같은 법 제25조 제1항에 따른 시 · 군 · 구 안전관리계획과 자연재해대책법 제16조 제1항에 따른 시 · 군 · 구 풍수해 저감 종합계획을 충분히 고려하여 수립하여야 한다.

4-10-4. 기반시설 및 토지이용체계는 지역 방호에 능동적이고 비상시의 피해를 극소화하도록 계획한다.

4-10-5. 상습침수지역 등 재해가 빈발하는 지역에 대하여는 가급적 개발을 억제한다.

(1) 상습침수지역을 개발할 때에는 집중호우에 의한 배수유역에서 충분한 우수를 저류할 수 있는 유수지를 확보하거나 충분한 녹지를 확보하여 도시 내 담수능력을 배양하도록 하는 등 재해에 대한 예방대책을 수립한다.

(2) 재해가 빈발하는 도시는 (1)의 재해예방대책을 구체적으로 제시하여야 한다.

4-10-6. 연안침식이 진행 중이거나 우려되는 지역은 원칙적으로 시가화예정용지 대상지역에서 제외하되, 불가피하게 시가화예정용지로 지정하고자 하는 경우에는 해수면 상승, 연안침식에 따른 영향 등을 종합적으로 고려하여 방재대책을 수립하여야 한다.

제11절 경제·산업·사회·문화의 개발 및 진흥

4-11-1. 경제 · 산업 관련 계획

(1) 지역 내 산업의 특성 반영

각 산업별 전망을 토대로, 성장형은 산업의 육성 · 발전 내용을 중심으로 전략과 계획을 수립하고, 성숙 · 안전형은 지역 내 산업 구조의 재편 · 정비 · 발전 내용을 중심으로 전략과 계획을 수립한다.

(2) 농림수산업 발전계획

당해 시 · 군의 농림수산업에 대한 의존도 및 경쟁력에 따라 발전계획을 수립한다.

(3) 광공업 발전계획

① 당해 시·군의 특성과 입지인자를 고려하여 주력 업종을 선정하고, 이에 따른 발전방안을 강구한다.

② 산업기능이 쇠퇴하거나 무질서하게 공장이 입주한 공업지역, 주거환경을 침해하고 있는 공업지역 등 정비가 필요한 지역에 대해서는 정비기본 방향을 제시한다.

(4) 사회간접자본 및 서비스업 발전계획

① 도시세력권 내의 유통구조체계를 고려하여 도심·부도심 및 유통업무시설에 관한 입지계획을 수립하고 각각의 기능이 체계 있게 발휘될 수 있도록 한다.

② 시·군의 경제 활성화를 위한 비즈니스 환경을 조성할 수 있는 발전계획을 수립한다.

③ 시·군의 관광산업을 육성할 수 있는 계획을 수립하다.

(5) 특화산업 및 첨단산업의 발전 방향 제시

① 부존자원 및 기존 산업구조 등을 고려한 비교 우위성을 살려 성장의 기반이 될 수 있는 특화산업과 기반산업을 선정하여 육성할 수 있도록 한다.

② 당해 시·군의 인적·물적 가용자원을 고려하여 지역의 잠재력을 최대한 발휘할 수 있는 첨단산업의 육성·발전 방향을 수립한다.

③ 첨단산업의 기술집약도·기술혁신도를 높이고 신규고용 및 부가가치의 창출효과가 극대화되도록 계획한다.

④ 첨단산업을 효율적으로 육성할 수 있도록 지역내 교육·연구기관과의 연계방안을 모색한다.

4-11-2. 역사 · 사회 · 문화 개발계획

(1) 의료보건

의료복지 및 의료시설에 관한 계획을 수립한다.

(2) 사회복지

① 계획인구와 시 · 군의 재정 기타 제반 여건을 감안하여 탁아소, 유아원, 양로원, 모자보건 및 보건시설, 심신장애인 수용시설, 노인복지시설, 직업훈련원 등 시설의 공급방향을 설정한다.

② 모든 시설에 장애인 및 노약자가 쉽고 편리하게 이용할 수 있도록 지침을 제시한다.

(3) 교육

① 취학 대상 인구를 예측하고 생활권 계획에 따라 이를 수용할 수 있는 각종 교육시설계획을 수립한다.

② 대학은 광역계획권의 인구를 감안하여 계획한다.

③ 교육인구의 추정은 교육부의 장기교육정책을 고려한다.

(4) 문화 · 체육

주민의 정서함양과 건강 및 여가선용을 위하여 또는 시 · 군의 문화성을 향상시키기 위하여 인구계획에 따라 도서관 · 시민회관 · 생활과학관 · 극장 · 체육관 · 운동장 등에 관한 계획을 수립한다.

(5) 문화재 · 역사유적

역사문화자원의 체계적인 보호 · 보존을 위해 지역 내 문화재 및 역사유적 등을 발굴, 보존, 관리할 수 있는 계획을 수립한다.

제12절 계획의 실행

4-12-1. 재정 수요를 추정하고 세입원칙, 조달방법과 투자우선 원칙을 정한다. 이 경우, 1단계 집행계획에 포함되는 사항은 지방재정계획에 반영되도록 노력하여야 한다.

4-12-2. 제3섹터의 참여에 의한 자본 및 민간자본을 유치하는 등 재원계획을 마련한다.

4-12-3. 주요사업 및 장기적이고 대규모 사업은 투자우선 원칙에 따라 사업계획을 수립한다.

4-12-4. 시·군의 재정계획과 연계하여 목표년도까지 공급 가능한 기반시설 물량 등을 계획한다.

4-12-5. 시·군의 부단체장은 다른 법률에 따른 계획과 지침 등이 상위계획인 도시·군 기본계획에 적합하게 수립·시행될 수 있도록 기본계획 정책 모니터링을 실시하고 집행상황을 점검할 수 있는 체계를 구성하여야 한다.

제13절 생활권 계획

4-13-1. 생활권의 구분

(1) 생활권의 구분은 도시의 규모에 따라 달라질 수 있으며, 일상 또는 근린(소)생활권, 권역(대)생활권으로 구분할 수 있다.

(2) 일상생활권은 주민의 일상생활활동(통학, 사교모임, 근린공공서비스, 장보기 등)이 이루어지는 정도로서 동, 읍, 면이 1개 이상인 규모로 볼 수 있으

며 특·광역시, 대도시, 일반 시·군 모두 적용 가능한 생활권이다.

(3) 권역생활권은 자치구(구), 군이 1개 이상으로, 특·광역시, 대도시에 적용 가능한 생활권이다.

(4) 모든 자치단체가 위계적으로 생활권을 권역, 일상생활권으로 의무적으로 구분해야 하는 것은 아니며, 필요한 지역에만 생활권을 설정할 수도 있다.

4-13-2. 생활권 계획의 성격 및 범위

(1) 생활권 계획은 부문별 계획의 하나로서, 전체 도시·군 기본계획의 내용을 생활권별로 상세화한 계획이다.

(2) 공간적 범위는 주민들의 일상적인 생활 및 생산활동(통근, 통학, 여가, 친교, 쇼핑, 업무 등)이 이루어지는 범위로 한다.

(3) 지역의 생산 및 생활환경 개선 과제와 관리방향을 제시하는 계획이다.

(4) 생활권 계획은 모든 자치단체가 수립하는 것은 아니며, 지역의 생활권 단위로 계획 수립이 필요하다고 인정하는 경우에 작성할 수 있다.

4-13-3. 작성 원칙

(1) 생활권 계획을 수립하는 경우 생활권 단위별로 기초조사를 실시하고, 주요 시설배치계획을 반영한다.

(2) 일상생활권 계획

① 중심지 및 주거지관리, 대중교통, 가로환경, 경관 및 미관, 생활 인프라시설, 지역특화시설, 계층별(영유아, 노인, 여성) 필요시설, 생활안전, 지역문화교육 및 역사보전 관련 분야 등에 생활권의 발전 전략에 대한 내용을 포함한다.

② 용도지역지구, 지구단위계획구역, 마을 만들기 대상지역, 도시계획시설 등과 관련된 지자체의 정책 방향도 포함할 수 있다.

(3) 권역생활권 계획

① 중심지 및 주거지관리, 간선교통, 경관 및 미관, 지역의 균형발전, 광역기반시설, 고용 및 경제기반, 범죄예방, 권역문화 및 교육, 역사보전, 권역 특화 등에 대한 지자체의 발전 전략을 포함한다.

② 도시·군 관리계획의 방향을 제시할 수 있는 내용도 포함할 수 있다.

③ 권역생활권의 중심지 체계 및 기반시설 등에 영향을 줄 수 있는 대규모 이전 적지, 유휴지, 나대지 등을 개발하는 경우 그 개발방향을 설정하는 내용을 포함할 수도 있다.

제5장 도시·군 기본계획 수립 절차

제1절 도시·군 기본계획의 입안

5-1-1. 도시·군 기본계획의 입안권자는 특별시장·광역시장·시장 또는 군수(이하 "시장·군수"라 한다)로 하되, 인접 시·군의 관할구역을 포함할 경우에는 당해 시장·군수와 협의하여야 한다.

5-1-2. 위 협의가 이루어지지 않을 경우에는 다음 각호의 구분에 의하여 조정할 수 있다. 다만, 국토교통부장관이 조정하고자 할 경우에는 조정 전에 안전행정부장관과 협의하여야 한다.

(1) 조정 대상구역이 같은 도의 행정구역 안에 있는 경우에는 당해 시장· 군수의 요청에 의하여 관할 도지사가 조정

(2) 조정 대상구역이 2 이상의 도(특별시 · 광역시를 포함한다)의 행정구역에 걸
치는 경우에는 관할 도지사(특별시장 또는 광역시장)의 요청에 의하여 국
토교통부장관이 조정

5-1-3. 도시 · 군 기본계획 입안은 계획의 종합성과 집행성을 확보하기 위
하여 도시 · 군 계획부서 및 기획 · 예산 · 집행부서간의 긴밀한 협의에 의하
여 추진하고 인구 · 기반시설 공급능력 · 재정자립도를 연동하여 계획하여야
한다.

5-1-4. 도시 · 군 기본계획 입안은 시 · 군의 게시판 및 인터넷 등 홍보를 통
하여 주민에게 알게 하여 주민이 참여할 수 있게 하여야 한다.

5-1-5. 각 유관기관 및 관련부서는 개별 법률에 따라 수립되는 계획들과
도시 · 군 기본계획과의 연계성을 사전검토하기 위하여 협의하여야 한다.

5-1-6. 도시 · 군 기본계획은 당해 시 · 군의 자연적 · 사회적 · 경제적 조사
와 5년 안에 시행이 예정되는 개발사업 등 계획 기술상 필요한 형태적 · 사실
적 조사를 실시하고, 국토계획평가와 기후변화 재해취약성 분석을 수행한 후
수립한다.

5-1-7. 이 지침 3-3-4.에 따라 특정 주제별로 계획을 수립하는 경우 입안
권자는 법 제19조 제1항에 따른 정책 방향에 대한 검토 여부를 판단할 수 있
는 체크리스트를 제시하여야 한다.

제12장 주민참여 제고

5-2-1. 기본원칙

(1) 지속가능한 발전을 실현하고 효과적인 도시·군 기본계획을 수립하기 위해서는 도시·군 기본계획의 전 과정에서 많은 지역주민들이 참여할 수 있는 기회가 주어져야 한다.

(2) 도시·군 기본계획 수립시 주민참여가 활발하게 이루어질 수 있도록 입안권자와 지방자치단체는 최대한의 지원을 해야 한다. 또한 도시·군 기본계획의 입안권자는 계획 수립시 주민의 의견을 최대한 반영할 수 있도록 하여야 한다.

(3) 주민참여를 제고하기 위하여 계획의 도서와 보고서는 일반 주민들이 쉽게 이해할 수 있도록 작성되어야 한다.

5-2-2. 계획의 입안 전 참여

입안권자는 도시·군 기본계획에 주민의사가 충분히 반영될 수 있도록 계획을 입안하기 전에 미리 주민간담회 등을 통하여 주민의견을 수렴하고, 계획의 방향, 주민참여의 과정과 필요성 등을 설명하여 참여를 유도하여야 하며, 필요시 계획 수립 과정에 주민대표 등이 직접 참여할 수 있는 계획 수립체계를 마련할 수 있다.

5-2-3. 의견청취

도시·군 기본계획을 수립하는 경우에는 법에 따라 관계 시장·군수, 지방의회, 관계행정기관 등의 의견을 듣고 필요한 경우 이를 계획에 반영하여야 한다.

5-2-4. 공청회

도시·군 기본계획을 수립하는 경우 입안권자는 도시·군 계획 분야 전문가와 주민대표 및 관계기관이 참석한 공청회를 개최하여 의견을 청취한다.

(1) 입안권자가 공청회를 개최하고자 할 때에는 공청회 개최예정일 14일 전까지 다음 사항을 게시판에 게시하고, 당해 지방을 주된 보급지역으로 하는 일간신문에 1회 이상 공고하여야 한다.
① 공청회 개최 목적
② 공청회 개최 예정일시 및 장소
③ 계획(안)의 개요
④ 기타 필요한 사항

(2) 공청회 개최 결과 제출된 의견은 면밀히 검토하여 제안된 의견이 타당하다고 인정될 때에는 이를 계획(안)에 반영한다.
(3) 공청회 등의 개최 결과 제안된 의견은 조치결과, 미조치 사유 등 의견청취 결과 요지를 승인 신청시 첨부한다.

5-2-5. 설문조사 및 주민공모
(1) 입안권자는 계획 수립에 필요하다고 인정되는 경우에는 주민의식에 대한 설문조사 등을 실시할 수 있다.
(2) 시장·군수는 계획의 공감대 형성을 위해 필요한 경우 주민공모를 통해 도시·군 계획에 대한 다양한 내용을 수렴하여 계획에 반영할 수 있다.

5-2-6. 입안권자와 승인권자는 계획의 수립과 실행의 모든 과정에서 주민 상호간 또는 이해관계자 등의 갈등이 발생하지 않도록 대책을 강구하고 갈등

의 조정과 해소에 필요한 협의 및 관리체계를 구축하여야 한다.

제3절 도시·군 기본계획의 승인신청

5-3-1. 특별시장 또는 광역시장은 도시·군 기본계획을 수립하거나 변경하려면 관계 행정기관의 장(국토교통부장관 포함)과 협의한 후 지방도시계획위원회 심의를 거쳐야 한다.

5-3-2. 시장·군수(특별시장·광역시장을 제외한다)는 입안된 도시·군 기본계획(안)을 당해 도시계획위원회의 자문을 받고 해당 지방의회의 의견을 들어 도지사에게 제출한다.

5-3-3. 법 제21조 제2항에 따라 지방의회가 의견을 제시할 때에는 인구지표 및 이와 연계된 토지이용계획의 적정성과 당해 시·군의 예산확보 및 재원조달의 타당성 여부에 대한 검증의견을 포함하되, 입안된 도시·군 기본계획(안)의 내용이 비현실적인 경우에는 그에 대한 조정을 권고할 수 있다.

5-3-4. 승인신청서류
(1) 도시·군 기본계획 승인신청 공문
(2) 공청회시 도시·군 기본계획보고서(안) 및 구상도(안), 공청회 개최 결과, 지방의회 의견청취, 지방도시계획위원회 자문과 관계 지방행정기관과의 협의에 대한 조치내용 각 1부
(3) 도시·군 기본계획(안) 50부
(4) 기초조사 자료 및 계획 수립을 위한 산출근거에 관한 자료집 10부
(5) 최근 도시·군 관리계획도 5부
(6) 토지적성평가 결과 보고서 및 도면 각 5부(토지적성평가를 실시했을 경우에

한한다)

제4절 도시·군 기본계획의 승인

5-4-1. 시·도지사는 신청된 도시·군 기본계획(안)을 관계 행정기관과의 협의 및 지방도시계획위원회의 심의를 거쳐 승인한다. 필요한 경우 도시·군 계획에 관한 전문기관의 자문을 거칠 수 있다.

5-4-2. 시·도지사는 승인된 도시·군 기본계획을 시장·군수에게 송부한다.

5-4-3. 신청된 도시·군 기본계획(안)에 대하여 이의가 있을 때는 조정·보완하여 승인한다.

5-4-4. 시장·군수는 시·도지사로부터 도시·군 기본계획을 승인받은 때에는 지체 없이 이를 공고하고 일반인에게 열람시켜야 하며, 승인된 도시·군 기본계획 골격을 토대로 내용의 보완과 설명도의 삽입 등으로 기본계획서를 보완한 후, 시·도지사의 사전검토를 거쳐 최종 도시·군 기본계획서를 색도인쇄한다.

5-4-5. 시장·군수는 최종 보고서를 국토교통부장관 및 유관기관에 제출하여야 한다.

5-4-6. 최종 도시·군 기본계획서 작성시에는 도시·군 관리계획 또는 이와 관련된 계획을 입안하고 집행할 때 좀더 깊이 있게 이해하도록 하기 위하

여 다음 사항을 자료집에 포함하여 제출한다.

(1) 작성기간

도시 · 군 기본계획 입안 최초 구상부터 최종 도시 · 군 기본계획서 작성시까지

(2) 수록 대상

작성기간 중에 있었던 최초 구상, 용역의 발주 및 집행 관계기관과의 협의, 각종 위원회의 회의, 공청회 또는 주민 의견청취(열람), 관계법규 지침, 질의회신 등 당해 시 · 군의 도시 · 군 기본계획 수립과 관련되는 사항

(3) 수록 내용

일시, 장소, 관계기관명, 관계자 직 · 성명, 회의내용, 주민의견 및 각종 의견에 대한 조치결과(미조치 사유 포함), 관계법규, 지침(발췌), 질의회신(발췌) 등을 일정별 내용상의 성질별로 구분 수록

부 칙 〈2014.10.31〉

제1조 (시행일) 이 지침은 2015년 1월 1일부터 시행한다.

제2조 (적용례) 이 지침은 해당 지방자치단체가 필요하다고 판단하는 경우 시행일 이전이라도 적용할 수 있다.

대항목	세부항목	조사내용	비고
자연환경	지형 및 경사도	고도 분석, 경사도 분석	기존 지형도
	지질, 토양	지질도, 토양도	기존 지질도
	자원	지하자원, 수자원, 임상자원	지질도, GIS 데이터
	지하수	지하수용량, 개발현황, 지하수질, 지하수오염	기존자료

자연환경	수리/수문/수질	수계분석, 하천별 수량, 수변 여건	기존자료
	기후	온, 강수량, 일조, 주풍방향, 풍속, 안개 일수	기상청 자료
	풍수해 기록, 가능성	과거 100년간 풍수해 기록	기상청 자료
자연환경	지진 기록, 가능성	인근 지역 과거 100년간 지진발생 기록	기상청 자료
	생태/식생	국토환경성 평가지도, 생태자연도, 생태적 민감지역, 수림대, 보호식물, 비오톱	국토환경성평가지도, 생태자연도, 현지조사
	동식물 서식지	동식물 집단서식지, 주요 야생동물, 이동경로	현지조사, 기존자료
	녹지현황	녹지 현황도, 녹지 현황조서	
	환경계획 및 정책	국가환경종합계획 및 시책, 국제적 환경관련 협약, 조약, 규범 등	환경부 자료, 기존자료
인문환경	시·군의 역사	시·군의 기원, 성장과정, 발전연혁	기존자료
	행정	행정구역변천도, 도시·군계획구역변천도, 행정조직, 행정 동·법정동 경계도	기존자료
	문화재, 전통건물 등	지정문화재, 전통양식 건축물, 역사적 건축물, 역사적 장소 및 가로, 관광현황도	기존자료, 현지조사
인문환경	기타 문화자원	유·무형의 문화자원, 마을 신앙 및 상징물	기존자료, 현지조사
	각종 관련계획	상위계획, 관련계획상의 관련부분	기존자료
토지이용	용도별 면적, 분포	용도지역·용도지구·용도구역별 현황도, 면적, 각종 지구, 구역 분포도 및 조서, 도시·군계획의 변천도 및 조서	기존자료
	토지의 소유	국·공유지, 사유지 구분도 및 조서	기존자료
토지이용	지가	공시지가 분포도 및 조서(지역별 비교), 지가의 시계열적 변화 현황도, 시가와 호가	기존자료
	지목별 면적, 분포	지목별 분포도 및 조서, 면적	기존자료
	농업진흥구역	농업진흥구역의 면적 및 분포도 및 조서	기존자료
	임상	보전임지, 공익임지 분포도 및 조서	
	시가화 동향	지난 10년간의 용도지역 분포, 면적변화 모습, 시가화용지내 전·답·임 등 미이용지 현황도 및 조서	기존자료
	주거용지 조사	시가화용지 내 주거용도 입지 현황도 및 조서	기존자료
	상업환경조사	상업시설 입지 현황도, 중심시가지 현황도 및 조서	기존자료
토지이용	공장적지 지정현황	공장 적지 지정현황도 및 조서	기존자료
	GIS 구축내용	토지이용 및 건축물에 대한 시군의 GIS자료	기존자료
	주요 개발사업	10만㎡ 이상의 기 허가된 개발사업 정부가 추진하는 주요 개발사업	기존자료
	재해위험요소	재해위험 지역의 판단, 재해발생 현황도, 방재 관련 현황도, 해저드 맵(긴급대피경로도)	기존자료
	미기후 환경 변화 요소	바람길 유동분석 및 열섬현상 분석	기존자료

인구	인구총수의 변화	과거 20년간의 인구추이	기존자료
	인구밀도	계획대상구역 전체 또는 지구별 인구밀도, 시가화밀도 분포도	기존자료
	인구의 구성	연령별 인구, 성별인구, 노령인구, 장애인	기존자료
인구	주야간 인구	주간 거주인구, 활동인구의 구분	기존자료
	산업별 인구	1, 2, 3차산업별 인구, 주요 특화산업인구 고용현황, 고용유형별 인구, 고용연령별 인구	기존자료
	가구	가구수 변화, 보통가구, 단독가구	기존자료
	생활권별 인구	행정구역단위별 인구상황	기존자료
	인구이동현황	전출, 전입인구의 현황 및 변동추세	기존자료
주거	주택수	유형별, 규모별 주택수	기존자료
	주택보급률	무주택가구, 주택보급률 변동추이	기존자료
	주거수준	평균 주택규모, 인당 주거상 면적	기존자료
	임대주택	임대주택 유형별 주택 수, 사업계획	기존자료
	주택공급	재건축, 재개발, 주거환경개선사업 등의 사업대상지, 공급규모	기존자료
경제	지역총생산	지역 총생산	기존자료
	산업	산업별 매출총액, 사업체 수, 종사자 수	기존자료
경제	특화산업	시·군 대표산업, 성장산업과 쇠퇴산업	기존자료
	경제활동인구기업체	경제활동인구	기존자료
	기업체	산업별·규모별 업체 수와 종사자 수	기존자료
교통시설	도로	도로기능별 총연장, 도로율, 주요 노선	기존자료
교통시설	철도	철도연장, 노선, 철도역	기존자료
	항만	화물 처리능력, 선좌수, 화물유형	기존자료
	공항	게이트 수, 소음권, 연간 이용객, 처리화물	기존자료
	버스터미널	시외버스터미널, 고속버스터이널, 버스하차장	기존자료
	교통량	도시내교통, 지역교통, 출퇴근 교통, 교통수단별 분담, 기종점 교통량, 여객교통, 화물교통	자료조사, 기존자료
유통.공급시설	상수도	상수원(댐, 대·중규모 저수지 등), 상수공급량과 공급률, 상수시설	기존자료
	전기	전력생산, 소비, 고압선루트, 전력선 지중화	기존자료
	통신	전화공급, 광케이블 보급	기존자료
	통신가스공급	가스공급량, 저장소	기존자료
	열원공급	지역난방 보급면적 등	기존자료
공공문화체육시설	교육문화시설	각급 학교, 박물관, 공공도서관, 공연장, 종합운동장, 시민회관	기존자료
	복지시설	아동, 여성, 노인, 장애인 보호시설	기존자료
	공공청사	행정관리시설 등 공용의 청사	기존자료

	공원/유원지	공원유형별 및 유원지 위치, 면적	기존자료
공간시설	녹지	시설녹지의 위치, 성격	기존자료, 현장조사
	광장/공공공지	광장 및 공공공지의 위치, 개소, 면적	기존자료, 현장조사
환경기초시설	대기오염	지역별 대기오염 물질별 오염정도, 오염원	현장조사
	소음/진동/악취	주요 거주지 주야간 소음 및 진동 정도, 공장지대 악취 정도	현장조사
	수질오염	하천의 수질	현장조사
	토양오염	토양오염의 유형	현장조사
	폐수의 발생	생활하수 및 산업폐수로 구분하여 발생량, 처리능력, 하수배관, 하수구거 등	기존자료, 현장조사
	쓰레기/폐기물처리	생활폐기물 및 산업폐기물로 구분하여 발생현황, 처리시설의 위치 및 처리능력	기존자료
보건위생시설	화장장/납골시설	화장장/납골당의 위치, 용량	기존자료
	공동묘지	공동묘지의 수량 및 위치, 면적	기존자료
	도축장	도축장 위치, 처리능력	기존자료
	의료시설	종합병원, 보건소, 병상수, 특수병원	기존자료
방재시설	하천/유수지/저수지	위치 및 수량	기존자료, 현장조사
	방화/방수/방풍/사방/방조설비	설비의 위치 및 개소	기존자료, 현장조사
재정	재정자립도	재정자립도 추이	기존자료
	지방세수입	재산세, 기타 지방세	기존자료
	지방채발행	발행, 지급	기존자료
	재산세	변동추이	기존자료
	교부금	교부금 현황	기존자료

기초조사 세부항목 및 조사 내용

[별첨 1]

1. 도시 · 군 기본계획서의 규격 및 작성기준

가. 용지규격은 A4 로 하고, 인쇄는 양면으로 한다.

나. 계획서의 표지는 시·군별로 자율적으로 하고, 좌철로 한다.

다. 내용은 누구나 알기 쉽게 작성한다.

라. 계획서는 계획내용을 함축적으로 표현하도록 한다.

마. 각 부문별 계획내용은 목표년도 및 단계별 최종년도로 구분하여 나타낸다.

바. 계획서의 내용은 가급적 도표와 그림을 삽입하여 홍보 효과를 높일 수 있도록 작성한다.

사. 각 계획내용이 시간의 흐름에 따라 시·군의 변천과 목표년도의 시·군 모습이 상상될 수 있도록 한다.

아. 자료집은 계획서외에 별도의 책자와 CD로 제출한다.

자. 계획서의 표지는 다음과 같다.

○○○○년 ○○도시기본계획

○○○○. ○○

○○시(군)

· 최종 목표년도 표시
· 시·군명 표시(행정구역의 명칭이 군인 경우 "○○군 기본계획"으로 표시)
· 승인되기 전의 계획서에는 끝에 "(안)" 표시
· 계획 수립년도 및 월 표시
· 시·군명 표시

기초조사의 내용과 방법

가. 목적

1-1. 법 제20조(도시·군 기본계획의 수립을 위한 기초조사 및 공청회)에 따라 기초조사의 내용, 조사 및 분석 방법, 결과의 관리 등에 관하여 필요한 사항을 규정하는 것을 목적으로 한다.

1-2. 도시·군 기본계획 수립을 위한 기초조사는 특별한 규정이 없는 한 도시·군 기본계획을 포함하여 광역도시계획·도시·군 관리계획·지구단위계획의 입안시 해당 지역 및 주변의 특성을 파악하기 위한 기초자료의 축척 및 분석에 목적을 둔다.

나. 기본원칙

2-1. 도시·군 기본계획의 수립권자는 계획의 입안을 위하여 시·군의 인구·산업의 현황, 토지의 이용상황, 기타 필요한 사항을 조사하거나 측량하여야 한다. 다만, 도시·군 기본계획을 수립하지 않는 시·군의 경우에는 도시·군 관리계획을 입안할 때 기초조사를 실시한다.

2-2. 기초조사는 광역도시계획, 도시·군 기본계획, 도시·군 관리계획, 지구단위계획에서도 사용할 수 있도록 상세 정도를 깊이 있게 하고, 측량(항공측량 포함)과 함께 이를 별도로 실시할 수 있다.

2-3. 기초조사의 성과는 해당 시·군의 도시·군 기본계획 수립뿐만 아니

라 인접 시·군의 도시·군 계획과 광역도시계획 수립의 기본자료로 활용될 수 있도록 한다.

2-4. 계획 수립을 위하여 인접한 시·군의 일부 지역에 대하여 기초조사가 필요한 경우에는 조사를 실시할 수 있다.

2-5. 도시·군 기본계획은 반드시 기초조사의 결과를 바탕으로 수립하고 계획안 심의에 적정한 기초조사 결과 자료를 첨부하여야 한다.

2-6. 기초조사는 다음의 목적을 수행하기 위하여 실시된다는 점에 유의하여야 한다.
(1) 당해 시·군이 차지하는 위치와 역할에 대한 이해 및 현안 과제의 도출, 재해 취약지역 분석
(2) 당해 시·군의 발전과정과 현재의 모든 기능을 파악하고 이해
(3) 당해 시·군의 당면 과제를 파악하고 원인과 해결방안을 모색
(4) 당해 시·군내 지역 상호간의 관계와 전체의 구조를 이해
(5) 위 사항을 시계열적으로 분석하여 장래 변화를 예측
(6) 조사자료의 지속적인 축적

다. 조사항목

3-1. 기초조사는 도시·군 기본계획의 수립과 운용에 실질적인 도움이 되고 도시의 미래상을 반영한 도시·군 계획이 수립될 수 있도록 인구동향이나 시가지의 현황 등 필요한 항목을 조사하여야 한다.

3-2. 도시·군 기본계획에서는 〈별표〉에서 열거한 대항목과 세부항목 전체를 조사하여야 한다. 다만, 시·군의 특성에 따라서 조사항목을 가감하거나 추가적인 별도조사를 실시할 수 있다.

3-3. 조사내용은 지형·지질·수문·기후·자원 등과 같은 자연환경과 인구·사회·문화·교통·산업경제·토지이용 등과 같은 인문환경으로 구별할 수 있다

3-4. 시·군의 내부 환경과 도시세력권, 연결교통망, 인구유입(활동인구)과 같은 주변 지역과의 관계도 조사하여야 한다.

3-5. 자연환경·토지이용·기반시설 등과 같은 정적 사항과 함께 인구집중·교통량·기능간의 연계 등 동적사항도 조사·분석하여야 한다.

라. 조사방법

4-1. 기초조사는 각종 문헌이나 통계자료의 수집, 현지답사 등의 방법을 고루 활용하되, 문헌이나 각종 통계자료를 조사한 후 현지답사, 주민인식조사 등을 통하여 현지 확인 및 검증함으로써 신뢰도를 높이도록 한다.

4-2. 다른 법령의 규정 또는 공공기관에 의하여 이미 조사된 공식적인 자료가 있을 때에는 이를 활용할 수 있다. 이 경우 1년 이내의 자료를 수집하는 것을 원칙으로 하고, 1년 이내의 자료 수집이 어려울 경우 가장 최근의 자료를 사용하도록 한다.

4-3. 미래 변화를 예측하는 데 필요한 통계자료는 가능한 한 최근 10년간

이상의 것을 사용하며, 현황자료의 신빙성을 확보할 수 있도록 자료출처를 명시한다.

4-4. 기초조사는 전산화된 자료를 충분히 활용하도록 하고, 토지이용규제 기본법 제12조에 근거한「국토이용정보체계」및 국가공간정보에 관한 법률 제17조에 근거한「국가공간정보통합체계」등 기존에 구축된 데이터를 활용하도록 한다.

4-5. 도시의 공간구조, 용도지역 배분, 도심·부도심의 형성 등과 같은 전체적 파악뿐만 아니라 문화재·보호림·기암괴석의 분포 상황, 연안의 침식 상황 등 개별적 사항까지 조사하여야 한다.

4-6. 수집된 자료는 시각적 효과를 높이기 위하여 필요한 경우 도표 형태로 변환하거나 대표성 있는 수치를 구하여 정리한다.

마. 자료분석 및 조사결과의 관리

5-1. 기초조사결과는 과거부터의 추이·현황·향후 전망 등을 쉽게 파악할 수 있도록 분석하여 광역도시계획, 도시·군 기본계획, 도시·군 관리계획을 수립하는 데 활용할 수 있도록 하여야 한다.

5-2. 도시·군 기본계획을 수립 또는 변경할 때에는 기초조사를 바탕으로 한 데이터를 반드시 첨부하여야 한다. 조사결과를 계획에 활용하는 경우에는 자료출처 및 분석내용이 포함되어야 한다.

5-3. 인구·토지이용·건물이용 및 동향 등의 자료는 과거 추세를 시계열적으로 파악하는 분석과정을 거쳐야 하며, 그 결과는 계획 활용시 이해도를 높일 수 있게 종합적으로 관리하여야 한다.

5-4. 기초조사 결과는 계획수립 과정에서 쉽게 이용할 수 있는 형태로 저장·관리하고, 체계적이고 지속적으로 관리하여야 한다.

5-5. 기초조사 자료는 정보의 공유와 체계적인 관리를 위해서 지도정보의 GIS화를 목표로 시스템 구축과 과거 데이터의 정리를 진행하여야 한다. 이 경우 자료의 관리는 도시계획정보체계(UPIS)를 기반으로 하되, 목적에 따라 국가공간계획지원체계(KOPSS) 등을 활용한 집계, 분석을 실시할 수 있다.

5-6. 시·도지사 또는 시장·군수는 도시·군 계획에 관한 주민의 참여를 촉진시키기 위해 기초조사의 데이터와 집계 및 해석 결과에 대한 정보를 주민에게 용이하게 제공할 수 있도록 하여야 한다.

[별첨 2]

도시기본 구상도 작성기준

가. 개념
장래 구상을 이해할 수 있는 범위의 개념적 형태를 표시

나. 도면축척
(1) 대상지역의 면적에 따라 1/50,000, 1/25,000 중 선별하여 사용하되, 지

형이 표시되지 않는 도면을 사용한다.

(2) 도면 1매에 계획구역 전체가 표시되지 않을 경우에는 적정 축척을 사용한다.

(3) 각 부문별 구상도의 축척은 도시기본 구상도와 일치시킨다.

다. 경계표시

기준년도의 행정구역 다만, 인접 시·군의 관할구역을 포함하는 경우에는 별도의 도시·군 기본계획구역을 표시한다.

라. 토지이용계획

(1) 도시기본 구상도에는 토지이용계획 중 시가화용지 및 보전용지를 표시하고, 시가화용지는 주거용지·상업용지·공업용지·관리용지로 구분한다.

(2) 도시기본 구상도의 각 용지는 개략적인 범위 및 위치만을 표시하되, 격자로 표시할 수 있다.

(3) 5-4-3.(3) ②의 규정에 따라 시가화예정용지는 도시기본 구상도에 그 위치를 표시하지 아니하되, 보전용지로 표시된 부분에 포함되어 있는 것으로 본다.

(4) 기호의 표시 (검정색, 회색, 적색)

① 점 : 직경 1.0mm, 간격 5.0mm

② 횡선·종선 : 간격 5.0mm

③ 사선 : 각도 45°, 간격 5.0mm

마. 기반시설계획

(1) 각종 시설계획의 내용을 계통적으로 알 수 있도록 표시한다.

(2) 시설의 표시범위는 도시·군 관리계획상 시설에 구애받지 아니하고, 기본계획내용의 중요도에 기준을 두어 기반시설의 근간이 될 수 있는 주요시설만 표시한다.

(3) 각종 시설의 형태와 규모로 보아 위치표시 대상은 원형 또는 구형 내에 상징적 기호나 문자를 삽입하고 대규모 시설은 개략적인 형태를 나타낸다.

바. 특기사항

도시기본 구상도 좌측 하단에 다음 내용의 특기사항을 표기하여야 한다. 『본 도시기본 구상도는 토지이용구분의 경계 및 시설의 위치·형태·규모 등을 개념적으로 표시한 것으로서 개별토지의 구체적 토지이용계획과는 직접적인 관련이 없음』

사. 도시 기본 구상도의 표시기준

표시내용	종류	표시방법	기타
1. 경계 · 행정구역 · 도시·군기본계획구역		적색 1.5mm두께, 3mm간격 2점선 검정 1mm두께, 3mm간격 2점선	※ 중복될 경우 행정구역경계만 표시
2. 토지이용 · 시가화용지 · 보전용지 · 개발제한구역	주거용지 상업용지 공업용지 관리용지	노랑색 분홍색 보라색 갈색 옅은 연두색 옅은 파랑	
3. 시설 · 도시공원 · 자연공원 · 도시자연공원구역		짙은 녹색 바탕에 흰색 원에 다음과 같은 흰 글씨 근, 중, 자, 묘, 체, 국, 도, 군	
· 유원지		옅은 녹색 바탕에 직경 2.5mm의 짙은 녹색 점 무늬를 3mm 간격으로 표시	
· 운동장 · 대학 · 폐기물처리시설		흰색원에 다음과 같은 흰글씨 운, 대, 폐	

• 도 로	고속도로 주 간 선도로 지역 간 도로 보조 간선 도로	0.5mm 빨강색 2줄 평행선(줄 간격 3mm) 4mm 두께 검정색 4mm 두께 빨강색 2mm 두께 검 정색	※ 가급적 직선으로 대체적인 방 향을 표시하되 불가피한 경우 매우 완만한 곡선으로 표시
• 철 도	단선 복선	0.5mm 두께 검정색, 눈금표시 (5mm간격) 1mm 두께 검정색, 눈금표시(5mm 간격)	
• 기타 시설	호·소·하천,해 변	청색으로 현황표시	

공원·녹지 체계 기본 구상도

가. 개념

기본 구상도와는 별도로 작성되고 쓰여지는 도면으로 기본 구상도 내용
중 특히 공원 · 녹지 체계를 계통별 · 시설별로 파악하기 위하여 작성하는 도
면이다.

나. 내용

(1) 공원 · 녹지에 대한 용도와 시설뿐 아니라 이에 직접적인 영향을 줄 수
   있는 주요 토지 용도 배분이나 시설들이 포함된다.

(2) 계획안에 포함되어 있고 공원 · 녹지 체계를 설명하기 위하여 필요한 경
   우에는 기본 구상도에 표현되지 않는 사항이라도 포함할 수 있다.

(3) 표현되어야 할 내용은 다음과 같다.

① 자연환경 : 하천, 호, 소

② 토지이용 : 시가화용지, 보전용지 등 2개 용지. 시가화용지의 경우 주
   거 · 상업 · 공업 · 관리용지로 구분. 다만, 5-4-3.(3) ②의 규정에 따라 시
   가화예정용지는 기본 구상도에 그 위치를 표시하지 아니하되, 보전용지
   로 표시된 부분에 포함되어 있는 것으로 본다.

③ 도시시설 : 공원, 유원지, 녹지, 기타 공원·녹지 체계의 구성상 필요한 보행자 전용도로, 자전거 전용도로, 경관도로 등

다. 도면 축척 : 1/50,000, 1/25,000

라. 공원·녹지 체계 기본 구상도의 표시 방법

(1) 자연환경(하천, 호, 소), 토지이용 등은 도시기본 구상도와 동일하게 표시한다.

(2) 공원·녹지 및 유원지의 위치는 개략 표시하고, 이를 거점으로 하는 시·군내 녹지 네트워크 체계를 표시한다.

① 표현 방식은 자유롭게 하되, 공원·녹지 등 오픈 스페이스를 중심으로 보행자 전용도로, 자전거 전용도로, 경관도로 등을 이용한 네트워크가 형성될 수 있도록 개념적으로 표시한다.

(3) 기타 필요한 경우 도시기본 구상도에 준하여 표시한다.

교통계획도

가. 개념

기본계획도와는 별도로 작성·사용되는 도면으로서, 기본 구상도 내용 중 특히 교통체계를 계통 및 교통시설별로 파악하기 위하여 작성하는 도면이다.

나. 용도지역과 주요 기반시설을 표시한다.

(1) 가로망계획수립에 관한 지침에 따른 기간도로(고속국도·일반국도·지방도) 및 보조간선도로 이상의 도로를 이 지침에 따라 규모별로 표시한다.

(2) 고속국도·일반국도 및 지방도는 도로법에 의한 도로의 명칭 및 노선 번호를 명기하고, 간선도로와 중복되는 경우에는 식별할 수 있도록 표

시한다.

다. 도면 축척 : 1/25,000, 1/50,000

라. 기타 필요한 경우 도시기본 구상도에 준하여 표시한다.

마. 교통계획 수립 보고서 항목은 다음과 같다.

보고서 항목	주요고려사항
1. 서론 　가. 목적 　나. 범위 　다. 계획수립방법	- 계획의 공간적, 시간적 내용적 범위를 설정
2. 도시·군기본계획 개요 　가. 계획구역 　나. 공간구조 　다. 토지이용계획 　라. 주요 시설계획 등	
3. 교통시설현황 분석 　가. 교통시설계획 및 　　시설설치 　나. 교통처리 　다. 교통수단별 운영 　라. 기타	- 도시·군계획상의 기능별 도로, 철도, 교통광장, 주차장 등 교통시설계획의 현황 및 개설현황과 문제점을 분석한다. (도로율, 도로연장, 밀도, 교차로구조 등) - 도시내 교통의 특성과 교통소통 현황 및 교통 소통상의 애로 원인을 기능별 가로망 구조, 교통시설의 공급, 구조적 결함, 토지이용의 패턴 등을 체계적으로 분석하고 장래를 전망한다. - 특히 간선도로에 대하여는 간선도로 기능유지에 장애되는 요소를 구체적으로 분석한다. - 버스, 지하철 등의 운영실태와 이에 따른 도시·군계획상의 과제를 분석한다. - 기타 교통시설의 현황과 문제점을 분석한다.
4. 교통시설계획 　가. 교통계획지표 설정 　나. 간선도로망 계획 　다. 기능별 가로망계획 　라. 도로교차지점계획 　마. 기타 교통시설계획	- 지하철, 도로 등 교통시설별 교통분담, 서비스수준, 교통시설 등의 지표를 설정한다. - 지역간 및 당해 시·군내 지역간을 연결하는 간선도로망 체계를 구성한다. - 지역간 도로는 시가지를 우회 처리하도록 계획하고 가로망 구조는 가급적 순환도로망 체계를 구성하도록 한다. - 기능별 도로의 배치 및 규모에 대한 원칙을 제시하되, 도시·군계획수립시 지침이 될 수 있도록 특성화시킨다. - 역세권 등 도시내 지역별 도로배치 및 규모 등에 관한 도로계획수립지침을 제시한다. - 보행자전용도로, 자전거전용도로는 도시내 녹지 체계와 관련하여 계획한다. - 간선도로의 교차 지점에 대한 구조 등 교통처리방안을 제시한다. - 철도(지하철 포함), 경전철, 공항, 주차장, 환승시설, 자동차정류장 등 교통시설에 관한 계획 또는 계획수립 방향을 제시한다.

5. 교통시설 운영계획	
가. 간선도로망 기능 유지	-도로구조, 교차로 구조개선, 도로변 토지이용규제방안 등 간선도로의 기능유지를 위한 도시·군계획상 대책방안을 제시한다.
나. 대중교통수단	- TSM 대상시설 및 운영방향을 제시한다. - 버스, 지하철, 택시, 경전철 등 운영방향 및 이에 따른 도시·군계획상의 고려사항을 제시한다.

각종 현황도 작성기준

가. 작성기준

(1) 현황도는 지형(표고) 현황도, 토지이용 현황도, 주요시설 현황도, 인구밀도 분포 현황도를 작성한다.

(2) 도면표시는 정확을 요하지 아니하고 분포상태를 파악할 수 있는 정도로 표시한다.

(3) 기본도면(원도)은 국립지리원이 발행하는 1/25,000의 지형도 또는 수치지도를 사용하고, 조사된 현황은 기본 도면에 직접 표시하거나 투사지를 사용하여 동일 위치에 중복(overlap)시킬 수 있다.

나. 표시 방법

(1) 지형(표고) 표시 방법

등고선	색상
0 - 50	밝은 노랑기미의 녹색(light yellowist green 10GY, 8/6)
50 - 70	밝은 노랑(light yellow 5Ym 9/6)
70 - 100	샛노랑(vivid yellow 5Y, 8.5/14)
100 - 200	연노랑 기미의 주황(moderate yellowish orange 10YR, 7/8)
200 - 300	어두운 주황(dark orange 5YR, 5/10)
300 - 400	어두운 다홍(moderate reddish brown 10R 3/8)
400 - 500	어두운 회보라(dusky purple 5p 3/2)
500 이상	어두운 파랑(dark blue, 5B 2/4)

(2) 토지이용 현황

이용구분	색상
택지(시가지, 취락지)	분홍(moderate pink 5R, 8/6)
전	녹색(strong green 5G, 5/8)
초야, 목야	샛노랑(vivid yellow 5Y, 8.5/14)
답	무색(N 9.5)
산림	밝은 파랑(light blue 10B, 6/8)
하천, 호, 소	파랑(strong blue 10B 4/10)
비행장, 연병장 등	연주황(Moderate orange 5YR, 7/8)
저습지, 황무지 등	어두운 주황(dark orange 5YR, 5/10)
사적, 명승, 온천 등	남색(strong blush purple 10PB 3/10)

(3) 주요시설 현황

구분	표시 방법	비고
교통통신시설	색상 : 검정(NI) 표시 구분 : 기능에 따라 ○내에 기호를 표시한다.	도로(고속국도, 국도, 주요지방도, 기타 25m 이상의 도로) 철도, 고속철도, 버스터미널, 주요 통신시설
상업건축물	색상 : 빨강(5R 4/14) 표시구분 : 위치 표시로 하되 기능에 따라 ○내에 기호를 표시한다.	도매시장, 백화점, 호텔, 극장 등
공업건축물	색상 : 남색(5PB 3/10) 표기기분 : 집단지는 지역으로 표시한다.	공장, 저탄장, 공해방지시설 등
공공건축물	색상 : 밝은 파랑(5b, 6/8) 표시기분 : 위치표시로 하되 기능에 따라 ○내에 기호를 표시한다.	정부 또는 지방자치단체 청사, 경찰서, 박물관, 시민회관, 법원, 병원 등
경 승 지	색상 : 밝은 녹색(5g, 7/6) 표시기분 : 위치표시로 하되 기능에 따라 ○내에 기호를 표시한다.	고적, 명승, 천연기념물, 경관지, 문화재 등

(4) 인구밀도 분포 현황

인/ha	색상
301 이상	우중충한 빨강(moderate reddish brown 5R, 4/8)
300 - 251	분홍(Moderate pink 5R, 8/6)
250 - 201	보라(strong purple 5P, 5/10)
200 - 151	밝은 파랑(light blue 5B, 6/8)
150 - 101	어두운 녹색기미의 노랑(moderate olive 10Y, 4/4)
100 - 51	연노랑 기미의 녹색(moderate yellowish green 10GY, 6/6)
50 - 31	밝은 노랑기미의 녹색(light yellowish green 10GY, 8/6)
30 - 0	흰색(white N, 9.5)

다. 현황 조서의 작성

(1) 표고별, 토지이용(지목)별 현황 조서를 작성한다.

(2) 토지를 기개발지역, 개발 중인 지역, 개발가능 지역, 개발불능 지역으로 구분하여, 동 지역 내 토지 이용(지목별) 현황을 분석한 조서를 작성한다. 이는 토지이용계획과의 관계를 파악할 수 있도록 작성되어야 한다.

토지적성평가에 관한 지침

제정 2002. 12. 16.
전문개정 2003. 6. 25.
일부개정 2004. 6. 15.
일부개정 2005. 5. 1.
일부개정 2008. 8. 29.

제1장 총 칙

제1절 지침의 목적

이 지침은 국토의 계획 및 이용에 관한 법률(이하 "법"이라 한다) 제27조 제3항의 규정에 의하여 국토해양부장관, 시·도지사, 시장 또는 군수(이하 "도시관리계획입안권자"라 한다)가 동조 제1항의 규정에 의한 도시관리계획을 입안하는 경우에 행하는 기초조사로서 토지의 적성에 대한 평가(이하 "토지적성평가"라 한다)를 실시하기 위하여 필요한 방법·절차 및 기타 필요한 사항을 정하는 데 그 목적이 있다.

제2절 법적 근거

국토의 계획 및 이용에 관한 법률 제27조 제3항 및 동법 시행령(이하 "영"이라 한다) 제21조

제3절 토지적성평가제도의 의의 및 적용

1-3-1. 토지적성평가의 의의

토지적성평가는 전국토의 "환경친화적이고 지속가능한 개발"을 보장하고 개발과 보전이 조화되는 "선계획·후개발의 국토관리체계"를 구축하기 위하여 각종의 토지이용계획이나 주요시설의 설치에 관한 계획을 입안하고자 하는 경우에 토지의 환경생태적·물리적·공간적 특성을 종합적으로 고려하여 개별 토지가 갖는 환경적·사회적 가치를 과학적으로 평가함으로써 보전할 토지와 개발 가능한 토지를 체계적으로 판단할 수 있도록 계획을 입안하는 단계에서 실시하는 기초조사이다.

1-3-2. 토지적성평가의 범위

토지적성평가는 관리지역을 보전관리지역·생산관리지역 및 계획관리지역으로 세분하는 등 용도지역이나 용도지구를 지정 또는 변경하는 경우, 일정한 지역·지구 안에서 도시계획시설을 설치하기 위한 계획을 입안하고자 하는 경우, 도시개발사업 및 정비사업에 관한 계획 또는 지구단위계획을 수립하는 경우에 이를 실시한다.

1-3-3. 토지적성평가의 구분

토지적성평가는 아래와 같이 평가체계Ⅰ과 평가체계Ⅱ로 구분하여 실시
한다.

(1) 평가체계Ⅰ은 다음의 경우에 이를 적용한다.

가. 관리지역을 법 부칙 제8조의 규정에 의하여 보전관리지역·생산관리지
역 또는 계획관리지역으로 세분하는 경우

나. (삭제)

(2) 평가체계Ⅱ는 다음의 경우에 이를 적용한다.

가. 용도지역·용도지구를 지정하거나 변경하기 위한 계획을 입안하는 경
우. 다만, 세부 용도지역 지정이 수반되는 경우 평가체계Ⅰ을 적용할 수
있다.

나. 도시계획시설을 설치·정비 또는 개량하기 위한 계획을 입안하는 경우

다. 도시개발사업 또는 정비사업에 관한 계획을 입안하는 경우

라. 지구단위계획구역을 지정·변경하거나 지구단위계획을 입안하는 경우

1-3-4. 토지적성평가의 제외대상

1-3-3.의 규정에 불구하고 영 제21조의 규정에 해당되는 다음 각항의 경우
에는 토지적성평가를 실시하지 아니한다.

(1) 당해 지구단위계획구역이 도심지(상업지역과 상업지역에 연접한 지역을 말한
다)에 위치하는 경우

(2) 당해 지구단위계획구역 안의 나대지 면적이 구역면적의 2퍼센트에 미
달하는 경우

(3) 당해 지구단위계획구역 또는 도시계획시설부지가 다른 법률에 의하여 지역·지구·구역·단지 등으로 지정되거나 개발계획이 수립된 경우

(4) 당해 지구단위계획구역의 지정목적이 당해 구역을 정비 또는 관리하고자 하는 경우로서 지구단위계획 내용에 너비 12m 이상의 도로설치계획이 없는 경우

(5) 주거지역·상업지역 또는 공업지역에 도시관리계획을 입안하는 경우

(6) 법 또는 다른 법령에 의하여 조성된 지역에 도시관리계획을 입안하는 경우

(7) 도시관리계획 입안일 5년 전 이내에 토지적성평가를 실시한 지역에 대하여 도시관리계획을 입안하는 경우. 다만, 기반시설 등의 여건이 크게 변화한 경우에는 그러하지 아니하다.

(8) 개발제한구역의 지정 및 관리에 관한 특별조치법 시행령 제2조 제3항 제1호 또는 제2호의 사유로 개발제한구역에서 조정 또는 해제된 지역에 대하여 도시관리계획을 입안하는 경우

(9) 도시개발법에 의한 도시개발사업의 경우

(10) 지구단위계획구역 또는 도시계획시설부지에서 도시관리계획을 입안하는 경우

(11) 다음 각목의 1의 도시관리계획을 입안하는 경우

가. 개발용도의 용도지역(주거지역·상업지역·공업지역 및 계획관리지역을 말한다. 이하 이 호에서 같다)의 보전용도의 용도지역(개발용도의 용도지역외의 용도지역을 말한다. 이하 이호에서 같다)으로의 변경. 다만, 계획관리지역을 자연녹지지역으로 변경하는 경우를 제외한다.

나. 보전용도의 용도지역 상호간의 변경. 다만, 자연녹지지역으로 변경하는 경우를 제외한다.

다. 용도지구·용도구역의 지정 또는 변경. 다만, 개발진흥지구 또는 위락
　지구의 지정 또는 확대 지정을 제외한다.

라. 다음의 기반시설의 설치

① 영 제55조 제1항 각호의 규정에 의한 용도지역별 개발행위 규모 이하에
　해당하는 기반시설

② 도로·철도·궤도·삭도·수도·가스 등 선형線型으로 된 교통시설 및
　공급시설

③ 공간시설(체육공원·묘지공원 및 유원지를 제외한다)

④ 방제시설 및 환경기초시설(폐차장을 제외한다)

⑤ 개발제한구역안에 설치하는 기반시설

(12) 도시관리계획의 변경사항 중 경미한 사항에 해당하는 경우

제2장 토지적성평가의 일반원칙

제1절 평가주체 및 평가단위

2-1-1. 토지적성평가의 평가주체

　토지적성평가는 해당 도시관리계획 입안권자가 실시한다. 다만, 도시관리
계획 입안권자 이외의 자가 법 제26조의 규정에 의하여 도시관리계획의 입안
을 제안하는 경우에는 도시관리계획 입안권자와의 협의를 통하여 제안자가
토지적성평가를 실시할 수 있다. 이 경우 제안자는 이 지침에 제시된 적성평
가방법·절차·기준에 의거하여 적성평가를 실시하여야 하며, 도시관리계획
입안권자는 필요한 평가자료를 구축하고 제안자에게 필요한 자료를 제공하

여야 한다.

2-1-2. 토지적성평가의 평가단위(이하'평가 대상토지'라 한다)

(1) 토지적성평가는 다음 각목의 기준에 따라 필지 또는 격자단위로 실시한다.

가. 필지단위의 평가에서 필지면적이 1만 m^2 이상이고 필지 내에 두 가지 이상의 환경·물리적 특성 및 토지이용상황이 존재할 경우에는 동일한 물리적 특성 및 토지이용상황을 지닌 부분으로 세분하여 평가함을 원칙으로 한다. 다만, 평가체계Ⅱ의 경우에는 도시관리계획 입안구역에 포함된 부분에 대하여 평가하며, 필지의 면적이 1만 m^2 미만인 경우에도 하천, 도로와 같은 지형지물 등에 의해 토지이용상황이 명확히 구분되는 경우에는 세분하여 평가할 수 있다.

나. 격자단위의 평가에서 격자크기는 20m×20m 이하로 한다.

(2) 다음 각목의 1에 해당하는 경우에는 지역단위의 특성을 우선적으로 반영하여 평가한다.

가. 일정한 지역 전체를 관계법령(도시기본계획 수립지침, 도시관리계획 수립지침, 광역도시계획 수립지침 등을 포함한다)에 의하여 일괄적으로 보전 및 개발이 필요한 지역으로 분류한 경우

나. 일정한 지역 안에 있는 토지가 개발적성으로 평가되기 위한 일정 요건을 전체적 또는 공통적으로 충족하는 경우

다. 다음의 1에 해당되어 필지 또는 격자 단위로 실시할 필요성이 낮거나 실시할 수가 없는 경우

① 필지 또는 격자 단위의 자료 취득이 불가능한 경우

② 평가 대상지가 유사한 성격의 토지로 구성되어 있는 경우

③ 지역 단위로 하는 것이 필지 또는 격자단위로 하는 것보다 적성평가를 보다 합리적·효율적으로 실시할 수 있는 경우 등 기타의 특별한 사유가 있는 경우

제2절 평가절차

2-2-1. 토지적성평가의 수행절차와 내용

평가체계과 평가체계Ⅱ의 수행 절차는 〈그림 2-1〉과 같고, 각 절차별 수행 과정의 개략적인 내용은 다음과 같다.

평가체계 Ⅰ	평가체계 Ⅱ
(1) 우선등급 분류 (개발, 보전)	(1) 우선등급 분류 (보전)
(2) 평가지표 대체선정	(2) 평가지표 대체선정
(3) 지표별 평가기준 설정	(3) 지표별 평가기준 설정
(4) 지표별 평가점수 산정	(4) 지표별 평가점수 산정
(5) 특성별 적성값 산정	(5) 평가단위별 적성값 산정
(6) 종합적성값 산정	(6) 종합적성값 산정
(7) 적성등급 분류 (5개 등급)	(7) 적성등급 분류 (3개 등급)
도시관리계획 입안에 활용	도시관리계획 입안에 활용

가. 우선등급 분류절차는 평가 대상 토지의 객관적 상황에 비추어 토지적 성평가를 실시하지 아니하더라도, 개발적성 또는 보전적성의 판별이 명백한 경우에 이를 실시하지 않고 평가 대상토지에 대하여 개발등급 또는 보전등급을 부여하는 과정이다.

나. 평가지표의 대체선정 절차는 지역의 상황에 비추어볼 때 이 지침에서 정한 평가지표를 그대로 사용하는 것이 적정·타당하지 아니한 경우에 이를 대체하여 다른 지표로 교체·선정하는 과정이다.

다. 평가지표별 평가기준의 설정 절차는 평가지표별로 지역 상황에 따라 평가기준을 조정·확정하는 과정이다.

라. 지표별 평가점수 산정 절차는 필지 또는 격자별 특성값을 평가기준에 따른 점수값으로 환산하는 과정이다.

마. 평가체계 I 의 특성별 적성값 산정 절차는 토지의 종합적성에 영향을 미치는 개발·보전·농업의 3개 특성별로 [별표 3]에 규정된 평가지표별 가중치를 적용하여 적성값을 산출하는 과정이며, 평기체계 II 의 평가단위별 적성값 산정 절차는 지표별 평가점수를 합산하여 평가 대상 토지의 적성값을 산출하는 과정이다.

바. 평가체계 I 은 3개 특성(개발·보전·농업)별 적성값을 가감하여 종합적성값을 산정하며, 평가체계 II 의 경우는 평가 대상 토지들의 적성값을 평가 대상 토지 면적에 따라 가중 평균하여 종합 적성값을 산정한다.

제3절 평가지표 및 조사방법

2-3-1. 평가지표의 종류

평가 대상 토지가 가지고 있는 인문·사회·환경적 현황을 적절히 파악할 수 있도록 해당 토지에 대하여 물리적 특성·지역특성 및 공간적 입지특성을 평가하기 위하여 사용할 수 있는 평가지표는 [별표 1]과 같다.

2-3-2. 평가지표의 선택과 조정

평가지표는 [별표 3] 및 [별표 4]의 지표를 사용하되, 당해 지역의 특수성을 고려하여 [별표 1]의 평가지표군에 있는 지표 또는 별도의 대체지표를 신설하고 도시계획위원회의 자문을 거쳐 대체·선택하여 사용할 수 있다.

2-3-3. 평가지표의 조사방법

평가지표는 한국토지정보시스템(KLIS)에 구축된 전산자료 또는 개별공시지가조사를 위한 토지 특성 자료와 각 행정기관이 작성하여 제공하고 있는 지리정보 도면 등을 활용하여 [별표 2]의 조사 방법에 따라 조사하고 현장조사를 병행할 수 있다.

2-3-4. 지리정보체계(GIS)의 활용

지리정보체계(GIS)의 활용이 가능한 경우에는 〈표 2-1〉의 관리기관에서 제공하는 지리정보도면을 이용하여 GIS상의 공간분석 결과를 활용할 수 있다.

도면의 종류	관리기관	비고(축척)
연속지적도(KLIS)	지방자치단체	
용도지역 지구도(KLIS)	지방자치단체	
토지특성도	국토지리정보원	1:5,000
지적도면 전산자료	행정자치부, 지방자치단체	1:500 내지 1:6,000
지가현황도	지방자치단체	1:5,000
수치지형도	국토지리정보원	1:5,000
생태자연도	환경부	1:25,000
녹지자연도	환경부	1:50,000

임상도	산림청	1:25,000
산지이용 구분도	산림청	1:25,000

*주 : 임상도와 녹지자연도는 생태자연도 내에도 포함되어 있음.

제4절. 평가등급의 부여 및 활용

2-4-1. 평가등급의 부여

토지적성평가는 평가체계Ⅰ의 경우는 평가 대상 토지별로 제1등급·제2등급·제3등급·제4등급 및 제5등급의 5개 등급으로, 평가체계Ⅱ의 경우는 도시관리계획 입안지역을 A등급(보전적성등급)·B등급(중간적성등급) 및 C등급(개발적성등급)의 3개 등급으로 구분하여 부여한다.(이하 "평가결과"라 한다)

2-4-2. 평가결과의 활용

도시관리계획 입안권자는 토지적성평가를 위해 구축한 기초자료 및 평가결과를 체계적으로 관리하고, 평가결과는 도시관리계획 수립을 위한 기초자료로 활용한다. 또한, 도시관리계획과 동시에 도시기본계획을 수립하는 경우에는 도시기본계획을 수립함에 있어 이를 활용할 수 있다.

2-4-3. 환경성 검토에의 활용 등

토지적성평가가 시행된 지역에 대하여 법 제27조 제2항에 의한 환경성 검토를 실시하는 경우 토지적성평가 결과를 반영·활용하고, 그 평가내용이 토지적성평가와 중복되는 사항에 대하여는 특별한 사유가 없는 한 토지적성평가 결과로 이를 갈음할 수 있다. 이 경우 그 해당사항은 적절히 정리하여 객관적으로 그 사실을 알 수 있도록 하여야 한다.

2-4-4. 결과물의 제출 및 보관

토지적성평가의 결과는 전산자료로 제출 또는 보관할 수 있으며, 효율적인 국토이용정보관리 체계의 구축을 위하여 건설교통부장관의 요청이 있을 경우 그 결과를 제출하여야 한다.

제3장 토지적성평가의 실시

제1절. 평가체계 I

3-1-1. 평가방법 및 지표의 선정

(1) 평가체계 I 은 1-3-3. (1)의 경우에 이를 사용한다.

(2) 평가체계 I 의 토지적성평가는 보전·농업·개발적성별로 각각의 물리적 특성, 지역특성 및 공간적 입지특성에 따라 〈표 3-1〉의 평가지표를 이용하여 평가를 실시한다.

(3) 기초자료의 미비 및 지역특성상 〈표 3-1〉의 평가지표를 사용하는 것이 곤란하거나 그 평가지표를 사용하는 것이 비합리적이라고 판단되는 경우에는 도시계획위원회의 자문을 거쳐 [별표 1]의 평가지표군에서 대체지표를 선정하여 평가할 수 있다. 이 경우 보전성 지표는 보전성 지표끼리, 개발성 지표는 개발성 지표끼리 대체하여야 한다. 다만 지역특성을 고려하여 평가지표군에 없는 별도의 대체지표 사용이 필요할 경우에는 도시계획위원회의 자문을 거쳐 신설하여 사용할 수 있다.

평가체계 I 의 평가지표와 대체지표 사용가능여부

적상	평가요인	평가지표	대체지표 사용가능여부
개발적성	물리적 특성	경사도	-
		표고	-
	지역특성	도시용지비율	○
		용도전용비율	○
	공간적 입지특성	기개발지와의 거리	○
		공공편익시설과의 거리	○
농업적성	물리적 특성	경사도	-
		표고	-
	지역특성	경지정리면적비율	○
		전, 답, 과수원 면적비율	○
농업적성	공간적 입지특성	경지정리지역과의 거리	○
		공적규제지역과의 거리	○
보전적성	물리적 특성	경사도	-
		표고	-
	지역특성	생태자연도 상위등급비율	○
		공적규제지역면적비율	○
	공간적 입지특성	공적규제지역과의 거리	○
		경지정리지역과의 거리	○

3-1-2. 우선분류 대상지역에 대한 적성등급의 우선적 부여

(1) 지역상황에 따라 개발이 완료되었거나 개발계획이 수립된 지역 안의 토지와 절대적인 보전요소나 생산요소를 가진 지역 안의 토지에 대해서는 별도의 평가를 실시하지 않고 등급을 부여할 수 있다.

(2) 관리지역 중 다음의 1에 해당하는 지역은 제5등급을 부여할 수 있다.
가. 종전의 국토이용관리법령에 의한 준도시지역
나. 개발진흥지구

다. 취락지구

라. 제2종 지구단위계획구역

마. (삭제)

바. (삭제)

사. 농공단지 및 그 예정지로 지정된 곳

아. 관광단지·개발촉진지구에 해당하는 지역 중 관계법령에 의한 개발계획에서 개발용도로 지정된 범위 안에 있는 지역

자. 유통단지개발촉진법 제2조의 규정에 의한 유통단지 및 화물유통촉진법 제2조의 규정에 의한 복합화물터미널

차. 적법훼손지(다른 법령에 의하여 허가·인가 등을 얻었거나 신고 등을 적법하게 이행하고 건축물 또는 시설물을 설치하였거나 설치 중에 있는 부지를 말한다) 이 경우 필지가 1만 m^2 이상이고, 건축물 또는 시설물이 일부분에 건축되어 필지 내의 환경·물리적 특성과 토지이용 상황이 다양한 경우 2-1-2.의 (1)과 같이 이를 분리해서 제5등급을 부여할 수 있다.

카. 도시기본계획상 시가화예정용지(경계가 정하여진 경우에 한한다)

타. 농어촌정비법에 의한 한계농지정비지구 및 농어촌관광휴양단지

(3) 관리지역 중 〈표 3-2〉의 보전대상 판정기준에 해당하는 지역은 제1등급을 부여한다. 다만, 보전대상지역 판정요소의 기초자료가 부정확하여 현황과 다를 경우와 계획보전부문(공간정책 및 계획상 보전이 필요한 지역은 제외한다) 및 자연보전부문(생태자연도의 별도관리지역은 제외한다)에 해당하는 지역 중 도시관리계획 입안권자가 세부적인 평가가 필요하다고 인정한 경우에는 해당 토지에 대하여 세부적인 토지적성평가를 실시하여 그 등급을 결정한다.

(4) 도시관리계획 입안권자는 도시 및 지역정책상 보전대상지역을 확대할

필요가 있는 경우에는 〈표 3-2〉의 판정기준을 합리적으로 강화 · 조정하여 적용할 수 있다.

　(5) 도시계획입안권자는 〈표 3-2〉중 수질보전 판정기준의 적용이 해당 토지의 지형, 입지여건 등 지역 여건에 맞지 않는 경우 지방도시계획위원회의 심의를 거쳐 그 판정기준을 완화 적용할 수 있다.

보전대상지역 판정기준

부문	보전대상지역 판전기준	판정기준
자연보전	생태자연도	1등급, 별도관리지역
	임상도(영급)	4영급이상인 지역
수질보전 4)	국가하천 · 지방1급하천의 양안 중 당해 하천의 경계로부터의 거리	300m 내외의 집수구역
	상수원보호구역으로부터의 거리	일수계지역내 1km 내외의 집수구역1)
	유효저수량 30만㎥ 이상인 호소 · 농업용저수지 만수위 선으로부터의 거리	300m 내외의 집수구역
계획보전	재해발생위험지역	해당지역
	경지정리지역	해당지역2)
계획보전	공적규제지역4)	해당지역
	공간정책 및 계획상 보전이 필요한 지역	해당지역3)
	위의 보전대상지역 판정요소에 해당하는 지역으로 둘러싸인 1만㎥ 미만의 지역	해당지역

주 :
1) 상수원보호구역의 경우에는 하류인 지역이나 집수구역이 아닌 지역은 제외
2) 이에 해당하는 지역은 농업적성등급으로 분류
3) 해당 시 · 군의 도시기본계획 등에 의한 공간정책 및 계획상 보전이 필요한 지역, 녹지축으로 인하여 보전이 필요한 지역, 일정한 오픈스페이스의 확보가 필요한 지역 등
4) 수질보전 부문(상수원보호구역으로부터의 거리에 해당하는 지역은 제외한다)과 공적규제지역의 특별대책지역 Ⅰ권역 및 수변구역에 해당하는 지역중 하수도법에 의한 하수처리구역 및 하수처리예정구역은 우선분류 대상지역에서 제외한다.

3-1-3. 우선분류대상지역 외의 지역에 대한 세부평가

(1) 우선등급 분류대상을 제외한 나머지 평가 대상토지에 대하여는 [별표 3]의 조사양식에 기초한 세부적인 적성평가를 실시하며, 도시관리계획 입안권자는 그 평가결과를 전산화하여 보관할 수 있다.

(2) [별표 3]의 평가지표별 측정치는 2-3-1 내지 2-3-4의 규정에 의하여 도출된 값을 말한다.

(3) [별표 3]의 평가지표별 점수는 다음 각목의 기준에 따라 산정한다.

가. 경사도는 당해 지역에서 도출된 퍼지함수에 기초하여 평가 대상토지의 경사도에 대한 점수값을 〈표 3-3〉의 사례와 같이 산출하여 사용한다.

경사도(도)	5 미만	5~10미만	10~15미만	15~20미만	20 이상
개발 · 농업적성관련 평가의 점수	100	80~99	60~79	40~59	20~39
보전적성관련 평가의 점수	20~39	40~59	60~79	80~99	100

나. 표고는 당해 지역에서 도출된 퍼지함수에 기초하여 평가 대상토지의 표고에 대한 점수값을 〈표 3-4〉의 사례와 같이 산출하여 사용한다.

표고(m)	50 미만	50~100미만	100~150미만	150~200미만	200 이상
개발 · 농업적성관련 평가의 점수	100	80~99	60~79	40~59	20~39
보전적성관련 평가의 점수	20~39	40~59	60~79	80~99	100

다. 각종 면적비율 측정지표(도시용지비율, 용도전용비율, 경지정리면적비율, 전 · 답 · 과수원면적 비율, 생태자연도 상위등급 비율, 공적규제지역 면적 비율 등)는 최소 행정구역단위인 법정동 · 리별로 산정하며(별표 1과 별표 2 참조), 그 비율값이 소속 시 · 군 내의 모든 법정동 · 리별 비율값의 분포에서 차지하

는 상대적 위치에 따라 〈표 3-5〉의 사례와 같이 점수값을 산출하여 사용한다. 다만, 생태자연도 상위등급 비율은 행정 동·리별 자료를 이용할 수 있다.

해당 시·군의 상위분포 범주	상위 20%	20% 초과~40% 이하	40% 초과~~60% 이하	60% 초과~80% 이하	80% 이하
점수	100	80~99	60~79	40~59	20~39

라. 각종 거리측정지표(공공편익시설과의 거리, 기개발지와의 거리, 경지정리지역과의 거리, 공적규제지역과의 거리 등)는 평가 대상 토지별로 측정하며, 그 중 공공편익시설과의 거리지표는 당해 지역에서 도출된 중력모형에 기초하여 그 평가 대상 토지까지의 최단거리에 대한 점수값을 〈표 3-6〉의 사례와 같이 산출하여 사용한다. 그 외의 거리측정지표는 당해 지역에서 도출된 퍼지함수에 기초하여 그 최단거리에 대한 점수값을 〈표 3-6〉의 사례와 같이 산출하여 사용한다.

공공편익시설과의 거리(km)	1 이하	1~2 이하	2~3 이하	3~4 이하	4초과
개발적성관련 평가의 점수	100	25~99	11~24	6~10	1~5
기개발지와의 거리(km)	1 미만	1~1.5 미만	1.5~2 미만	2~3 미만	3 이상
개발적성 관련 평가의 점수	100	8~~99	60~79	40~59	20~39
경지정리지역과의 거리(km)	2 이상	1.5~2 미만	1~1.5 미만	0.5~1 미만	0.5미만
농업 및 보전적성 관련 평가의 점수	20~39	40~59	60~79	80~99	100
공적규제지역과의 거리(km)	1.5 이상	1.0~1.5 미만	0.5~1.0 미만	0.2~0.5 미만	0.2 미만
농업 및 보전적성 관련 평가의 점수	20~39	40~59	60~79	80~99	100

마. 〈표 3-3〉 내지 〈표 3-6〉의 각 지표의 점수값 산출 사례는 예시이므로

도시관리계획 입안권자는 도시계획위원회의 자문을 거쳐 당해 지역실
정에 적합한 지표별 평가기준을 결정하여 적용하여야 한다.

(4) 평가지표별 가중치는 [별표 3]에 기재된 가중치를 사용한다. 다만, 지역
실정을 감안하여 가중치를 사용하는 것이 적절치 않다고 판단되는 경우에는
가중치를 적용하지 아니할 수 있다.

(5) 각 평가지표별 적성값 및 종합적성값의 산정

가. [별표 3]의 평가지표별 점수값에 가중치(C)를 곱하여 평가지표별 적성
값을 모두 산출한 후, 이를 합산하여 개발적성값(E) · 농업적성값(F) 및
보전적성값(G)을 각각 산출한다.

나. 개발적성값에서 농업적성값과 보전적성값을 차감(E-F-G)하여 평가단
위별 토지의 종합적성값을 산정한다. 다만, 산정된 종합적성값을 사용
하여 부여된 토지적성등급이 지역의 특성 및 현황에 부적합하다고 도시
관리계획 입안권자가 판단한 경우에는 개발적성값에서 보전적성값을
차감(EG)하여 종합적성값을 산정할 수 있다.

3-1-4. 적성등급의 부여

(1) 종합적성값에 의한 적성등급의 분류는 해당 시 · 군 전체의 평가 대상
토지의 적성값 평균과 표준편차를 이용하여 표준 정규분포 곡선상의 표준화
값(Zi)을 산정하고, 이를 활용하여 〈표 3-7〉의 사례와 같이 5개 등급으로 판
정 · 부여한다. 다만, 지역현황에 맞는 토지적성평가 결과를 유도하기 위하여
필요한 경우에는 관할구역을 세분하여 평가할 수 있으며, 관할구역을 세분하
여 평가할 경우 및 1-3-3(2) 가.의 경우는 당해 구역의 평균 종합적성값을 사
용하여 표준화값을 산정할 수 있다.

▶ 사례 : 해당 평가 대상토지의 종합적성값이 85, 해당 평가 대상 토지가
포함된 지방자치단체의 평균 종합적성값이 75, 종합적성값의 표준편차
가 10이라 할 때, 해당 평가 대상토지의 표준화값은

$$\frac{평가\ 대상토지의\ 종합적성\ 값 - 시\cdot군의\ 평균\ 종합성적\ 값}{시\cdot군의\ 표준편차} = \frac{85-75}{10} = 1.0$$

따라서 〈표 3-7〉의 기준에 따르면 본 평가 대상 토지는 제4등급의 적성을
판정·부여한다.

적성등급	제 1등급	제 2등급	제 3등급	제 4등급	제 5등급
기준 표준화값	Zi<-1.5	-1.5≤Zi<-0.5	-0.5≤Zi<0.5	0.5≤Zi<1.5	Zi≥1.5
필지 또는 격차 분포비율(%)[1]	6.7	24.2	38.2	24.2	6.7
비 고	보전·농업 적성 강함 ←————————————→ 개발적성 강함				

주 : 1) 등급별 면적의 분포비율과는 상이

2) 도시관리계획 입안권자는 해당 시·군의 도시기본계획, 우선분류 대상
지역의 면적, 적성등급 부여에 따른 등급별 면적 등을 종합적으로 고려하여
적성등급 부여를 위한 기준표준화값(Zi)을 결정한다.

3) 제1등급 및 제2등급에 해당하는 평가 대상 토지는 농업적성값과 보전적
성값의 대소, 지역 및 토지이용현황 등을 고려하여 보전적성 또는 농업적성을
판정·부여한다.

3-1-5. 적성등급의 검증 및 조정

적성평가 결과가 기초자료의 오류, 지역현황과의 불부합 등으로 인하여 그 적정성에 문제가 있다고 판단되는 경우에는 도시관리계획 입안권자는 이를 검증하여 사실관계에 따라 적성등급을 조정할 수 있다. 이 경우 그 적성등급의 조정사유 및 조정내역 등에 관한 기록을 보존하고 이해관계인의 열람요청이 있을 경우에는 특별한 사유가 없는 한 이에 응하여야 한다.

제2절 평가체계

3-2-1. 평가방법 및 평가지표의 선정

(1) 평가체계Ⅱ는 1-3-3. (2)의 규정에 해당되는 경우에 평가 대상 토지가 속하는 현행 용도지역에 따라 다음 각목의 구분에 따라 해당 평가지표와 평가기준을 적용한다.

가. 녹지지역 : [별표 4] 중 1. 녹지지역에 대한 평가지표 및 평가기준

나. 관리지역 : [별표 4]중 2. 관리지역에 대한 평가지표 및 평가기준

다. 농림지역 : [별표 4] 중 3. 농림지역에 대한 평가지표 및 평가기준

라. 자연환경보전지역 : [별표 4] 중 4. 자연환경보전지역에 대한 평가지표 및 평가기준

(2) (1)의 규정에도 불구하고, 자연환경과 지형지세에 의존하여 개발·설치하는 도시계획시설(골프장·스키장·유원지·공원 등)이나 관광·휴양형 제2종 지구단위계획 및 관광·휴양형 개발진흥지구를 위한 경우에는 [별표 4]중 5. 특수시설을 위한 평가지표 및 평가기준을 적용한다.

(3) (1) 및 (2)의 규정에 의한 평가방법 및 기준을 적용함에 있어 개발 가능

지역 판정기준에 있는 평가지표는 해당 [별표 4]의 1 내지 5에 제시된 평가지표를 사용함을 원칙으로 하되, 지역현황을 고려하여 그 평가지표의 일부를 다른 평가지표로 대체하여 사용할 필요가 있는 경우에는 도시계획위원회의 자문을 거쳐 [별표 1]에 규정된 평가지표군에 있는 다른 지표로 이를 대체하여 사용할 수 있다. 이 경우 3-1-1.(3)을 준용한다.

(4) (1) 및 (2)의 규정에 의한 평가방법 및 기준을 적용함에 있어 개발 가능 지역 판정기준에 있는 평가지표별 평가기준은 해당 [별표 4]의 1 내지 5에 제시된 평가기준의 급간기준을 사용하되, 지역현황을 고려하여 급간기준을 조정할 필요가 있는 경우에는 제시된 급간기준의 ±30%(비율 지표의 경우 ±50%) 범위 내에서 도시계획위원회의 자문을 거쳐 조정하여 사용할 수 있다.

3-2-2. 우선분류 대상지역에 대한 적성등급의 우선적 부여

[별표 4]의 1 내지 5의 '보전대상지역 판정기준'에 따라 먼저 보전대상지역을 식별하고, 당해 지역 안에 있는 평가 대상 토지는 [별표 5]의 해당여부란(B란)에 표기하고 우선적으로 보전적성등급(A등급)을 부여한다. 다만, 보전대상지역 판정요소의 기초자료가 부정확하여 현황과 다를 경우와 자연보전 부문(생태자연도의 별도관리지역은 제외한다)에 해당하는 지역 중 도시관리계획 입안권자가 세부적인 평가가 필요하다고 인정한 경우에는 세부적인 토지적성평가를 실시하여 그 등급을 결정한다.

3-2-3. 우선분류 대상지역 외의 지역에 대한 세부평가

평가지표 및 평가기준은 용도지역 및 기반시설의 특성에 따라 제시된 [별표 2]의 평가지표와 기준을 사용할 수 있다. 다만, [별표 4]의 1 내지 5에 제시된 평가지표별 평가기준 구분에 따른 점수값(급간별 점수값)은 직선보간법을 적용하여 사용한다.

▶ 직선보간법의 적용사례 : 녹지지역에서 평가체계Ⅱ를 적용할 경우, 해당 평가 대상토지의 경사도가 18도이면 [별표 4]의 평가기준에 따라서는 60점으로 평가되나, 직선보간법을 적용하면 상한치인 15도의 100점과 20도의 20점을 배분하여 다음과 같이 52점의 점수값을 산출된다.

$$\frac{\text{평가 대상토지의 종합적성 값 - 시·군의 평균 종합성적 값}}{\text{시·군의 표준편차}} = \frac{85-75}{10} = 1.0$$

직선보간법 적용 점수값 = (최대 점수-최소 점수) / (최대 측정치-최소 측정치) × (평가 대상 토지의 특성값-최소 측정치) + 최소 점수

3-2-4. 평가 대상토지별 적성등급의 부여

(1) 우선분류 대상지역 외의 지역은 세부평가를 실시하여 [별표 5]의 양식에 따라 평가 대상 토지별 적성값을 산출한다.

(2) 평가 대상토지별 적성값(D란)은 [별표 5]의 양식에 따라 각 평가지표별 기준점수(A란)에 기초하여 각 측정치(B란)에 해당하는 점수값(C란)을 산출하고, 이 점수값을 합산하여 산출한다.

(3) 적성값의 만점에 대한 평가 대상토지별 적성값의 비율(E란)을 산출하고, 이를 기초로 다음 기준에 의한 평가 대상 토지별 적성등급(F란)을 판정·부여한다.

가. 평가 대상 토지별 적성값(D)이 만점의 40% 미만인 경우 : 보전적성등급 (A등급)

나. 평가 대상 토지별 적성값(D)이 만점의 40% 이상 60% 미만인 경우 : 중간적성등급(B등급)

다. 평가 대상 토지별 적성값(D)이 만점의 60% 이상인 경우 : 개발적성등급(C등급)

3-2-5. 도시관리계획 입안구역의 종합적성등급 부여

(1) 도시관리계획의 입안구역에 대해서는 3-2-4의 평가 대상 토지별 적성값을 평가 대상 토지별 면적으로 가중 평균하여 종합적성값(S)을 산출하고 다음 구분에 의해 종합적성 등급을 부여한다. [별표 6]

가. 종합적성값(S)이 만점의 40% 미만인 경우 : 보전적성등급(A등급)

나. 종합적성값(S)이 만점의 40% 이상 60% 미만인 경우 : 중간적성등급(B등급)

다. 종합적성값(S)이 만점의 60% 이상인 경우 : 개발적성등급(급)

(2) 종합적성등급이 보전적성등급(A등급)의 경우는 도시관리계획을 입안할 수 없으며, 개발적성등급(C등급)의 경우는 도시관리계획을 입안할 수 있다. 중간적성등급(B등급)에 해당하는 도시관리계획 입안구역이 다음의 경우 입안권자는 해당 도시계획위원회의 심의를 거쳐 도시관리계획을 입안할 수 있다.

가. 당해 지역의 도시기본계획 등에서 결정된 시설로서 다른 지역에 입지가 사실상 곤란한 경우

나. 당해 지역의 토지수급상 공급이 부족한 경우. 이 경우 골프장, 묘지 등 광역적 이용시설의 경우에는 시·도 단위의 수급을 고려하여 판단한다.

다. 도시계획시설 중 보건위생시설과 환경기초시설의 경우

(3) 도시관리계획 입안구역에 있어서는 3-2-2에 의하여 우선적으로 보전적성(A)등급을 부여받은 토지와 3-2-4에 의하여 보전적성(A등급)을 부여받은 평가 대상 토지 중 입안구역 경계에 위치한 $330m^2$ 이상의 경우 및 희귀 동·식물군 등 보전이 반드시 요구되는 경우에는 도시관리계획 입안구역에서 제외함을 원칙으로 한다. 다만, 도시관리계획 입안이 불가피하다고 입안권자가 판단한 경우에는 이에 대한 별도의 보전대책을 강구하여 개발을 최소화하고 도시관리계획 입안구역에 포함시킬 수 있다. 이 경우 입안구역에 포함되는 우선분류 대상지역은 세부평가를 실시하여 3-2-5의 종합적성등급 부여에 반영하여야 한다.

3-2-6. 적성등급의 검증 및 조정

적성평가 결과가 기초자료의 오류, 지역현황과의 불부합 등으로 인하여 그 적정성에 문제가 있다고 판단되는 경우에는 도시관리계획 입안권자는 이를 검증하여 사실관계에 따라 적성등급을 조정하여야 한다. 이 경우 그 적성등급의 조정사유 및 조정내역 등에 관한 기록을 보존하고 관계인의 열람요청이 있을 경우 특별한 사유가 없는 한 이에 응하여야 한다.

제4장 토지적성평가 업무의 지원 및 특례

4-1. 토지적성평가 매뉴얼 등

국토해양부장관은 토지적성평가의 객관성 및 전문성을 제고하기 위하여 산하 공기업이나 전문연구기관과 협의하여 토지적성평가 업무의 구체적인 실시에 필요한 매뉴얼이나 전산프로그램 등을 마련하여 제공하게 할 수 있다.

4-2. 토지적성평가 관련 기술지원

(1) 국토해양부장관은 토지적성평가제도를 조기에 정착시키고 도시관리계획 입안권자가 토지적성평가 업무를 효율적으로 수행할 수 있도록 하기 위하여 전문경험을 보유한 산하 공기업이나 연구기관과 협의하여 그에 필요한 지원을 실시하게 할 수 있다.

(2) 도시관리계획 입안권자는 자체적으로 토지적성평가를 실시하거나 전문용역기관을 통하여 이를 실시하되, (1)에 의한 지원이 불가피하다고 판단되는 경우에 있어서는 국토해양부장관에게 다음 사항을 첨부하여 그 지원을 신청할 수 있다.

가. 토지적성평가의 목적 및 필요성

나. 토지적성평가 대상지역

다. 토지적성평가 수행을 위하여 확보하고 있는 기초자료 목록

라. 토지적성평가 지원희망 기관

마. 토지적성평가 지원관련 비용부담에 관한 사항

바. 지원이 불가피한 사유

사. 기타 국토해양부장관이 별도로 정하는 기준에의 부합성

(3) 국토해양부장관은 (2)의 규정에 의한 신청을 받은 경우에는 그 지원가능 여부·지원가능시기·지원내용·지원관련 비용부담에 관한 사항 등에 관하여 해당 산하 공기업이나 전문연구기관과 협의하여 지원 여부 및 지원에 관한 사항을 해당 도시관리계획 입안권자에게 통보하여야 한다.

4-3. 토지적성평가 관련 국고지원

(1) 국토해양부장관은 법 부칙 제8조의 규정에 따라 도시관리계획 입안권자가 관리지역 세분을 위한 토지적성평가(평가체계 I)를 수행함에 필요한 비용에 대하여 법 제104조 및 영 제106조의 규정에 의하여 예산의 범위 안에서 이를 지원하되, 그 지원금액은 원칙적으로 토지적성평가 총 소요비용의 50%를 기준으로 한다.

(2) 국토해양부장관은 예산 및 기타 사정상 (1)의 규정에 의한 지원을 선별적·제한적으로 실시하는 경우에는 원칙적으로 다음 각목의 기준에 의하여 그 지원순위를 정한다.

가. 관리지역 세분의 시급성

나. 토지적성평가 업무의 조기정착을 위한 국고지원의 효과 (시범지역 등)

다. 총 소요비용에 대한 자체 예산의 확보 (확보 지역우선)

라. 한국토지정보시스템의 구축상황

마. 재정자립도 (낮은 지역우선)

4-4. 토지적성평가 결과의 검증

(1) 도시관리계획 입안권자(이하 "의뢰자"라 한다)는 국토연구원 또는 한국토지공사(이하 "검증기관"이라 한다)와 협의하여 이 지침에 의한 토지적성평가 결과(평가체계 II에 의한 경우 토지적성평가 대상면적이 50만m^2 이상의 경우에 한한다)의 검증을 검증기관에게 의뢰할 수 있다.

(2) 검증기관은 (1)에 의한 토지적성평가 결과의 검증을 의뢰 받은 경우 의뢰자와 협의하여 검증이 필요한 사항을 결정하되 다음의 내용을 포함할 수 있다.

가. 토지적성평가를 위한 기초자료의 신뢰성

나. 토지적성평가를 위한 평가지표 및 대체가능지표 사용의 적정성

다. 우선분류 대상지역 판정의 적정성

라. 적성등급 부여의 적정성

마. 기타 의뢰자가 요청하는 사항

(3) 의뢰자는 토지적성평가 결과의 검증에 소요되는 실비를 검증기관에게 지급한다.

부 칙

1. (시행일) 이 지침은 2008년 8월 29일부터 시행한다.

2. (경과조치) 이 지침 시행당시 종전의 지침에 의하여 실시한 토지적성평가 결과를 반영하여 도시관리계획을 작성한 경우에는 이 지침에 의하여 토지적성평가를 실시한 것으로 본다.

2. (보전대상지역 판정기준에 대한 적용례) 3-1-2〈표3-2〉의 개정규정은 종전의 지침(평가체계 I 에 한한다)에 따라 토지적성평가 등 관리지역 세분을 진행 중인 지역에 대하여는 그 세분을 완료한 후 적용한다.

평가지표군 및 평가지표 (2-3-1 관련)

평가특성	평가지표군	
물리적 특성	경사도, 표고	
지역특성	개발성 지표	도시용지 비율, 용도전용 비율, 도시용지 인접 비율, 지가수준
	보전성 지표	농업진흥지역 비율, 전·답·과수원면적 비율, 경지정리면적 비율, 생태자연도 상위등급비율, 공적규제지역면적 비율, 녹지자연도 상위등급 비율, 임상도 상위등급 비율, 보전산지 비율

공간적 입지특성[1]	개발성 지표	기개발지와의 거리, 공공편익시설과의 거리, 도로와의 거리,
	보전성 지표	경지정리지역과의 거리, 공적규제지역과의 거리, 하천·호소·농업용 저수지 와의 거리, 해안선과의 거리

주:
1) 행정구역과 관계없이 최단거리에 있는 시설 등을 기준으로 평가함으로 원칙으로 한다. 다만, 장애물 등으로 평가 대상 토지의 적성에 영향을 주지 않는 경우에는 주변상황을 고려하여 그 적용을 배제하며, 기개발지·경지정리지역·공적규제지역 등의 면적이 작아 평가 대상 토지의 적성에 미치는 영향이 미미하다고 판단되는 경우에도 그 적용을 배제할 수 있다.

평가지표

(1) "경사도"란 지표면과 지평면이 이루고 있는 각도를 말한다.

(2) "표고"란 평균 해수면으로부터 특정 지점까지의 수직 고도를 말하며, 평가체계Ⅱ의 적용에 있어서는 당해 평가 대상 토지가 속한 당해 지역의 기초행정관청(읍·면·동사무소) 소재 필지의 표고를 기준 표고로 하여 그 기준 표고로부터 특정지점까지의 표고차 측정을 원칙으로 한다. 다만, 기초행정관청의 표고가 당해 지역생활권 중심의 평균 표고와 현저히 차이가 날 경우에는 지역생활권 중심의 공공시설(소방서, 경찰서, 교육청 등) 소재 필지의 해발 높이를 기준 표고로 하며, [별표 4]의 5에 해당하는 특수시설설치지역의 기준 표고는 해당 사업부지의 최저점을 기준으로 하고, 스키장의 경우에는 물리적 특성지표(경사도, 표고)를 평가에서 제외한다

(3) "재해발생위험지역"은 연약지반구역·연안구역·지반침하 위험지역·상습침수지역 및 사태위험지역 등 재해가 발생할 가능성이 높은 지역을 말한다. 다만, 별도의 재해대책 수립 등으로 인하여 재해발생 위험이 없어졌다고 판단되는 경우 입안권자는 재해발생 위험지역에서 제외할 수 있다.

(4) "도시용지"는 개별공시지가조사를 위한 토지특성조사표(이하 "토지특성조사표"라 한다)에서 토지이용상황이 주거용·상업업무용·주상복합·공업용

으로 기재되는 필지를 말하며, "도시용지비율"은 해당 평가 대상 토지가 속한 최소 행정구역(법정동·리를 말한다. 이하 같다)면적 안에서 도시용지의 면적비율을 말한다.

(5) "용도전용"은 최근 5년 이내에 보전용도의 지역에서 개발용도의 지역으로 변경된 것을 말하며, "용도전용비율"은 해당 평가 대상 토지가 속한 최소 행정구역 면적 안에서 용도전용된 필지의 면적비율을 말한다.

▶ 보전용도의 지역은 녹지지역(생산·자연·보전녹지)·농림지역·자연환경보전지역 및 보전관리지역·생산관리지역을 말하며, 개발용도의 지역은 주거지역·상업지역·공업지역, 지구단위계획구역·개발진흥지구 및 계획관리지역(관리지역 세분 전에는 관리지역 전역)을 말함.

(6) "도시용지 인접비율"이란 평가 대상 토지가 속한 최소 행정구역 안에 있는 농업적 용도(전, 답, 과수원, 임야)인 필지들 가운데 도시용지와 접해 있는 필지들의 합계면적이 당해 동·리 면적에서 차지하는 비율을 말한다. 이 경우 농업석 용도 및 도시용지는 토지특성조사표에 기재된 것으로 한다.

(7) "농업진흥지역"이란 농지법 제30조의 규정에 의하여 농지를 효율적으로 이용·보전하기 위하여 지정된 지역을 말하며, "농업진흥지역비율"이란 해당 평가 대상 토지가 속한 최소 행정구역 면적에 대한 농업진흥지역 면적의 비율을 말한다.

(8) "전·답·과수원 면적비율"이란 해당 평가 대상 토지가 속한 최소 행정구역 면적에 대한 토지특성조사표에서 전·답·과수원으로 기재된 전체 필지의 면적비율을 말한다.

(9) "경지정리면적비율"이란 해당 평가 대상 토지가 속한 최소 행정구역 면적에 대한 토지특성조사표에서 경지정리된 농지의 필지면적 비율을 말한다.

(10) "생태자연도"란 자연환경보전법 제34조의 규정에 의하여 환경부장관이 산·하천·내륙습지·호소·농지·도시 등에 대해 자연환경을 생태적 가

치, 자연성, 경관적 가치 등에 1~3등급과 별도관리지역으로 4개로 등급화한 도면을 말하며, "생태자연도 상위등급비율"이란 해당 평가 대상 토지가 속한 최소 행정구역 면적에 대한 생태자연도 1등급·2등급·별도관리지역에 해당하는 면적의 비율을 말한다. "공적규제지역 면적비율"을 평가지표로 사용하는 경우 공적규제지역과 중복되는 부분은 생태자연도 상위등급비율 산정에서 제외할 수 있다. 다만 생태자연도 상위등급 비율은 행정 동·리별로 조사하여 활용할 수 있다.

(11) 생태자연도의 "별도관리지역"은 자연환경보전법시행령 제25조에 의하여 역사적·문화적·경관적 가치가 있는 지역이거나 도시의 녹지보전을 위하여 관리하고 있는 산림자원의 조성 및 관리에 관한 법률에 따른 산림유전자원보호림, 자연공원법에 따른 자연공원, 문화재보호법에 따라 천연기념물로 지정된 구역과 그 보호구역, 야생동·식물보호법에 따른 야생동·식물특별보호구역 또는 야생동·식물보호구역, 법 제40조의 규정에 따른 수산자원보호구역(해양에 포함되는 지역은 제외), 습지보전법에 따른 습지보호지역(연안습지보호지역은 제외), 백두대간보호에 관한 법률에 따른 백두대간보호지역, 자연환경보전법에 따른 생태·경관보전지역 및 시·도 생태·경관보전지역을 말한다.

(12) "공적규제지역"은 각 개별법에서 보전용도로 지정된 다음의 지역 등을 말한다. 이 경우 특별대책지역 Ⅰ권역 및 수변구역 중 하수도법에 의한 하수처리구역 및 하수처리예정구역은 공적규제지역에서 제외한다. "공적규제지역 면적비율"이란 해당 평가 대상 토지가 속한 최소 행정구역 면적에 대한 공적규제지역에 해당하는 면적의 비율을 말한다. 다만, 공적규제지역 면적비율 산출시에 보전산지는 공익용산지와 임업용산지를 포함한 면적으로 한다.

▶ 개발제한구역, 수산자원보호구역국토의 계획 및 이용에 관한 법률), 보전산지 중 공익용산지(산지관리법), 상수원보호구역(수도법), 문화재 보호구역(문

화재보호법), 도시자연공원구역(도시공원 및 녹지 등에 관한 법률), 특별대책지역 Ⅰ권역(환경정책기본법), 수변구역(한강수계 상수원 수질개선 및 주민지원 등에 관한 법률, 낙동강수계 물관리 및 주민지원 등에 관한 법률, 금강수계 물관리 및 주민지원 등에 관한 법률 및 영간강ㆍ섬진강수계 물관리 및 주민지원 등에 관한 법률), 습지보호지역(습지보전법), 제한구역(원자력법), 생태경관핵심보전구역ㆍ시도생태경관보전지역(자연환경보전법), 야생동ㆍ식물특별보호구역(야생동ㆍ식물보호법), 국립공원ㆍ도립공원ㆍ군립공원(자연공원법)

(13) "녹지자연도"란 일정 토지의 자연성을 나타내는 지표로서, 환경부장관이 식생과 토지이용상황에 따라 녹지공간의 상태를 0~10등급으로 등급화한 도면을 말하며, "녹지자연도 상위등급비율"이란 해당 평가 대상 토지가 속한 최소행정구역 면적에 대한 녹지자연도 8등급 이상에 해당하는 면적의 비율을 말한다.

(14) "임상도"란 전국의 산림현황을 나타내는 지표로서, 산림청장이 평균임령에 따라 10년 단위로 6개의 영급으로 등급화한 도면을 말한다. "임상도 상위등급비율"이란 해당 평가 대상 토지가 속한 최소 행정구역 면적에 대한 임상도 3영급 이상에 해당하는 면적의 비율을 말한다.

(15) "보전산지"란 산지관리법 제4조의 규정에 의하여 지정된 산지를 말하며, "보전산지 비율"이란 해당 평가 대상 토지가 속한 최소 행정구역 면적에 대한 보전산지에 해당하는 면적의 비율을 말한다. 보전산지는 임업용 산지와 공익용 산지로 구분된다.

(16) "지가수준"은 해당 시ㆍ군내 당해년도 평균 개별공시지가가 최대치인 최소 행정구역에 대한 평가 대상 토지가 속한 최소 행정구역의 당해년도 평균 개별공시지가의 비율을 말하며 토지 면적을 고려하여 산출한다. 당해년도 개별공시지가가 확정되지 않은 경우는 전년도 개별공시지가로 한다.

▶ 사례 : 평가 대상 토지가 속한 A리의 평균 개별공시지가가 8천원/㎡이

고, 해당 시·군의 평균 개별공시지가 최대값인 B리의 평균 개별공시지가가 1만 5천 원/㎡일 때, A리의 지가수준은 53.3%이라 할 수 있다.

(17) "기개발지"는 주거·상업·공업지역, 도시개발구역, 지구단위계획구역(관광휴양형은 제외할 수 있다), 택지개발지구 및 산업단지(농공단지 포함)로 지정된 곳을 말한다.

(18) "공공편익시설"은 도시계획시설의 결정·구조 및 설치기준에 관한 규칙에 따른 도시계획시설의 세부시설을 말하며, "공공편익시설과의 거리"는 평가체계에 따라 다음 각호의 방법에 의해 측정한 거리를 말한다.

(가) 평가체계 I 의 경우에는 다음 각항의 세부시설 중 평가 대상 토지로부터 가장 근접한 시설까지의 최단거리를 말한다.

① 교통시설 : 고속도로 IC, 철도역사, 항만, 공항, 여객자동차터미널

② 공공·문화체육시설 : 공공청사(시·군·구·도청, 읍·면·동사무소)

▶ 사례 : 평가 대상 토지로부터 해당 도시계획시설과의 직선거리를 측정한 결과, 고속도로 IC(2.5㎞), 철도역사(3.2㎞), 항만(15㎞), 공항(21㎞), 여객자동차터미널(2.2㎞), 군청(3.1㎞), 면사무소(1.7㎞)일 경우 공공편익시설과의 거리는 1.7㎞를 적용한다.

(나) 평가체계 II 의 경우에는 다음 각항의 시설유형별로 해당 평가 대상 토지로부터 최단 세부시설까지의 최단거리를 측정하고 이의 산술평균값을 말한다.

① 교통시설 : 도로·철도역사·항만·공항·여객자동차터미널·화물터미널

▶ 도로의 경우 8m 이상인 도로와의 거리를 측정하며, 고속국도의 경우는 IC로부터의 거리 측정

▶ 철도의 경우는 철도역사로부터의 거리 측정

▶ 항만, 공항 등에 대해서는 부지 경계선으로부터의 거리측정

② 공공·문화체육 및 유통시설 : 학교, 운동장, 공공청사, 도서관, 유통업무
  시설, 시장

▶ 해당 시설의 부지 경계선으로부터의 거리측정

▶ 사례 : 2개 시설유형별로 최단 세부시설과의 거리를 측정하여 교통시
  설의 경우는 철도역사까지의 거리가 1.3㎞, 공공·문화체육 및 유통
  시설의 경우는 도서관까지의 거리가 1.5㎞인 경우, 공공편익시설과의
  거리는 이 2개 시설유형별 최단 세부시설과의 거리의 산술평균값인
  1.4㎞라 할 수 있다.

(19) "하천"이란 하천법에 의해 지정되는 국가하천과 지방1급하천을 말하
며, "호소"란 하천 또는 계곡에 흐르는 물을 댐 또는 제방 등을 쌓아 가두어
놓은 물로서 만수위 구역 안의 유효저수량이 30만㎦ 이상인 호소를 말하고,
"농업용저수지"는 유효저수량 30만㎦ 이상의 저수지를 말한다.

(20) "도로"는 도시계획시설의 결정·구조 및 설치기준에 관한 규칙에 따
른 도시계획도로를 말하며, "도로와의 거리"는 평가체계에 따라 평가 대상 토
지로부터 다음 각호의 방법에 의한 거리를 말한다.

(가) 평가체계Ⅰ의 경우에는 고속도로 IC 또는 도로법상 지방도 이상의 도
  로로부터 가장 근접한 최단거리를 측정한다.

(나) 평가체계Ⅱ의 경우에는 8m 이상인 도로와의 거리를 측정하며, 고속국
  도의 경우는 IC로부터의 거리를 측정한다.

(21) "해안선"이란 최고 고조위에 달하였을 때의 해면과 육지면의 경계선
을 말한다.

평가지표별 조사 방법(2-2-3관련)

구분	평가표	조사방법	단위	활용가능자료	비고
물리적 특성	경사도	- 수치지형도상 평가 대상 토지의 평균경사도 측정 (GIS상 공간분석 가능)	도 (°)	- 수치지형도(1/5,000 또는 1/25,000) - 한국토지정보시스템 전산자료 또는 토지특성도, 지가현황도	- 경사도가 낮을수록 건설비와 안전성에 유리 - 경사도가 클수록 산림으로 남아 있을 확률이 높음
물리적 특성	표고	- 수치지형도상 평가 대상 토지의 평균표고를 측정 (GIS상 공간분석 가능)	m	- 수치지형도 (1/5,000 또는 1/25,000) - 한국토지정보시스템 전산자료 또는 토지특성도, 지가현황도	- 표고가 낮을수록 개발비용이 낮고 안전성에 유리 - 표고가 높을수록 산림으로 남아 있을 확률이 높음
지역 특성	도시용지비율	- 최소행정구역단위 도시용지면적/최소행정구역단위면적×100	%	- 한국토지정보시스템 전산자료 또는 토지특성도, 지가현황도, 개별공시지가 전산자료	- 도시용지비율이 높을수록 개발잠재력이 높음 - 농지, 임야비율이 높을수록 농업, 보전적성이 높음
지역 특성	용도전용비율	- 최소행정구역단위 용도전용면적/최소행정구역단위면적×100	%	- 한국토지정보시스템 전산자료 또는 토지특성도, 지가현황도, 개별공시지가 전산자료	- 용도전용비율이 높을수록 개발잠재력이 높음 - 용도지역 변경의 필요성과 가능성 판단의 기초자료로 활용
지역 특성	도시용지인접비율	- 최소행정구역단위 도시용지 인접필지면적/최소행정구역 단위면적×100 (GIS상 공간분석 가능)	%	- 한국토지정보시스템 전산자료 또는 토지특성도, 지가현황도, 개별공시지가 전산자료	- 인접필지와의 용도불부합 비율이 높을수록 개발잠재력이 높음 - 인접지역의 토지이용상태에 따라 개발 또는 보전여부 결정 가능
지역 특성	지가수준	- 최소행정구역단위 평균개별공시지가/최소행정구역단위 평균개별공시지가의 최대값×100	%	- 한국토지정보시스템 전산자료 또는 토지특성도, 지가현황도, 개별공시지가 전산자료	- 지가수준이 높을수록 개발잠재력이 높음
지역 특성	경지정리 면적비율	- 최소행정구역단위 경지정리면적면적/ 최소행정구역단위면적 ×100	5	- 한국토지정보시스템 전산자료 또는 토지특성도, 지가현황도, 개별공시지가 전산자료 - 농지이용계획도 (1/25,000)	- 경지정리 면적비율이 높을수록 농지보전잠재력이 우수 - 생태경관보전지역의 지정기준으로 활용

구분	평가지표	조사방법	단위	기초자료	비고
지역 특성	전,답,과수원 면적 비율	-최소행정구역단위 전,답,과수원면적/최소행정구역단위면적 ×100	%	- 토지종합정보망 전산자료 또는 토지특성도, 지가현황도, 개별공시지가 전산자료	- 전, 답, 과수원 비율이 높을수록 농지보전잠재력이 우수 - 생산관리지역의 지정기준으로 활용
지역 특성	생태자연도 상위등급비율	- 최소행정구역단위 생태자연도 1,2등급, 별도관리지역면적/ 최소행정구역단위면적×100	%	- 토지종합정보망 전산자료 - 생태자연도(1/25,000) - 토지특성도 - 지가현황도	- 생태자연도 상위등급비율이 높을수록 농지보전 잠재력과 생태보전 잠재력이 우수 - 보전관리지역의 지정기준으로 활용

	항목	산정방법	단위	활용자료	활용방안
지역 특성	공적규제 지역 면적 비율	- 최소행정구역단위 공적규제지역면적/최 소행정구역단위면적 ×100	%	- 토지종합정보망 전산자료 또 는 토지특성도, 지가현황도,개 별공시지가 전산자료 - 국토이용계획도 - 개별법상 공적규제 지역 지정 자료	- 공적규제지역 면적비율이 높을수록 농지보전 잠재력과 생태보전 잠재력 이 우수 - 공적규제지역의 지정기준으로 활용
	보전산지 비율	- 최소행정구역단위 보전산지면적/최소행 정구역단위면적×100	%	- 토지종합정보망 전산자료 또 는 토지특성도, 지가현황도, 개별공시지가 전산자료	- 보전산지비율이 높을수록 생태보전 잠재력이 우수
공간 적 입지 특성	기개발지 와의 거리	평가 대상토지의 중심 점에서 기개발지와의 최단거리 측정	m	- 토지종합정보망 전산자료	- 기개발지에 인접할수록 개발후보지 로서의 잠재력이 높음
	공공편익 시설과의 거리	평가 대상토지의 중심 점에서 공공편익시설 과의 최단거리를 측정	m	- 토지종합정보망 전산자료 또 는 토지특성도, 지가현황도, 공공시설분포도	- 공공편익시설과의 접근성이 좋을수 록 우수한 개발입지 잠재력이 높음 - 공공편익시설과 멀수록 개발잠재력 이 떨어지고 보전가능성이 높아짐
	경지정리 지역과의 거리	- 평가 대상토지의 중심 점에서 경지정리지역 과의 최단거리 측정	m	- 토지종합정보망 전산자료 또 는 토지특성도, 지가현황도	- 경지정리지역에 인접할수록 농지보 전 잠재력과 생태보전 잠재력이 우 수 - 보전농지의 공간적 범위 구분기준으 로 활용가능
	공적규제 지역과의 거리	- 평가 대상토지의 중심 점에서 공적규제지역 과의 최단거리 측정	m	- 토지종합정보망 전산자료 또 는 토지특성도, 지가현황도 - 국토이용계획도 - 개별법상 공적규제 지역 지정 자료	- 공적규제지역에 인접할수록 농지보 전 잠재력과 생태보전 잠재력이 우 수 -자연생태계 보전지역의 공간적 범위 구분기준으로 활용가능

20-40 도시기본계획 분석
토지투자의 보물지도

지은이 이인수(코랜드연구소장)
발행일 2018년 4월 30일 초판
　　　　2022년 3월 24일 개정판
펴낸이 양근모
펴낸곳 도서출판 청년정신
출판등록 1997년 12월 26일 제10-1531호
주 소 경기도 파주시 문발로 115 세종출판벤처타운 408호
전 화 031) 955-4923 팩스 031) 624-6928
이메일 pricker@empas.com